사도행전의

내러티브 해석

사도행전의
내러티브 해석

재판 1쇄 2014년 3월 20일
지은이 윤철원

펴낸이 김명철
펴낸곳 도서출판 바울

주 소 인천시 남동구 간석 4동 606-4호
영업부 Tel 032-431-7792 Fax 032-428-1928
총무부 Tel 032-427-1719
편집부 Tel 032-423-9796
Home www.ubook.co.kr
E-mail cpcubook@hanmail.net
ISBN 978-89-7286-909-2 03230

책 가격은 뒷표지에 있습니다.

성서 읽기의 새로운 흐름

사도행전의
내러티브
해석

윤철원 지음

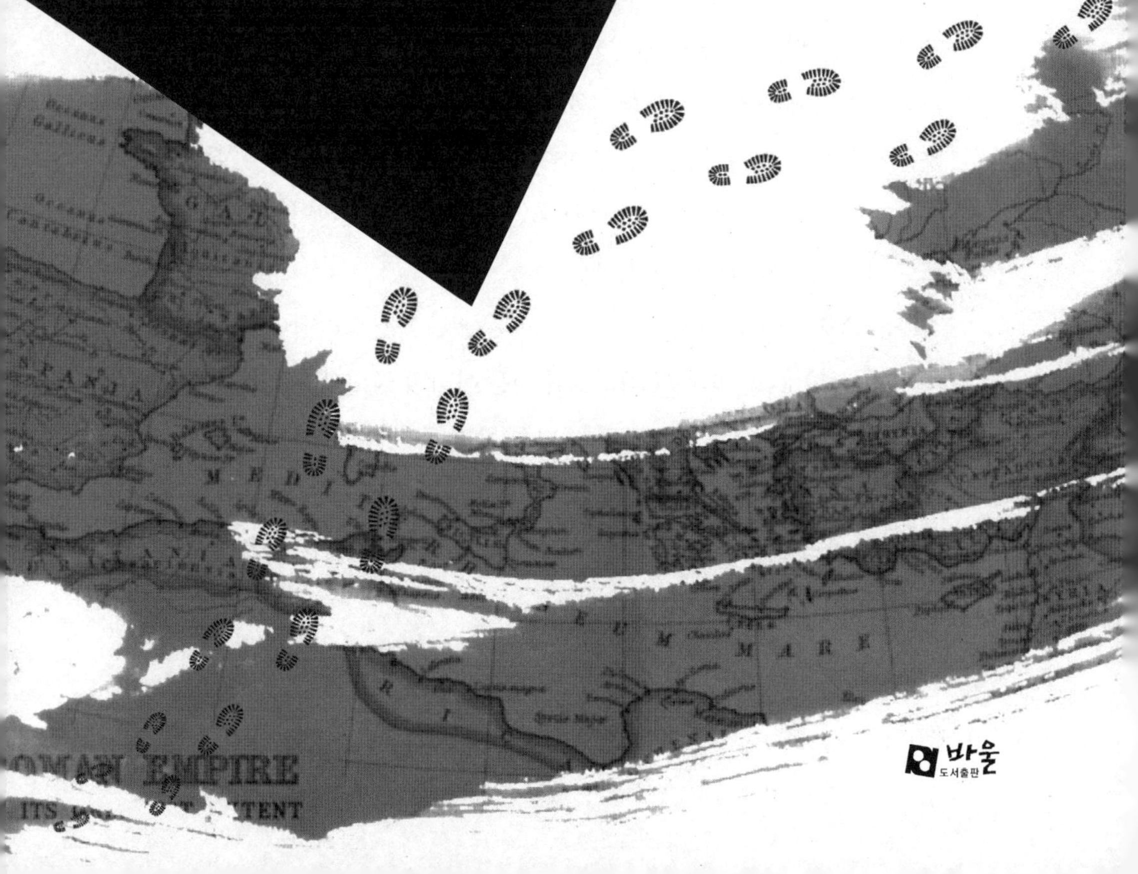

바울
도서출판

서문

사도행전 해석은 언제나 새롭다. 그래서 나는 사도행전을 즐겨 애독한다. 물론 성서학에 관심을 가지고 공부하기 시작하면서부터 주로 연구하는 문서이기도 하지만, 사도행전을 읽어가다 보면 내 자신이 새로워지는 것을 경험할 수 있어서 자주 읽곤 한다. 개인적으로 이러한 경험이 본격적으로 가능했던 시기는, 2004년 11월 30일에 소천하신 전경연 박사님의 지도로 석사 논문을 작성하면서부터다.

나의 스승이신 전 박사님께서는 성서학에 관심을 드러낸 초학자인 저자에게 아주 세심한 배려와 격려로 후원을 아끼지 않으셨다. 학위를 취득하고 돌아온 제자를 격려해주시고, 다른 학자들에게도 제자에 대한 자랑을 자주 하셨다는 이야기를 전해 듣고 몸 둘 바를 몰랐던 게 한두 번이 아니다. 이 자리를 빌어서 성서 연구자로서의 모범을 보여주신 스승님의 은혜에 재차 감사를 드린다.

이러한 따뜻한 배려로부터 시작된 저자의 사도행전에 대한 여행은 최근 신약성서 연구자들의 열기와 그 맥을 같이 한다. 누가 문서에 대한 이러한 관심과 열정은 전혀 식을 기미조차 없어 보인다. 반 우닉(van Unnik)이 '누가 문서가 최근 성서학의 태풍의 중심(storm centre)' 이라고 오래 전에 예언자적 고지를 한 것처럼, 여전히 누가 문서에 대한 탐구는 지금도 지속되고 있다. 이런 차제에 저자가 읽어 온 사도행전 본문 읽기에 관한 몇 편의 논문들을 묶어서 사도행전이 어떻게 읽혀지고 있는지 최근의 연구 동향을 살펴보는 것은 그 자체로 의미가 있을 것이다. 그래서 한 권의 책으로 묶어보고 싶었는데, 이번 기회에 선을 보이게 되었다.

역사적 예수 연구가 제 1, 2, 3의 탐구라는 이름으로 성서학자들의 간단없는 연구 대상이 되어온 것처럼, 누가복음과 사도행전에 대한 해석은 신문학비평의 발흥과 함께 계속되는 관심의 대상이 되고 있다. 이러한 관심은 특히 누가 문서(Luke – Acts)에 대한 내러티브 해석과 발맞추어 최근 해석의 중심을 이루고 있다고 해도 과언이 아니다.

그래서 내러티브 기독론(Narrative Christology)이라는 용어가 가능한 상황이 되었다. 예수에 관한 이해나 해석이 각 복음서의 전체 내러티브와 상관성을 맺지 않을 때, 예수에 관한 이해는 공허하고 알맹이가 없는 것에 불과하다는 것이다. 이처럼 내러티브에 대한 관심은 본문 읽기에 대한 새로운 패러다임으로 자리 잡고 있다. 이러한 현상은 특히 최종 본문에 대한 애정을 가지고 성서를 연구하고자 하는 성서 연구자들에게 아주 좋은 신호로 볼 수 있다. 그러므로 본서에서 논의되는 종말론, 성령, 생태학, 구원, 치유,

공동체의 갈등 문제 등은 거대한 담론으로서의 누가 문서라는 큰 틀을 중심으로 해석되어야 한다.

특히 여기서 빼놓을 수 없는 요소는 누가복음과 사도행전은 동일한 관심을 가진 코텍스트(co — text)의 맥락에서 살펴야 한다는 것이다. 내러티브가 하나의 이야기, 하나의 목적과 플롯을 가지고 있다면 그것을 중심으로 모든 사건과 진행이 해석되어야 하는 것은 당연할 것이다. 또한 우리는 자주 누가복음서를 읽어갈 때 왠지 모를 오해(?)에 빠질 때가 있는데, 누가복음서는 마가복음서나 마태복음서와 함께 반드시 분석되어야 한다는 가정이다. 그러나 저자는 이 점에 대해서 다른 입장에 서 있다.

누가가, 서문에서도 언급한 것처럼, 두 권으로 된 이야기를 써 내려간다면, 누가복음서는 다른 공관복음서보다는 사도행전과 함께 읽어야 할 문서라는 것이다. 그렇지만 이러한 견해는 아직도 제대로 이해되지 못한 것이 사실이다. 하나의 이야기로써 복음서를 읽어가고자 할 때, 우리는 이러한 제안을 물리쳐서는 안 될 것이다. 다르게 색칠한(colouring) 문서를 다른 관점으로 읽어가야 한다는 것을 정착된 신지식(新知識)으로 수용할 때 이러한 읽기 작업은 가능할 것이다.

이 책의 출판을 위해서 고마운 마음을 전하고 싶은 분들이 있다. 먼저 본서를 나의 스승이신 고 전경연 박사님의 영전에 헌정하고자 한다. 부족하지만 저자를 위해서 노심초사 애써서 지도해주신 은혜에 대하여 감사의 마음으로 바치고자 한다. 그렇다고 해도, 살아 계실 때 자주 찾아뵙지 못한 괴로운 심정을 대신할 수는 없을 것이다. 또한 저자에게는 거명할 수 없는 여러 멘토가 있다. 그 분들에게 감사한다.

최근 저자는 신학과 3학년 학생들과 함께 영등포 인근의 노숙자들을 섬기는 광야교회의 사역에 협력하고 있다. 이러한 관심은 사회봉사가 하나의 독립된 영역이 아니라 우리 주님께서 몸소 실천하신 사역의 핵심이라는 강한 깨달음 때문이다.

이러한 깨달음에 도달하게 된 것도 누가 연구에서 비롯된 것이다. 이 일에 열심히 참여하는 제자들에게 고마운 마음을 전하고 싶다. 또한 동료 교수로서 저자에게 매양 시들지 않는 우정으로 늘 함께해주는 여러 교수님에게 사랑의 마음을 전한다. 끝으로 저자에게 넓은 아량으로 학문에 정진할 수 있게 도와준 아내 양명희와 저녁식사 시간 쯤 퇴근할 때면, '아빠, 오늘은 일찍 오셨네요' 라고 반갑게 인사하는 두 자녀, 산이와 결이에게 마음으로부터의 뜨거운 사랑을 전한다.

2004년 대림절(Advent) 첫 주간에
서울신학대학교 명헌기념관 연구실에서

저자 윤철원

CONTENTS

2부 사도행전의 해석은 무엇을 지향하는가?

1부

사도행전을 어떻게 읽을 것인가?

1장

코텍스트(Co-text)로 누가-행전 읽기

사도행전 3장 1~10절을 중심으로

들어가는 말
텍스트 유형에 대한 설명
코텍스트적 분석을 위한 사도행전 3장 1~10절 해석
코텍스트적으로 읽기 위한 누가복음서 분석
나가는 말: 코텍스트로 누가 문서 읽기와 결과

1장

코텍스트(Co-text)로 누가-행전 읽기

사도행전 3장 1~10절을 중심으로

들어가는 말

신문학비평의 발흥으로 인해서 현대 성서학에는 새로운 흐름이 생겼다.[1] 그것은 다름 아닌 텍스트를 전체적으로 읽어내려는 관습이다. 이러한 읽기 방식은 단적으로 교회 현장에서 아주 유용한 것이다.

사실 신학이 교회와 무관할 때 하나의 탁상공론으로 화석화될 수 있음을 인식하는 것이야말로 신학하는 사람들의 가장 중요한 사명이라면, 텍스트를 하나의 완성된 작품으로 읽어내려는 과제는 의미있는 깨달음일 것이다. 이와 같은 방법론은 과거의 읽기 방법에 대한 반성적 고려가 크게 작용한 것이다. 특히 누가 문서처럼 두 파트로 구성된 작품을 읽을 때 우리는 저자의 특이한 문학적 관례를 이해해야 할지 모른다. 왜냐하면 저자의 구성에서 돋보이는 문학적 평행이나 신학적 일치를 이해하지 않을 때 누가 문서를 제대로 해석해내는 것이 아주 난항에 빠질 수 있기 때문이다.

이러한 문학적 읽기에 대한 일반적인 성격을 확인하기 위해서 본 연구는 '코텍스트'(co–text)라는 문학 용어를 통해서 누가 문서를 해석할 수 있음을 제안하려고 한다. 물론 코텍스트라는 용어는 이해하기에 그리 쉬운 것이 아니다. 텍스트의 정확한 이해를 위해서 사용되는 이 용어는 '간텍스트'(inter–text)라는 용어와 함께 텍스트 읽기의 새로운 가능성을 제안해 주고 있다. 물론 우리는 누가 문서를 이해하는 데 있어서 간텍스트로서 두 문서를 간주할 것인지, 아니면 한 권을 간주할 것인가가 문제의 핵심이 된다. 간텍스트일 경우, 상이한 관점을 상정하는 것이고, 코텍스트일 경우는 하나의 동일한 관점을 상정하는 것이다.

이 두 가지로 텍스트를 이해하게 될 때, 누가 문서를 어떤 작품으로 해석할 수 있게 될 지는 더욱 더 분명해 질 것이다. 누가–행전은 한 저자의 2부작인가 아니면 전, 후편인가? 아니면 누가가 본래 3부를 기록했는데(3부설), 손실되었다는 것인가?[2] 우리의 논의는 이 문제에 대한 하나의 가능한 답변을 제공하게 될 것이다.

텍스트 유형에 대한 설명[3]

코텍스트(co-text)란 무엇인가? —

코텍스트는 밀접한 연관을 가진 어떤 텍스트들이 함께 의미를 산출해내는 것을 지칭하는 용어로 정의할 수 있다. 예를 들어, 우리가 본 연구에서 사도행전을 누가복음서와 함께 읽어야 의미가 명확하게 파악할 수 있다고 생각하는 것과 같은 경우이다. 그렇다면 우선 코텍스트(co-text)와 인트라 텍스트(intra-text) 사이의 차이점을 알아보는 것이 본 용어를 파악하는데 더 적절할 것 같다. 인트라텍스트는, 신비평(New Criticism)이 주로 관심을 가졌던 분야로서, 작품 하나에 내재되어 있고 그 안에서 완결되는 의미 구조를 말하는 것으로, 코텍스트는 문서와 문서를 대칭적으로 이해할 때 사용되고, 인트라텍스트는 작품 하나에만 제한적으로 사용될 수 있다.

코텍스트는 작은 단위의 이야기부터 더 확장된 내러티브까지 텍스트가 놓여진 맥락에서 그 단서를 찾도록 한다. 자연적으로 코텍스트는 어떤 작품에서 앞에 있는 요소에 관심을 갖도록 이끈다. 즉, 독자가 현재의 본문 바로 앞에서 들었거나 읽은 것은 내러티브에서 그것의 의미를 파악하는데 결정적인 역할을 수행한다. 실제로, 코텍스트는 주어진 본문 이전뿐만 아니라 이후까지 더 광범위하게 관심을 확대한다. 그러므로 독자들은 내러티브에서 형성된 약속을 기대한다. 그래서 이러한 기대는 내러티브에서 반드시 성취된다. 그러나 그러한 기대가 항상 독자의 기대를 만족시킨다고 생각할 수는 없을 것이다. 왜냐하면 어떤 경우에는 그 기대가 다른 코텍스트에 의해서 산산이 허물어질 수도 있기 때문이다.

간텍스트(inter-text)란 무엇인가?[4] —

간텍스트는 텍스트의 상호 관계를 설명하는 용어로서 크리스테바(Julia Kristeva)에 의해서 사용되었다.[5] 이 용어는 공개적이거나 은밀한 인용과 은유에 의해서든지, 이전의 텍스트가 지닌 특성을 이후의 텍스트가 흡수하든지, 또는 공통의 문학적 규약들과 관례들에 단순히 참여함으로써, 어떤 하나의 문학 텍스트가 다른 텍스트들의 메아리가 되거나, 그 텍스트들과 불가피하게 연결되는 여러 가지 방법들을 가리키는 데 쓰인다.[6] 즉, 간텍스트는 의미가 텍스트 안에 내재하는 것이 아니라 의미의 구조 같은 것이 있어서 텍스트와 텍스트 사이에 내재한다는 것이다. 그래서 이렇게 주장하는 학자들은 어떠한 작품이 출판될 때마다 기존의 책들의 의미가 변한다는 제안을 할 수 있는 근거를 확보할 수 있다.

이러한 간텍스트는 신약성서와 구약성서의 관계를 적절하게 설명해준다. 왜냐하면 신약성서의 모든 맥락은 구약성서에 대한 성취와 완성으로 이해하기 때문이다. 그러므로 복음서와 바울서신에 나타나는 수많은 구약 본문의 인용은 바로 이러한 간텍스트로 복음서 저자들과 바울 등이 이해하는 것을 보여준다. 간텍스트는 의미를 설명하기 위해서 적용된 더 큰 구조 안에서 텍스트의 위치를 밝혀준다. 우리는 특히 누가가 자신의 내러티브를 위해서 70인역을 적용하고 확대했는지 관심을 갖는데 바로 이런 측면의 이해가 간텍스트적인 이해에 해당된다. 나레이터가 구약성서를 인용할 때, 어떻게 그것을 아는 것이 가능한가? 많은 경우에 있어서 누가가 구약성서를 사용하는 것은 명백하다.

이러한 우리의 이해를 돕기 위해서 최근의 논의를 살펴보는 것이 좋을 것 같다. 본즈는 로마의 시인 버질(*Virgil*)의 서사시 에이네이드(*Aeneid*)와 사도행전을 비교하는 것으로 자신의 논지를 전개하는데,[7] 호머의 서사시 일리아드(*Iliad*)와 오딧세이(*Odyssey*) 같은 그리스 서사시의 전통적인 구성을 모방한 것으로 보는 그녀는 버질이 자신의 서사시를 통해서 로마제국의 세기를 신적인 정당성으로 제시한다는 것이다. 그러므로 사도행전의 저자 역시 버질이 행한 것처럼, 유대교 디아스포라의 성서인 70인역에서 제시된 이스라엘의 과거의 거룩한 전통을 채용하고 변형시켜서 영광스런 초기 기독교의 뿌리를 형성하는 서사시를 만들었다고 이해한다. 이런 이해가 바로 간텍스트적인 분석을 위해서 가능한 해석이다.

누가 문서를 어떻게 볼 것인가? —

누가—행전은 두 권이지만 사실은 하나의 이야기로서, 신약성서의 뒤틀린 배치 때문에 독자들에게 쉽게 관심을 끌지 못했다.[8] 누가복음서가 네 복음서들과 같은 위치에 있기에 사도행전은 전통적으로 부득불 다른 위치에 놓이게 되었다. 이렇게해서 예수의 이야기부터 바울의 사역까지 가교 역할은 사도행전이 떠맡게 되었다. 사도행전은 정경의 위치에서 바울을 이해하기 위한 신학적인 기반을 마련해주고, 누가복음서는 다른 복음서와 같이 하나의 복음서로 이해되었다. 누가는 그의 내러티브를 통해서 예수의 지상 사역을 드라마틱하게 그려내기를 바랐을 것이다.

누가복음서 1장 1~4절의 서문의 내용과 사도행전 1장 1~2절의 서문에 관하여 누가복음서와 사도행전 사이에 어떤 관련성이 있는지 오랫동안 논의되었고, 누가 문서가 동일 저자의 것으로 인식되었다. 또한 사도행전은 누가복음서의 후편으로서의 특징을 가지고 있다. 예를 들면, 사도행전 1장 1절은 "먼저 쓴 글"(πρῶτον λόγον)을 언급할 뿐만 아니라 "예수께서 행하시고 가르치시기 시작한 모든 것"(πάντων ὧν ἤρξατο ὁ Ἰησοῦς ποι εἶν τε καὶ διδάσκειν)이라는 신학적 주제를 드러낸다. 이 요약은 예수의 공적 사역을 말씀과 다양한 사역으로 규정하는 누가복음서의 성격과 일치한다. 이 요약은 생명을 공급하는 자로서의 예수의 임재를 나타내는 이름(행 3:6, 16; 4:7, 10, 12, 17, 30; 8:12; 9:15, 34; 10:43; 16:18)을 부르는 제자들이 예수의 사역을 계속해서 실천하는 것을 보여준다(행 2:21; 9:21; 15:17; 18:15; 22:16).

그래서 하나의 이야기(누가복음서)가 끝나고 다른 이야기(사도행전)가 시작했음을 알릴 필요가 없었을 것이고, 두 번째 문서가 다른 주제를 다루기 시작했다는 사실도 공지할 필요도 없었을 것이다.[9] 고대 저자들은 편의상 책의 길이로 내용을 구분했을 정도였다. 한 파피루스 두루마리가 가장 긴 것은 약 40피트에 이르고,[10] 신약성서에서 가장 긴 누가의 두 문서들은 가장 긴 두루마리에 꽉 채울 수 있을 만큼 되었다. 사실 길이에 있어서 두 권은 거의 같은데, 누가복음서는 19,404단어, 사도행전은 18,374단어로 구성되어 있다.[11] 따라서 누가복음서와 사도행전의 구분은 이 문서가 서로 평행을 이루도록 기록되었다는 신약학자들의 의도를 충족시키기에 족하다.

바꿔서 말하면, 누가복음서와 사도행전의 기록 양식은 균형을 맞추려는 의도를 갖고 있었다고 추측할 수 있다. 두 문서의 각 내러티브는 모두 예루살렘에서 시작한다.[12] 누가복음서는 예수의 승천 내러티브와 결합된 제자 파송 이야기와 함께 끝나고, 거기서 사도행전은 시작된다. 두 문서의 전체 기간은 대략 30년이며, 예루살렘에서 개정(開廷)된 예수의 재판(19:28~24:53)과 바울의 재판(행 21:27~28:31)에 대한 묘사는 각 책의 25% 정도 차지하는 많은 분량이다. 또한 누가는 다양한 방식으로 사도행전에 등장하는 예수의 사도와 제자들이 그의 사역을 지속하고 있음을 나타내므로 문학적인 평행을 제시한다.[13]

내러티브 분석을 통해서 누가-행전을 훑어보면, 하나의 이야기를 전체적인 안목에서 읽는 것이 가능하다. 하나님의 목적의 실현은 요한의 이전 사역과 예수의 생애, 죽음, 그리고 승천과 모든 사람들에게 메시지를 확장시키는 예수의 제자들에게 약속된 능력이 부여됨으로 가능해진다. 비록 예수가 남자와 부수적인 성으로서의 여자, 성년과 어린이, 부자와 빈자, 의인과 죄인 사이의 장벽을 허물어버림으로 우주적 사역을 위해서 준비한다. 사도행전은 유대인들, 사마리아인들, 그리고 이방인들로 구성된 평등주의적 공동체를 세우기 위해서 하나님의 목적을 실현시키는 선교의 이야기로 구성된다. 그야말로 대역전의 신학이 사도행전이 펼치는 선교의 장에서 생산되는 의미이다.[14]

누가-행전의 내러티브적 통일성은 이 문서를 읽는 독자들, 특히 이 책을 정확하게 이해하기 바라는 연구자들을 위해서도 아주 중요하다. 누가복음서의 사건은 사도행전에서 언급될 이야기를 미리 암시하는 기능을 수행한다. 그 가운데서 특히 누가복음서 2장 25~35절에서 시므온은 구원이 어린 예수 안에서 이 방을 비추는 빛으로 경험될 것을 예상한다. 그러나 누가복음서에 기록된 것으로 그의 사역 동안 예수는 오직 비 유대인들과는 거의 관계를 맺지 않는다.[15] 우리는 이방 선교가 어떻게 시작되고 합법화되며 하나님의 명령이 구체화되고 성령에 의해서 인도되고 충만함을 입는지를 보기 위해서는 사도행전까지 필연적으로 기다려야만 한다. 누가복음서의 마지막 24장은 이야기의 중요한 흐름이 끊어진 채로 끝나는 느낌이 역력하다. 그래서 파슨스와 퍼보는 저자의 통일성에 대해서만 동의하고 있는 실정이다.[16]

그러나 누가–행전의 내러티브를 전체적으로 읽어보면 모든 사람들을 위한 하나님의 구원이 이 문서의 기록 목적이라는 사실이 깊이 잠재되어 있다. 그러므로 독자들은 이 복음서에서 실현되지 않은 것이 전체 내러티브의 구조 안에서 환하게 열려 있기 때문에 누가복음서는 그 자체로 미완성이라는 것과 이 미완성의 부분은 사도행전에서 느리지만 절묘하게 실현될 것을 인지해야 할 것이다.

코텍스트적 분석을 위한 사도행전 3장 1~10절 해석

사도행전 3장은 1, 2장의 내용과는 전적으로 색다르며, 전개 자체도 상당히 격정적이다. 여기에는 갈등이 있고, 아픔이 있으며, 하나님의 구원사에 대한 베드로의 서사시적인 언급도 나온다. 사도행전이 초대교회의 거대한 내러티브라는 사실이 여기서 다시 한번 확인되고 있다. 유대교의 성전과 그 곳의 중심부로 다가설 수 없는 장애인과의 만남, 예수의 제자들인 베드로와 요한의 등장, 그리고 이 장애인의 치유를 통한 전적인 회복이 바로 내러티브의 핵심이다.[17]

이제 성전에서 벌어지는 사건을 주목해보자.[18] 여기서 행해지는 베드로와 요한의 치유 행위는 사도행전의 본문을 여행하는 독자들에게 하나의 흥미꺼리와 긍정적인 자극이 된다. 우리가 보게 되는 사건은 성전에서 벌어지고 있다. 거룩한 장소인 성전과 앉은뱅이라는 청결하지 못한 인간 군상의 대조![19] 이것이 바로 하나님의 구원 행동이 나타나는 현장이다.

이 사건에 등장하는 앉은뱅이의 본업은 구걸이고, 그가 앉아 있는 곳은 아름다운 문(美門)[20] 앞이다. 저자의 이런 절묘한 구도를 보고 무엇인가를 느낄 수 없는 독자라면 차라리 사도행전 읽기를 포기해야 하지 않을까? 이렇게 드라마틱한 구도에 우리는 놀라지 않을 수 없다. 베드로와 요한은 그의 선생 예수가 했던 것과 동일하게 앉은뱅이에게 자기들을 '보라'고 요구한다(4절). 그런데 여기서 또 한번의 해프닝은 사도들과 그 앉은뱅이 사이에 존재하는 관점의 차이에서 발생한다. 5절에서 앉은뱅이는 여느 때와 같이 무엇인가 얻기를 바라는 태세다. 이것은 아주 당연한 일이지 않는가?

그러나 아래의 논의에서 그 이유가 곧 밝혀질 것처럼, 베드로의 선언에서 그는 섣부르게 실망할 이유가 없다. 그 앉은뱅이가 구걸할 수밖에 없는 까닭은 소유하지 못하고, 일할 수 없다는 것이지 다른 게 아니므로, 그의 장애의 원인, 즉 구걸할 수밖에 없는 현실을 극복할 수 있도록 근원적으로 치유될 것이기 때문이다. 그러나 이 장애인은 '일어나 걸으라'(ἔγειρε καὶ περιπάτει, 6절)는 베드로의 선언을 그다지 탐탁해 하지 않는다. 왜냐하면 그것이 가능하지 않다는 사실을 누구보다도 더 당연시하는 그였기 때문이다. 그러나 내러티브에 이미 존재하는 내포 독자는 '나사렛 예수 그리스도의 이름으로 걸으라'(ἐν τῷ ὀνόματι Ἰησοῦ Χριστοῦ Ναζωραίου ἔνειρε)는 베드로의 선언에 이 장애인이 곧 걸을 수 있게 회복될 것임을 직감한다.

그렇다면 그 이유가 무엇인가? 예수의 치유 사역을 통해서 수많은 장애인들이 고침을 받은 것을 이미 인지하고 있는 독자들이기 때문이다. 그들에게는 예수라는 주인공이 치유의 중요한 동인이라는 사실이 이미 명백하다. 그 앉은뱅이가 발로 뛰고 건강을 회복하자, 사도들은 다시 성전으로 들어간다. 그러나 중요한 새로운 세계가 열리게 되는데, 온전히 치유된 바로 그 거지는 걷고, 뛰고, 하나님을 찬미하면서 그들과 함께 성전에 들어온다(3:8). 결국 이 이야기는 급진적인 측면을 제시하는데, 사도들과 다른 그리스도인들은 정해진 기도 시간에 관례적으로 성전을 찾는 것보다는 그 거지가 살벌한 성전의 경계선을 넘어선다는데 초점을 맞추기 때문이다. 이것이 예수의 복음이 갖는 혁명적인 뚜렷한 특징이다.

구약성서와 누가복음서에서 앉은뱅이에 대한 사회-종교적 지위를 살펴보는 것은 우리가 이러한 사건의 급진적인 성질을 보다 더 분명하게 이해하도록 돕는다. 고대 이스라엘에서는 제의적 성결과 육체의 온전함은 깊은 연관성이 있다.[21] 모세의 율법은 희생 제물로 다리를 절거나 다른 흠이 있는 동물을 드리는 것과 다리를 절거나 다른 불구자인 제사장들이 성전에서 제사 드리는 것을 엄격히 금지했다(레 21:16~24; 신 15:21; 말 1:8, 13). 이런 규범은 제사장 사회에서 뿐만 아니라 이스라엘의 사회 전반에 걸쳐서 장애인은 '죽은 개', 즉 가치가 없고, 무능하며, 비열한 존재로 간주하게 만드는 합법적인 근거였다(삼하 9:8). 사무엘하 9장에서 다윗이 요나단과의 우정으로 인해서 그의 가솔들에게 은혜를 베풀 것을 공언하는데, 요나단의 아들 므비보셋이 바로 장애인이었다(삼하 9:3).

따라서 누가복음서에서 앉은뱅이를 시력 장애자, 청각 장애자, 문둥병자, 죽은 사람들, 그리고 가난한 사람들(7:22; 14:21), 즉 전형적으로 사회-종교적인 소외 계층으로 분류하는 것은 결코 놀랍지 않다. 그러나 여기서 가장 선명하게 드러나는 것은 누가가 이 부류에 속하는 부정결한 사람들을 예수의 특별한 관심의 대상으로 그려내고, 그들을 '하나님의 가족', 즉 확대된 가족이라는 연대감으로 예수와 그 제자들의 동역자들로 치켜세우고 있다는 것이다(5:17~26; 7:21~23; 14:7~24).[22] 따라서 베드로와 요한이 성전 문에서 그 앉은뱅이에게 예수의 이름을 선포하고 그와 함께 성전에 들어간 것은 당시 사회의 부적절하고 부정한 것들에 대항해서 경계를 허물고 공동체를 세우려는 예수의 사역을 지속적으로 수행하고 있다는 사실을 반증해준다.

사도행전 3장의 치유 이야기와 앞서 말한 누가의 내러티브 사이의 또 다른 중요한 접촉점은 공의롭고 자애로운 하나님과의 친밀한 교제와는 동떨어진 군상의 대표 자격으로, 성전으로 들어가는 화려한 미문에서 극도로 궁핍한 상태에 빠져버린 앉은뱅이가 등장한다는 매우 아이러니컬한 측면이다. 누가복음서 18장으로부터 21장에 걸친 여러 장면에는 부자와 가난한 자라는 사회-경제적 요소, 성전 경내라는 공간적 요소, 그리고 기도 시간이라는 제의적 요소가 내러티브의 플롯에 지속적으로 포함되므로 가난한 자들을 착취하는 오류를 확대 재생산하는 성전 제도의 부패상을 폭로한다.

코텍스트적으로 읽기 위한 누가복음서 분석

위에서 지적한 것처럼, 사도행전 3장의 유대교에 대한 비판적인 입장은 누가복음서를 몇 군데 살펴보면 금방이라도 파악할 수 있는데, 필자는 그린과 스펜서의 이해를 활용해서 보다 심층적으로 해석해보려고 한다.[23] 우선 누가복음서 18장의 바리새인과 세리의 기도하는 모습에서 우리는 어렵지 않게 유대교의 허상을 파악할 수 있고, 또한 19장에 기록된 예수의 성전 숙청 사건은 그가 성전 지도층의 미움을 사 십자가에서 처형되는 직접적인 원인을 제공한다.

여기서 독자들은 예수와 성전의 대칭 구도를 명쾌하게 파악할 수 있다. 마지막으로 20장에 기록된 유대교의 지도자들에 대한 예수의 비판은 그의 사역에서 중심적인 자리를 차지하는 대상이 바로 유대교라는 사실을 깨닫게 한다. 아래서 그러한 사항을 다시 한번 살펴보면서 누가 문서의 코텍스트적 읽기의 가능성을 몇 가지로 정리해보자.

바리새인과 세리의 이야기(18:9~14) —

누가의 예수는 성전에서 바리새인과 세리의 기도를 자세히 대조한다. 이 바리새인은 '나는 소득의 십일조를 드린다' (ἀποδεκατῶ πάντα ὅσα κτῶμαι)고 기도함으로 자신이 성전을 경제적으로 후원하고 있다는 것과 자신은 멀리 떨어져서 겸손하게 하나님의 자비를 구하는 세리 같은 멸시받는 사람과는 사회적으로나 도덕적으로 구별된다는 점을 자랑하고 있다.[24] 뻔뻔한 이 바리새인의 기도는 대략 네 가지로 요약된다:[25]

(1) 바리새인의 기도가 감사 시편처럼 시작하지만, 감사를 돌리는 하나님의 행위는 결코 열거되지 않는다. 바리새인은 하나님의 행동 대신 자신의 행동을 나열한다.

(2) 또한 이 바리새인은 토색, 불의, 간음을 행하는 사람들의 범주 속에 있는 다른 모든 사람들과는 다른 범주에 자신을 위치시키고 있다. 이 목록으로, 그는 가능한 죄의 형태들의 윤곽을 그리면서—강도, 배교, 부도덕—다른 모든 사람들을 죄인들로 규정한다.

(3) 더욱이, 이 바리새인은 성전에 있는 다른 사람들과 자신을 육체적으로 분리하고(그는 따로 서서 기도한다), 대중적인 기도에서 세리들을 희생시켜 자신의 경건에 경의를 표한다.

(4) 마지막으로 우리는 바리새인들이 스스로 거리를 두고 있는 사람들 속에 자신들을 포함하고 있다는 사실을 간과해서는 안 된다. 11장 39절에서 예수는 그들의 탐욕을 고발한다. 예수는 11장 42절과 16장 15절에서 의에 대한 그들의 위임에 대하여 질문한다. 그리고 16장 18절에서 그는 이혼에 대한 율법을 느슨하게 하는 그들을 고발하므로, 그들 스스로 간음죄를 유도한다는 사실을 내포한다. 다른 말로 하면, 바리새인들은 이 바리새인이 지금 하고 있는 것, 즉 그 스스로 의롭다고 하면서(16:15) 다른 사람들을 멸시하는 바로 그 항목들로 비난당하고

있다.

하나님의 법도에 충실하지 않는 성전의 기능이 마비되어 미문 앞에 앉아서 구걸하는 장애인을 치유할 수 없듯이, 하나님의 자비 대신 자신의 자비를 선전하는 바리새인의 모습은 유대교의 현실을 적나라하게 드러내준다. 바리새인으로 대표되는 성전의 지도자들은 자기 스스로를 과장하고, 공동체의 가난한 사람들을 돌봐야 할 계약의 의무를 뻔뻔하게 무시하는 사람들이었는데, 예수는 전통적인 예언자의 입장에 서서 그들을 비판하는 대신, 세리의 기도를 인정하고 그가 집으로 돌아갈 때 의롭다고 선언함으로 그의 편을 들어준다.

이것은 물론 14절에서야 비로소 그 해답이 밝혀진다. 이곳도 장소는 성전임을 기억할 필요가 있다.[26] 여기서 세리의 상황은 반전되고, 바리새인의 우쭐댐은 추락의 나락으로 떨어진다. 이런 반전의 메타포는 특히 마리아의 찬가(1:46~55)에서 가장 뚜렷하게 나타나는데, 세리와 바리새인의 기도 장면에서 다시 그 의미가 부각되고 있다. 물론 바리새인들의 모든 행동이 잘못되었다는 의미는 아닐 것이다.[27] 하여튼 이것이 바로 누가복음서가 제시하는 하나님의 역사 운행 방법임이 폭로된 것이다. 이런 예수의 행태를 통해서 우리는 구약성서에서 이스라엘 백성을 무조건적으로 선택한 하나님의 꿋꿋한 편애(偏愛)를 또 다시 목격하게 된다.

예수의 성전 숙청 사건(19:45~48) —

누가복음서 19장의 마지막 부분에서 예수는 성전에서 장사하는 상인들을 내어쫓음으로써 성전의 경제적 기초를 집중 공격한다.[28] 이 사건 역시 성전에서 발생하고 있음을 주목하자. 예루살렘의 주요 수입원이 제의를 매개로 한 수입이었음을 감안할 때, 예수의 비판이 갖는 수위가 너무 높은 것은 아니었나하는 의문을 갖게 된다.[29] 예수는 이사야서와 예레미아서를 인용하면서, 하나님이 성전을 기도하는 집으로 세웠으나(사 56:7) 현재는 이방인들과 고아들과 과부들을 압제하거나 그 땅의 무고한 자들의 피를 흘리게 함으로(렘 7:6) 강도들의 굴혈로 만들었으며, 가난한 자들과 힘없는 자들의 필요를 돌아보기는커녕 오히려 그늘의 젖을 짜내는 물질적 기회주의자들의 안식처가 되었음을 탄식하고 있다(19:46).

예수는 성전을 당연히 기도하는 집이라고 말한다. 이것은 누가복음서에서 전체적으로 드러나는 성전의 기능이다(1:10, 13; 2:29~32, 37; 18:9~14; 24:53; cf. 행 3:1; 22:17). 성전에서 기도하는 것은 일반적으로 하나님의 계획을 충실하게 수행하려는 인간의 노력을 반영한다. 성전이 기도하는 집으로 순수하게 기능했다면, 예루살렘이 하나님의 시간을 인지하는 데 성공했을 것이다. 18장 1~8절, 9~14절에서 기도의 특징은 정의에 대한 지속적인 요구로 묘사된다. 성전이 기도하는 집으로 활용되었다면, 그곳의 지도자들이 하나님 나라의 파괴적인 본질과 평화에 관한 일들을 인식할 수 있었을 것이다. 그러나 성전은 현재 강도의 굴혈이 되어 있다. 성전은 유대교 제의의 중심으로서의 기능과 하나님의 계시를 위한 기도하는 집으로서의 기능을 상실했다. 성전을 정화하는 예수의 행동은 예루살렘 성전이 다시

회복되어야 하고 또한 회복될 것임을 암시한다.[30]

여기서 예수의 성전에서의 상징적인 행동에 대한 견해들을 정리해보면 다음과 같다.[31] 첫째, 성전에서 장사하는 것은 영적인 목적에 대한 모독이다. 둘째, 이방인들이 하나님에게 예배할 수 있는 유일한 공간인 성전의 경내에서 매매가 이루어짐으로 그들의 권리를 박탈한다. 셋째, 장사와 환전 업무는 과도한 수수료를 통해서 사람들을 착취한다. 넷째, 성전에 시장이 존재하는 것에 전적인 책임을 갖고 있는 제사장 계급은 이런 방식으로 사업에 관련됨으로 자신들이 갖는 영적인 소명을 잘못 사용하고 있다. 다섯째, 예수는 산헤드린, 특히 30년에 성전 시장을 허가한 대제사장 가야바와 갈등 관계에 있다.

물론, 이상과 같이, 여러 가지 이유를 설명할 수 있겠지만, '예수가 자신의 행동이 무엇을 의미하는지 알고 있었다고 지적하면서, 제사를 하나님이 명한 것으로 간주하고 있었고, 제사에는 어느 정도 장사가 요구된다는 것도 알고 있었고, 그러기에 장사를 방해하는 몸짓을 한다는 것이 하나님이 제정한 제사에 대한 공격을 나타낸다는 것도 알고 있었다. 그러므로 그 행위가 적어도 하나님의 공격을 상징화하는 것으로 알아들으며, 그 공격이 파괴와 무관하지 않음에 주목한다'[32]고 주장하는 샌더스의 견해를 따라서 예수의 성전 청결 사건이 갖는 본래적인 의미를 읽을 수 있다. 그러므로 예수의 공격적이고 파괴적인 행동이 갖는 상징성은 곧 성전의 온전한 회복을 향한 상징적인 행동이었음이 분명하다.[33] 이러한 코텍스트적인 읽기를 통해서 성전 미문의 장애인을 향한 베드로와 요한의 치유 행동은 예수의 이런 상징적인 행동과 일치하는 것으로 판단할 수 있을 것이다.

서기관들에게 대한 예수의 비판(20:45~47) —

20장은 예수가 '그들은 과부의 가산을 삼키며 외식으로 길게 기도하는 자' 라고 함으로써 성전 지도자들의 가난한 자들의 돈을 횡령하는 것과 길게 기도하는 것을 책망하는 것으로 끝난다(20:47). 곧 이어지는 21장에서 성전 연보궤가 가난한 과부의 생활비 전부인 두 동전을 삼키는 적절한 예로 제시된다(21:1~4). 예수가 이런 상황을 바라보면서 개탄한 이유는 그렇게 아름다운 성전 건물(21:5)이 여기에 나오는 과부처럼 극도의 궁핍함을 대가로 건축된 것이기 때문이다.

신약성서 시대의 서기관은 직업적인 해석가와 율법 학자들의 그룹에 속한다. AD. 70년 이전에 개인적인 서기관에 대한 기록은 거의 없다. 일단의 서기관은 귀족가문 출신이고, 다른 부류는 일반 제사장 그룹 또는 하급 성직자 그룹 출신들로 구성된다. 사회의 각 분야에 걸친 출신이었고, 자신의 생활을 영위하기 위해서 장사를 하는 경우도 있었다고 한다.[34] 또한 이들은 대부분의 시간을 율법 연구에 보냈으므로, 존경받는 서기관들조차도 매우 가난했으며, 그들의 제자들이 제공하는 선물이나 성전 금고에서 가난한 사람들에게 제공하는 후원금으로 생활할 정도였다고 미쉬나의 기록들은 전해주고 있다.[35]

그럼에도 불구하고 모든 서기관들은 세금을 면제받았는데, 일단의 서기관들은 이런 혜택을 받는 것에 혈안이 되었을 뿐만 아니라 많은 제자들을 갖고 있는 서기관들은 상당한 부를 구가했을 정도였다. 또한 고정된 수입을 받았던 일련의 율법 학자들도 있었다. 그들은 성전에 고용되어 해마다 바치는 성전세에서 급료를 지불 받아 고정 수입을 올릴 수 있었다.[36] 그러므로 우리는 예수의 서기관들을 향한 질책이 바로 이런 부류에 속하는 자들이었음을 추론할 수 있을 것이다. 성전에서 장사하는 사람들에게 행한 상징적인 행동과 마찬가지로 예수의 서기관들을 향한 비판 역시 유대교의 중심부를 향한 반성의 촉구인 동시에 하나님의 본질적인 의지를 파악하라는, 즉 회복에 대한 하나의 명령으로 이해된다.

이와 같은 이야기의 배경에 비추어볼 때 사도행전 3장의 앉은뱅이 이야기는 좀더 정확하게 초점을 맞출 수 있다. 매일 기도 시간에 성전 미문에서 구걸하는 것은 비극적이게도 무익한 일인 것처럼 보인다. 누가의 관점에서 보면, 성전 경제는 가난한 자들에게 베풀기보다는 그들로부터 더 많이 거둬들이고, 성전의 기도 행사는 가난한 사람들을 돌보는 관대한 행위들을 격려하는 하나님과 함께 하는 진정한 친교의 행위라기 보다는 가식적인 동정심의 표현으로서 작용할 뿐이다. 따라서 그 앉은뱅이는 경제적이고 종교적인 새로운 체제의 대표자격으로서 베드로와 요한이 자기 앞을 지나갈 때까지 구걸 행각에서 얻은 것이 거의 없었을 것이다.

그들은 은과 금은 없다고 한 것처럼 줄 돈을 가지고 있지 않았다(3:6).[37] 어느 유명한 설교자가 이 말씀을 설교하면서, 사도들이 돈이 없는 이유는 그들이 십일조를 드리지 않았기 때문이라고 강조했다고 한다. 성서의 어느 부분에서 그들이 하나님에게 십일조를 바쳤다는 기록이 있느냐고 회중들에게 물었다는데, 너무 어처구니없는 해석이 아닐 수 없다. 그들에게 돈이 없는 이유는 그들이 자신들의 재산을 불리기 위해 축적해 놓아서가 아니라 모든 구성원들의 필요(2:44~45)를 충당하기 위하여 공동체의 기금에 그들의 소유와 물건들을 양도했기 때문이었다. 그들은 기도했지만(1:14; 2:42) 그들 스스로에게만 관심을 가지고, 바람직하지 못한 이웃들로부터 자신들을 구별하는 것이 아니라 가까운 데 있으나 먼 데 있으나 그들과 함께 예수의 이름을 부르는 모든 사람들에게 하나님의 축복을 빌었다(2:21, 38~39).

그러한 축복은 사도행전 3장에서 앉은뱅이 거지에게도 임했다. 그가 치료되고 구원을 받았을 때 그는 예수의 이름으로 온전해지고 마침내 성전 문 안에서(3:6~8) 하나님에게 예배할 수 있었다. 당시 이스라엘의 성소 안은 그와 같은 소외된 사람들을 멸시했던 압제적인 지도부에 의해서 조종되고 있었다. 그가 나아가 성전 뜰에서 뛰기 시작했을 때 이사야서 35장 6절의 '그 때에 앉은뱅이가 사슴처럼 뛸 것이라' 는 이스라엘의 회복에 대한 중요한 예언의 표적이 산헤드린 의원들 앞에서 실현된다. 이 표적은 많은 사람들과 성전 지도자들에게 묵시적으로 회개를 촉구하게 된다. 이스라엘은 하나님의 '거룩하고 의로운 자'(3:14)를 거절한 것을 인정하고 회개하고 '나사렛 예수 그리스도' 의 길에 합류해야 한다.

나가는 말 : 코텍스트로 누가 문서 읽기와 그 결과

우리는 지금까지 누가 문서를 코텍스트로 설정하여 사도행전 3장의 베드로와 요한의 치유 기적 사건에 대해서 새로운 해석을 시도했다. 본 연구를 통해서 드러난 것은 누가-행전의 문학적 맥락이 잘 짜여진 하나의 플롯(plot)에 의한 것이라는 점이다. 우리가 이러한 관점에서 사도행전과 누가복음서를 읽어야 하는 까닭은 코텍스트로 텍스트를 이해하는 것이 누가 문서를 바르게 해석하는 하나의 지름길이기 때문이다.

최근의 문학적 읽기 방법은 각각의 신약 문서들을 하나의 완성된 작품으로 읽을 것을 권장하고 있으므로, 우리는 여기서 한 발짝 더 나아가 사도행전은 누가복음서와 하나의 짝으로 읽을 것을 제안한다. 또한 이러한 방식의 읽기는 누가 문서의 배열에서 끊이지 않는 논쟁(전/후편, 1/2부 또는 3부설?)을 종식시킬 수 있는 예비적 결론으로 제시할 수 있다. 우리는 적어도 3부설에 대해서는 그 가능성이 적음을 조심스럽게 제안할 수 있을 것이다. 만약 현대적인 논의처럼, 목회서신이 3부에 해당된다면,[38] 그것은 코텍스트적인 읽기로는 그 답변을 구할 수 없음이 명백해진다.

이와 동시에 누가 문서를 코텍스트로 읽는 방식은 이 문서를 다른 복음서와 비교함으로 본문 해석에 대한 오류에 빠질 수 있는 함정을 미연에 방지할 수 있게 돕는다. 그러므로 우리는 이런 읽기 방법을 통해서 역사비평적 분석이 제시하는 이점(利點)과 더불어 위에서 제시한 새로운 관점을 활용해서 신약 문서들을 읽을 것을 제안한다. 본 논문은 코텍스트의 의미가 본문 내에서 어떻게 적용되는지에 대해서 다루었고, 코텍스트의 틀로 신약성서의 많은 문서들 가운데 사도행전 3장을 중점적으로 분석했다. 결과적으로 우리가 사도행전을 누가복음서와 함께 읽을 때 그 맥락이나 의미가 더욱 더 명쾌해지고, 저자의 본래 기록 목적에 보다 더 근접해갈 수 있음을 파악할 수 있게 되었다. 이처럼 텍스트에 대한 코텍스트적인 읽기와 더불어 해석자의 독창적인 읽기가 결합할 때 텍스트의 세계는 언제나 새로운 의미를 창조하게 될 것이다. 이 얼마나 신명나는 텍스트의 세계이며 텍스트 읽기인가? 그래서 롤랑 바르트는 텍스트의 즐거움을 통해서 독자의 위치를 새롭게 발견했는지 모를 일이다.[39]

하나님의 말씀인 성서를 독자 나름대로 마구 해석해대는 것이야말로 큰 문제를 야기할 수 있는 소지를 안고 있을지라도, 그런 고백적인 차원은 제외하고 독자로서 책임있는 읽기를 수행할 사명은 성서를 제대로 읽어야 할 성서 연구자 뿐 아니라 교회에 속한 신앙 공동체가 최우선적으로 시도할 과제일 것이다. 그러므로 신약의 연구자들은 위에서 제시한 두 지평,[40] 즉 작품이라는 한 수평적 지평과 하나님의 말씀이라는 또 하나의 수직적 지평이 맞닿는 제 3의 지평을 향하여 능동적이고 적극적으로 나갈 채비를 해야 할 것이다. 즉 본문, 독자, 그리고 고백이라는 차원을 아우르는 읽기가 우리가 궁극적으로 도달해야 할 최종 지점일 것이다.

2장

사도행전의 생태학적 읽기

2장

사도행전의 생태학적 읽기

들어가는 말

인류가 살아왔고, 살고 있으며 또 우리의 후손이 살아가야 할 세계는 현재 환경 파괴와 생태계의 훼손으로 인해 많은 아픔을 감내하고 있다. 환경이나 생태에 대한 관심을 갖지 않고 사는 사람은 없을 테지만, 그렇다고 해서 환경 운동가처럼 열성적으로 생태 보존에 나서기는 쉽지 않은 일이다. 필자가 이미 생태학이나 환경에 관심을 신약성서 읽기를 시도했었다.[1]

언급할 필요조차 없이 생태계와 관련된 환경 문제는 오늘날의 가장 긴급한 화두 중 하나다.[2] 인간과 자연의 관계를 총망라하는 생태학은 그만큼 삶의 조건에서 빼놓을 수없게 되었다. 이런 관심은 성서의 담론 세계가 놓칠 수 없는 주제가 된다. 그렇다면 성서는 생태학적인가 아니면 그 반대인가? 단언하건대, 성서는 인간의 생명뿐만 아니라 모든 창조물들을 향한 하나님의 구원을 말한다. 그리고 그 중심에는 세상을 구원하기 위하여 십자가에서 죽고 부활한 예수가 있다.[3]

따라서 생태학적 관점에서 신약성서를 읽는 것은 성서 이해의 지평을 확대하기 위한 정당한 과정으로 보인다. 물론 최근 들어 생태계에 대한 신학적 관심을 표명한 글들이 발표되었지만,[4] 이 글은 먼저 생태학과 성서의 연관성을 살펴보면서, 과연 성서와 생태학 그리고 성서와 환경이라는 말이 어떤 연관성이 있는지를 분석하려고 한다.[5] 아래서 언급될 사항이지만, 성서와 생태계는 상호 연관성을 갖고 있다. 왜냐하면 신약성서의 중요한 주제 중 하나로 예수가 선포한 하나님의 나라는 모든 것을 포용하고 생명을 살려내는 생태학의 주된 내용을 핵으로 삼고 있기 때문이다. 예수와 초기 기독교의 지도자들이 수행한 모든 사역 가운데서 이런 생태학적 동기들을 발견하는 것이 어렵지 않은 이유가 여기에 있다.

필자가 성서의 생태학적 읽기를 시도할 본문으로 선택한 것은 사도행전이다. 소외되고 연약한 것들에 대한 포용과 애정이 강조된 문서가 바로 누가 문서(Luke–Acts)이기 때문이다. 전통적으로 누가복음서에 등장하는 예수의 이미지는 황소였다.[6] 황소처럼 모든 것을 묵묵히 지고 나르는 이미지는 예수의 사역에서 분명하게 나타나며, 초기 기독교 공동체와 그 뒤를 이어가면서 사도행전의 주인공으로 등장하는 베드로, 야고보, 빌립, 바나바, 그리고 바울의 활동을 통해서 명백하다.

예수와 그를 따르는 인물들의 활동은 생명을 잉태시키는 거룩한 사역이었다. 우리는 사도행전의 본문 분석을 통해서 초기 기독교 공동체가 예수의 회복과 나눔의 교훈을 실천해가는 아름다운 상생의 모습을 확인할 수 있을 것이며, 생태학적 읽기의 가능성을 보게 될 것이다.

신약성서와 생태학의 상관성

성서를 생태학적 관점에서 읽어갈 때, 독자가 유념할 과제는 성서의 본문을 이데올로기적으로 읽는 것으로 모아진다.[7] 이와 같이 특기할 사항을 지적하면서, 결코 편향적 읽기를 극복하는 것이야말로 바른 독자가 지닐 덕목일 것이다. 다행스럽게도 이런 염려는 성서의 모든 문서와 본문들이 전체적으로 생태학적이라는 사실을 확인할 때 극복되고도 남게 된다(창 1:26; 시 97:1; 마 6:10; 계 5:10). 그러므로 본 논문은 내러티브 읽기처럼 본문이 독자에게 개방되어 있다는 것을 전제하면서 읽는 방식을 취할 것이다.

그렇다면 성서가 어떤 측면에서 생태학적인가? 이 물음에 대한 가장 중요한 요소는 생태학적 관점과 성서적 관점 사이에 놀랍게도 공통점이 많이 있다는 데서 발견된다. 둘 사이의 평행은 다음과 같이 정리할 수 있다. 먼저 생태학과 성서는 거대한 구조를 가지고 세계를 관찰하며, 또한 하나의 연결된 전체로 자연 세계를 본다. 그렇지만 생태학과 성서는 땅의 중요성을 결코 놓치지 않는다. 그러므로 생태학과 성서는 인간에게 한계점을 인식할 것을 촉구하면서, 파괴될 수 있는 대상으로 자연계를 바라본다.[8]

더욱이 신약성서에서 하나님의 구원과 재창조의 목적을 나타내는 개념은 생태계(ecologica), 즉 '하나님의 나라'이다. 하나님의 나라의 주요

원리는 그것이 모든 것을 포함한다는 것이다.[9] 그 안에서는 참새 한 마리라도 땅에 떨어지는 것이 하나의 중요한 사건이 된다. 성서를 통해서 하나님의 통치는 생태학적인 균형(샬롬), 특히 인간과 가정(οἰκος , 이 단어에서 ecology 생태학이 파생)으로 이해되는 하나님의 선물로서의 지구와 주거지(habitat, 이 단어는 dwelling 거주/주거의 의미를 파생시킴) 사이의 균형을 포함한다.[10] 또한 성서는 하나님이 그리스도인들에게 하나님이 창조한 모든 세계를 그리스도 안에서 회복시키는 비전을 위임했음을 이야기한다는 측면에서 생태학적이다.

신약성서에서 구원과 윤리에 대한 가장 중심적이고 포괄적인 상징은 '하나님의 나라'(βασιλεία τοῦ Θεοῦ)이다. 즉 그리스도인들은 구원에 대하여 신약성서가 제시하는 비전이 인간뿐만 아니라 모든 생명체(미생물을 포함하여)가 생태학적으로 균형을 유지함으로 전 우주가 회복되는 재창조를 포함하는 것임을 신뢰한다. 그리고 이러한 통전적인(wholistic) 구원에 대한 비전은 그리스도인들로 하여금 자연계를 향하여 청지기로서 윤리적인 책무를 수행하도록 촉구한다.

'하나님의 나라'는 우선 하나님의 주권적인 통치를 의미한다. 신약성서에서 하나님의 통치는 창조, 미래의 회복, 그리고 행동과 실천을 위한 새로운 명령, 이 세 차원으로 나타난다. 즉 하나님의 통치는 그의 창조 사역과 그가 미래에 완성할 온전한 회복 그리고 그리스도인들을 향한 실천적 행동을 요구하는 가운데 현재화된다. 이런 측면에서 볼 때, 하나님의 나라는 통전적이며 만물을 포괄하는 특성을 갖는다.[11] 이런 이해에 근거

할 때, '하나님의 나라'는 만물을 회복하려는 하나님의 구원 의지를 구체적으로 밝혀준다.[12]

하나님의 통치에 나타난 창조적 측면 —

신약성서에서 창조는 그 자체가 중요하게 다루어지거나 보편적인 주제로 드러나지는 않을지라도, 마치 약방의 감초처럼 거의 모든 곳에서 암시된다. 구약성서와 관련해서, 하나님의 지속적이고 우주적인 통치는 만물의 창조에서 가장 분명하게 드러난다.

더욱이 하나님의 통치는 창조의 질서를 지속시키는 역할을 한다(롬 11:36; cf. 골 1:16~17). 자연계와 세계의 질서는 하나님의 통치에 근거한다. 즉 하나님의 통치에 대한 도전과 반역은 자연 질서와 우주 질서를 파괴하는 원인이 된다(막 13:24~25; 계 6~19; cf 시 24:4~6). 창조의 질서가 혼돈되는 것이야말로 인간들에게 엄청난 재앙을 초래하는 것임을 바벨탑 사건(창 11장)은 확인해 준다. 파괴된 질서는 우리가 읽게 될 사도행전의 오순절 성령 강림 사건에서 완벽하게 회복된다.[13]

하나님의 영원한 통치와 창조 사이의 관계는 요한계시록 4장에서 가장 인상적으로 묘사되는데, 여기서 24명의 장로들은 '우리 주 하나님이여 영광과 존귀와 능력을 받으시는 것이 합당하오니 주께서 만물을 지으신지라 만물이 주의 뜻대로 있었고 또 지으심을 받았나이다'(계 4:11)라고 찬양한다. 이런 관점에서 신약성서는 전 우주에 드러난 하나님의 선하심을 확증한다. 공중의 새들과 들의 풀을 보호하는 관리자로서의 하나님에 대한 예수의 진술(눅 12:6~8) 역시 창조에 대한 찬양을 포함한다.[14] 이와 더불어 신약성서는 하나님의 통치를 수립하는 창조주 하나님의 역할뿐만 아니라 종말론적인 의미에서 구원자 그리스도의 우주적인 역할을 강조한다.

하나님의 통치의 미래적 측면 —

신약성서가 하나님의 나라를 통해 강조하는 것은 구원받은 자들이 대망하는 다가올 시간에서의 새로운 질서이다. 그러나 신약성서 어디에도 이 미래의 질서에 대한 정확한 형식이나 특성은 정의되지 않고, 다만 이 기대에 대한 기본적 윤곽만이 드러날 뿐이다.[15] 가장 우선적으로 하나님의 나라는 전 우주가 그것의 원상태로 회복되는 것, 즉 창조의 갱신을 요구한다.[16] 하나님의 통치가 궁극적으로 우주를 통해서 실현될 때, 의, 평화, 조화 그리고 자연이 갱신되는 새로운 질서가 이루어질 것이다.

예수의 공생애 가운데 수행하는 모든 사역의 내용도 바로 이러한 회복을 실현시켜가는 과정이다. 동시에 바울은 종말에 그리스도와 하나님의 통치는 이 우주를 통하여 성취될 것을 확신한다(고전 15:24~28). 결과적으로 땅과 하늘은 더 이상 분리되지 않는다(롬 11:36; 계 21:3, 21, 22:3~5). 그러므로 하나님의 궁극적인 승리가 가져올 변화는 총체적이며, 인간, 사회 그리고 우주가 여기에 포함된다. 이것은 세상에 죄가 들어와서 생긴 무질서와 깨어진 모든 형태의 관계를 회복하는 것을 의미한다. 인간의 차원에서 이것은 죽음의 능력을 궁극적으로 패배(고전 15:26)시킨 몸의 갱신, 즉 부활(롬 8:23)을 의미한다. 생명은 창조의 본질적인 내용이다. 하나님의 나라를 선포하는 예수의 사역은 바로 이 생명의 회복을 집중한다.[17]

하나님의 나라는 또한 사회적 차원에서의 회복을 의미한다. 바울은 다음의 세 가지 단어를 가지고 하나님의 나라를 설명한다(롬 14:17). : 디카이오쉬네(δικαιοσύνη), 에이레네(εἰρήνη), 그리고 카라(χαρά). 디카이오쉬네는 바른 관계를 갖고 있는 사물 또는 인간을 의미한다.[18] 유사하게, 에이레네는 평화, 조화, 통전성, 번영, 물리적인 복지 등을 의미하는 샬롬에 대한 히브리적 개념을 지시한다.[19] 또한 카라는 하나님의 정의/의와 평화가 하나님이 통치하는 가운데서 드러날 때 자연스럽게 솟아나므로 환호하는 감정의 표현이다. 이런 의미는, 사도행전의 본문을 읽어가면서 확인될 테지만, 초기 기독교 공동체의 나눔의 삶에서 실현되고 있다.

다가올 그 나라에 대한 비전은 여기서 그치지 않고 우주를 감싸 안는다. 창조의 전체성은 그 원래 상태로 돌아갈 것이다. 이사야서 65~66장과 연결해서, 신약성서는 하나님의 통치에 궁극적인 실현이 새 하늘과 새 땅이라는 것을 확인해준다. 성전 미문에서의 치유 사건(행 3장) 역시 이와 같은 의미를 갖는다. 요한계시록에 따르면, 하나님의 통치가 세워지고, 하나님의 대적들이 패배하고, 새 하늘과 새 땅이 건설될 것이다(계 21:1~22:5). 하나님의 창조적인 통치에 대한 언급으로 요한계시록 4장의 보좌에 대한 비전처럼, 재창조 행위는 궁극적으로 보좌에서 시작된다.

따라서 요한계시록 22장 1~5절은 하나님의 백성이 영원히 통치하게 될 하나님의 나라를 그려준다. 그래서 베드로후서 3장 13절은 '우리는 그의 약속대로 의의 거하는바 새 하늘과 새 땅을 바라보도다'라고 선언한다. 또한 앞으로 살펴보겠지만, 사도행전 3장의 베드로의 연설(21절)은 '만유를 회복하실 때'(χρόνων ἀποκαταστάσεως πάντων)를 언급하여 이 우주적인 회복을 대망한다.[20]

하나님의 통치의 현재적 측면—

하나님의 나라는 단순히 구원의 미래적 차원에만 국한되지 않는다. 그리스도 안에서 하나님의 통치는 이미 시작되었다.[21] 그 나라가 미래에 완성되더라도, 그것은 이미 현 시대에 개방되었다. 하나님의 나라는 예수의 가르침 가운데서 근본적으로 삶에 대한 새로운 비전을 제시한다. 이 나라는 사람들이 수용할 대상이고(막 10:5), 그들 가운데 실재한다(눅 17:21). 하나님의 나라는 예수의 사역, 특히 치유 사건을 통해서 악한 세력이 정복되므로 실현된다(눅 11:20).

신약성서를 통해서, 그리스도인의 윤리에 대한 명령은 하나님이 시행하는 현재와 미래의 구속 사역에 대한 언급에서 제시된다.[22] 신약성서에서 '하나님의 나라'는 그리스도인들에게 맡겨진 책임을 함축한다. 다가올 나라에서 경험하게 될 정당한 관계는 현재 우리가 살아가는 이 세계에서 적극적으로 실천되어야만 한다(마 6:33; cf. 5:20, 7:21). 하나님의 나라의 윤리에서 수단과 목적은 서로 조화를 이룬다. 미래에 다가올 나라의 방식은 이미 효력을 발휘하고 있다.[23]

이러한 내용은 아래서 사도행전의 읽기를 통해서도 확인할 수 있듯이, 초기 기독교 공동체의 실천이 하나님의 나라가 제시하는 새로운 비전을 구체화하는 과정이었다. 즉 그리스도인들에게 제공된 행동과 실천에 대한 요청은 궁극적으로 생명을 회복시키라는 명령과 일치한다.

생태학의 관점에서 읽는 사도행전

생태학적 관심을 가지고 사도행전을 해석하는 작업은 매우 흥미롭다. 그 이유는 누가복음서에 기록된 예수의 사역이 초기 기독교 공동체로 투사되어 재현되기 때문이다.[24] 주변인들을 향하여 회복과 공동체 내부로 끌어들이는 예수의 정신은 이 공동체가 실현할 이상적 가치였다. 이런 측면에서 이 가치는 생태학적 함의의 재생산을 전제한다. 주지하듯이 자연과 인간을 포괄하는 소외 문제에 관심을 갖는 것이야말로 생태학이 주목하는 내용인데, 이것은 결국 생태학의 관심이 상실된 것의 회복과 밀접한 관련성을 갖고 있음을 반증한다. 이러한 관심은 단연 누가 – 행전에서 돋보인다.

우리가 분석할 사도행전이 환경 보존이나 자연 보호를 위한 선전물도 아니고, 저자 역시 오늘과 같은 환경 의식이 민감한 시대에 살지도 않았다. 그래서 사도행전의 생태학적 읽기가 가능하지도 않고, 오히려 이런 방식의 읽기보다는 다른 시각으로 읽는 것이 더 타당할 수 있다. 그렇지만 사도행전의 저자가 의도하는 바가 종교적인 규범으로 인해서 소외된 그룹을 복음 선포와 선교라는 과정을 통해서 중심부로 회복시키는 것이라면,[25] 우리의 생태적 읽기가 전혀 불가능한 것도 아니다.

확인되었듯이, 최근의 성서 읽기는 통전적이며 전체적인 읽기가 주종을 이룬다. 신학적이거나 교리적인 읽기는 더 이상 현대인의 관심거리가 아니다. 현대인의 입맛에 맞추기 위해서 본질적인 요소를 제거하려는 것이 아니라, 전통적 성서 읽기는 본문이 담고 있는 원초적인 취향을 훼손시켰다. 이런 제안은 사도행전의 본문을 생태학적 시각에서 읽어볼 때 자명해진다. 프란츠 알트(F. Alt)는 바로 이런 프리즘을 이용해서 예수의 사역과 그의 관점을 '영적인 생태학'이라고 명명하고 있는데 생태학적인 성서 읽기에 대하여 많은 착안점을 제시해준다.[26]

실제로 생태학적 관점으로 읽기에 적당한 본문은 바울서신인데, 그 중에서도 로마서 8장은 그리스도인들에게 회자될 백미(白眉)에 해당한다. 또한 그리스도 안에서 창조의 총체적인 갱신을 담아내는 본문은 여럿 있다(고전 15:49; 고후 3:18; 5:17; 갈 6:15).[27] 그렇지만 누가복음서만큼 생태학적인 읽기가 가능한 텍스트도 흔치 않다. 왜냐하면 이 복음서에는 생태학적이고 환경친화적인 관점에서 해석할 수 있는 많은 단서들을 포함하고 있기 때문이다.[28] 그렇지만 누가복음서에서만 그런 이미지가 투명한 것은 아니다. 필자의 견해로 볼 때, 사도행전이 생태학적 문서의 특징을 그의 복음서 못지않게 고스란히 담고 있기 때문이다.

우리의 사도행전 읽기는 이 문서가 내포한 생태학적이고 환경 친화적인 논조를 찾아낼 수 있을 것이다. 초기 기독교 공동체의 가장 중요한 전환점이 되는 오순절의 성령 강림 사건이나 초기 기독교 공동체의 대표적 지도자들인 베드로나 바울의 사역에서도 그와 같은 특성은 발휘된다. 이런 해석의 준거틀을 가지고 본문의 내러티브를 분석할 때, 특히 사도행전

전체 텍스트를 분석하기보다는 연구의 특성상 몇 개의 사건을 선별해서 사도행전의 전체적인 맥락과 우리의 읽기가 어떻게 연결될 수 있는지 평가될 것이다. 우리가 주목하는 사건은 1. 성전 미문의 치유 기적(3장), 2. 맛디아(1장)와 7조력자의 선택(6장), 3. 빌립의 사마리아 선교(8장) 4. 바울의 아레오바고 설교(17장)이다.

성전 미문의 치유기적에서 드러난 사회-생태학적(socio-ecological)영성 —

초기 기독교 공동체가 생태학적 영성을 지닌 구성원들의 모임이라는 사실은 사도행전 3장에서 나타난다. 성령의 임재를 경험한 베드로와 요한을 중심으로 하는 초기 기독교 공동체는 이제 예루살렘 성전의 광장에서 새로운 국면을 맞이한다. 이것은 이 공동체가 성령 체험 이후에 맞이하는 최초의 사건이라는 점에서 특별하다. 성전의 미문[29] 앞에서 구걸하던 장애인과 두 사도의 만남은 그 자체로 많은 의미를 담고 있다. 단순히 구걸하는 사람에게 돈 대신 예수의 이름으로 그의 병을 고쳐준 사건에 머물지 않고, 유대교와 기독교의 갈등이 노골화되어 분출된 사건으로 보아야 하기 때문이다.

보다 심층적인 읽기를 시도해보면, 이 장애인은 거의 일평생인 40여년(4:22)을 성전 문 앞에 앉아서 구걸만 한 셈이다. 그는 장애인이기에 공동체의 중심에는 결코 참여할 수 없었다.[30] 그러던 그가 예수의 이름으로 고침을 받을 뿐만 아니라 성전에 들어가서 하나님을 찬양하는 자리까지 이르게 되었으니(3:8), 이 사건에 대한 이스라엘 사람들의 부정적 반응은 당연했을 것이다. 이에 대해서 베드로는 예수의 이름이 그를 고쳐주었다고 선포한다(3:16). 즉 유대교의 인간 소외 현상은 예수의 이름으로 극복되었다. 그래서 누가복음서와 사도행전에 그려진 유대교가 드러내는 정결과 정결하지 않음, 깨끗함과 더러움에 대한 철저한 이분법적 구도는 인간을 소외시키는 가장 강력한 구조로 노출된다.

베드로와 요한의 치유 행위는 성전에서 발생한다. 거룩한 장소 성전과 청결하지 못하여 항상 주변부로 밀려나 있는 앉은뱅이가 나란히 언급된다. 유대인들과 이방인 혹은 이방 문화의 차별성은 이방인들이 정결법을 준수하지 않으므로 청결하지 않다는 고정 관념에 의해서 더욱 심화되었다.[31] 이러한 의식은 이방인은 물론 장애인을 무시하는 단단한 구조가 되었음은 물론이다. 더구나 성전은 여전히 이스라엘 역사 속에서 예로부터 주어진 신성한 의미를 상실하지 않았다.[32] 베드로와 요한은 그의 선생이 했던 것과 동일하게 그 장애인에게 자신들을 보라고 한다(4절). 그런데 여기서 또 한번의 해프닝은 사도들의 관심과 그 장애인의 관심의 차이에서 발생한다. 이 장애인은 평소처럼 무엇인가를 얻기를 바라고 있다(5절). '일어나 걸으라'(6절)는 베드로의 선언에 이 장애인은 그것이 가능하지 않기 때문에 무관심으로 일관했을 것이다. 그렇지만 예수의 치유 사역을 통해서 수많은 사람들이 고침을 받은 것을 이미 인지하고 있는 독자들은 '나사렛 예수 그리스도의 이름으로 걸으라'(6절)는 베드로의 선포에 이 장애인이 회복되어 걸을 수 있다고 직감한다. 그들에게 예수가 '치유의 직접적인 원인'임이 명백하다. 그 사람이 발로 뛰고 건강을 회복하자 사도들은 다시 성전으로 들어간다.

그러나 중요한 새로운 국면이 발생하게 되는데, 완쾌된 그 장애인이 걷고, 뛰고, 하나님을 찬미하면서 그들과 함께 성전에 들어온 것이다(3:8).

결국 이 이야기는 급진적인 모습처럼 비쳐지는데, 사도들과 다른 신자들이 정해진 기도 시간에 일상적으로 성전을 찾는 것보다는 그 장애인이 성전의 엄격한 경계선을 넘어서고 있다는데 초점이 모아지기 때문이다.[33]

구약성서와 공관복음서에서 앉은뱅이와 같은 장애인에 대한 사회－종교적 신분을 알아보는 것은 이 사건의 급진적 성격을 이해하는데 도움이 된다. 왜냐하면 질환은 사회적으로 경시되는 특징을 가지고 있기 때문이다.[34] 특히 고대 이스라엘에서는 제의적 정결과 육체적 완전은 깊은 관련이 있다. 모세의 율법은 희생 제물로 온전하지 못한 동물을 드리는 것과 장애를 가진 제사장들이 성전에서 제사 드리는 것을 엄격히 금지했다(레 21:16~24; 신 15:21; 말 1:8, 13). 그러한 율법은 제사장 사회에서뿐만 아니라 이스라엘의 사회 전반에 걸쳐서 장애인들은 '죽은 개' 즉 가치가 없고, 무능력한 존재로 인식하게 만드는 근거를 마련했을 것이다(삼하 9:8).

따라서 누가복음서에서 앉은뱅이를 시력 장애자와 청각 장애자들과 문둥병자들과 죽은 사람들과 가난한 사람들(7:22; 14:21), 즉 전형적으로 사회－종교적 소외 계층으로 분류하는 것은 하나도 놀랍지 않다. 그러나 놀라운 것은 누가가 이러한 사람들을 예수의 사랑과 관심을 받는 특별한 대상으로 묘사하고, 그 당사자들을 '하나님의 가족' 즉 확대된 가족이라는 연대감으로 예수와 그 제자들의 동역자들로 치켜세운다는 점이다(5:17~26; 7:21~23; 14:7~24). 따라서 베드로와 요한이 성전 문에서 그 장애인에게 예수의 이름을 선포하고 그와 함께 성전에 들어간 것은 이스라엘 사회의 부적절하고 부정한 것들에 대해서 경계를 허물고 회복된 공동체를 건설하려는 예수의 사역을 지속적으로 수행하는 것을 확인시켜준다. 이와 같이 예수로부터 시작된 '생태적 사역의 영성'은 사도들과 함께 하는 초기 기독교 공동체에 그대로 전이되어 실현되고 있음을 보여준다.

사도행전 3장의 치유 이야기와 앞서 말한 누가의 내러티브 사이의 또 다른 중요한 연결점은 공정하고 자비로운 하나님과의 친밀한 교제와는 동떨어진 모습으로, 성전으로 들어가는 미문에서 극도의 궁핍한 경제적 상태에 빠진 앉은뱅이가 아이러니컬하게도 등장한다는 것이다. 부자와 가난한 자라는 사회 – 경제적 요소들과 성전 경내라는 공간적인 요소와 기도 시간이라는 제의적 요소들이 누가복음서 18장으로부터 21장에 걸친 여러 장면에서 가난한 자들을 착취하고 기도의 중심지요 하나님의 자비의 통로로 가장한 성전 제도의 부패성을 드러내면서 반복적으로 나타난다.[35]

사도행전 3장은 이러한 배경에서 읽을 때 보다 더 분명해진다. 매일 기도 시간에 성전 미문에서 구걸하는 것은 무익한 일처럼 보인다. 누가의 관점에서 보면, 성전 경제는 가난한 자들에게 베풀기보다는 그들로부터 더 많이 거둬들이고, 성전에서의 기도는 가난한 사람들을 돌보며 격려하는 하나님과 함께 하는 진정한 친교의 행위라기보다는 가식적인 동정심의 표현으로서 작용할 뿐이다. 따라서 이 장애인은 이렇게 짜여진 경제와 종교 체제의 피해자로 베드로와 요한이 자신의 앞을 지나갈 때까지 구걸행각에서 얻은 것이 거의 없었음이 분명하다. 그들이 은과 금은 없다고 말한 것처럼 줄 돈은 소유하지 못했다(3:6). 그러나 그것은 그들이 자신들의 재산을 불리기 위해 축적해 놓아서가 아니라 모든 구성원들의 필요(2:44~45)를 충당하기 위하여 공동체의 기금에 그들의 소유와 물건들을 양도했기 때문이었을 것이다.

이러한 복은 사도행전 3장에서 그 장애인에게 임했다. 그가 치료되고 구원을 받았을 때 그는 예수의 이름으로 온전해지고 마침내 성전 문 안에서(3:6~8) 하나님에게 예배할 수 있었다. 당시 이스라엘의 성전은 그와 같은 소외된 사람들을 멸시하는 당국자들에 의해서 조종되고 있었다. 그가 나아가 성전 뜰에서 뛰기 시작했을 때 이사야서 35:6의 '그때에 앉은뱅이가 사슴처럼 뛸 것이라'는 이스라엘의 회복의 중요한 예언적 표적이 산헤드린 의원들 앞에서 실현된다.

이러한 표적은 많은 사람들과 성전 지도자들에게 회개를 촉구한다. 이러한 장면을 목격한 이스라엘은 하나님의 '거룩하고 의로운 자'(3:14)를 거절한 것을 인정하고(각 사람이 그 사악한 길에서 돌이킴으로써, 3:26) 그 길을 전환해야 하고 예수가 제시한 생태적 영성의 길에 합류할 것을 요구받는다. 생태학의 관심이 회복임을 고려할 때, 예수의 이름은 생태학이 궁극적으로 추구할 미래적 답변이 될 것이다.

맛디아와 7조력자의 선택에서 드러난 일치와 나눔의 생태학적 이상 —

우리가 생태학적 관심으로 사도행전을 읽어갈 때 관심 있게 보게 되는 부분은 가룟 유다를 대신하여 맛디아를 선택하고(1장), 히브리파와 헬라파 사이에 발생한 갈등을 해결하기 위해서 7명의 지도자를 선택하는 장면(6장)이다. 초기 기독교 공동체는 굳이 12명의 사도의 수를 채우려고 한다. 예수를 적들(?)에게 팔아먹은 유다에 대한 기억을 잊을 만도 할 텐데, 기어코 그 수를 채운다. 1장 15절 이하에는 구체적인 기록이 나오는데, 유다가 한 행동의 원인과 이유는 성서의 예언에 의한 것이라고 한다(16절). 120명의 초기 그리스도인들은 요한의 세례로부터 예수의 승천까지 함께 한 사람을 선택해서 유다의 자리를 채우겠다고 선언한다.

이 문제는 물론 유대교와 기독교의 연속성을 강화하려는 변증적인 목적도 있지만, 생태학적 관점에서 관찰하면 그 의미가 보다 명쾌해진다. 생태학의 관심이 '완성'과 '회복'이라고 할 때, 이러한 해석의 정당성은 훨씬 확보된다. 사도행전에서 초기 기독교 공동체의 새로운 구조를 짜기 위한 최우선의 과제는 유다의 배신으로 공석이 된 사도의 자리를 채우는 일이다. 여기서 '12'라는 완전수를 채우기 위해서 '그는 11사도에 추가된다' (συγκατεψηφίσθη μετὰ τῶν ἄνδεκα ἀποστόλων, 1:26).

유대교의 정황에서 이 작업은 상당히 중요한데, '12' 라는 수는 야곱/이스라엘의 12명의 아들들이 상징하는 이스라엘 민족을 뜻하기 때문이다.[36] 그래서 12사도들은 이제 예수가 시작하고, 그가 승천한 이후 지속적으로 회복될 새로운 이스라엘 왕국을 통치하도록 임명된 지도자들의 지위를 확보하게 된다(cf. 눅 6:12~16; 22:28~30).[37] 그 공동체를 책임질 사도들의 권위는 이들이 다른 구성원들보다 먼저 거명되고(행 1:13), '12'의 배수(倍數)로 그 공동체를 나타내는 것으로 보아(120명; 1:15) 그들이 갖는 우위성은 확보된다.

여러 요소들은 사도행전에 묘사된 초기 기독교의 더 포용적이면서, 덜 계급적인 형태를 제시해준다. 그러나 특별한 자격 기준(남자, 예수의 초기 동료)이 사도직의 후보로 제한되고, 단 2명의 후보(요셉과 맛디아)가 고려되는 것은 폐쇄적인 측면을 암시하는 듯하나, 회중들에게 명령하기보다는 제비로 후보를 뽑자고 제안한 교회의 일치된 의견은 모든 과정이 투명하게 진행될 것이라는 점을 암시한다.[38] 최소한 제비뽑기에 대한 이론적인 평가는 어떤 사람도 그 행운의 수에 포함될 수 있음을 의미한다.

또 한 사람의 새 사도를 선출하는 것은 분명히 현재의 사도들과 전체 공동체가 함께 풀어야 할 문제이다. 베드로는 교회의 지도자로 등장하지만, 독단적으로 유다를 대신하기 위한 후보를 임명하지 않는다. 베드로의 의견을 청취한 회중들은 두 사람을 후보로 천거하고, 제비(κλῆρος)를 던지고 난 뒤, 함께 하나님의 도움을 구한다(행 1:23~26). 초기 기독교 공동체의 모든 멤버들은 하나님 자신이 선택하는 일에 직접 참여하는 특권을 즐기고 있다.[39]

가룟 유다의 실패는 베드로의 경우와 아주 흥미로운 대조를 이룬다. 두 사람은 모두 예수에게 등을 돌린 경력이 있는데, 한 사람은 자기 선생을 배신함으로(눅 22:1~6), 또 다른 한 사람은 그가 스스로 따르겠다고 약속한 스승을 부인한 것이다(22:54~62). 이러한 배반 장면이 눅 22장에서 함께 언급되는 것도 가볍게 취급될 사항이 아니다. 이들의 상황이 전혀 다른 방향으로, 즉 베드로는 궁극적으로 회복되는 반면, 유다는 결코 돌이킬 수 없는 실패의 늪으로 빠져 버리기 때문이다. 분명한 것은 베드로의 불신이 한번의 실수로 끝나는 반면, 유다의 불신은 예수의 길에서 전적으로 배반하는 선명한 징후로 비쳐진다. 비록 유다가 사도단에서 누락되었다는 사실이 예수를 믿는 초기 기독교 공동체에 비극적일 뿐만 아니라 공동체 내부에 상당한 문제를 발생시킬 수 있었지만, 그것은 그 공동체가 경험할 끝은 아니다. 앞서 유다와 베드로의 비교에서 드러났듯이, 유다는 없어서는 안 되는 그런 사람이 결코 아니다. 다른 사람이 그저 그 사람을 대신하기 위해서 선택된다 해도 아무 지장이 없는 그런 인물이다. 여기서 우리는 두 가능성을 고려할 수 있다. 첫째, 이 내러티브에서 어느 누구라도 유다의 빈자리에 해당될 수 있는 가능성을 배제할 수 없다.

둘째, 다른 경우로 관심을 돌려서 유다와 관련된 문제를 살펴보면, 이것은 예수의 부활에 대한 주요 증인으로 12사도의 중요성을 강화해 주는 동시에 이러한 개념을 해체하는 기능을 수행한다. : 즉 새로운 후보에게 사도직을 개방하고, 아마 기독교 선교에 동역자가 되도록 다른 사람들에게 기회를 제공한다는 것. 우리는 맛디아를 사도행전 1장 이후에서 다시 만날 수는 없다. 마찬가지로 11명의 사도들 가운데 베드로와 요한을 제외한 9명이 1장 13절에 마지막으로 언급된다. 우리는 그들의 자리에서 스데반, 빌립, 바나바, 야고보 그리고 물론 바울과 같은 새로운 복음의 증인들을 만날 수 있다.

새로운 지도자의 출현이라는 구도는 7명의 헬라파 지도자를 선택하는 6장에서 더 확고해진다. 공동체 내부에서 과부들의 구제 문제가 발생하자 이것을 해결하려고 히브리파는 헬라파의 지도자를 선택해서 그 문제를 해결하자고 제안한다. 헬라파 유대인들의 현실적 고민을 풀 수 있도록 배려하는 장치가 초기 기독교 공동체가 그들의 갈등을 풀어내는 최초의 해법이었다. 6장 7절은 배려와 상생을 실현해가는 공동체의 모습이 공동체의 발전과 성장의 근거가 되었다고 보고한다.

'믿음과 성령이 충만한 사람'(6:5)이라고 스데반을 소개하는 장면은 그를 사도행전에 처음으로 등장하는 예루살렘 교회의 몇 그룹들(히브리파, 헬라파, 과부들, 교직자들 그리고 7명의 조력자들)과 연관시킨다. 이 장면이 독자들에게 친숙한 지도자들인 '12사도' 를 보여주는 것이 아니므로 전혀 새로운 그룹들이 모습을 나타낸 것이다. 제자들의 그룹이 계속 확대(6:1, 7)되듯이, 새로운 조직이 움트고 있다.

(1) **히브리파, 헬라파** : 2:41~47과 4:32~36에 나타난 일치와 자선을 실천하는 이상적인 교회의 모습은 아나니아와 삽비라의 사건에서 균열의 징조를 보이기 시작했다. 이제 그들은 히브리파(Hebrews/Hebraist)와 헬라파(Hellenist)라는 두 그룹의 갑작스런 갈등과 함께 분열이 가속화된다. 공동체의 한 축을 형성하는 헬라파의 과부들이 혜택을 공평하게 받지 못하는 물질적인 냉대로 인해서 두 그룹 사이에는 알력이 형성된다.

본문에는 아무런 언급 없이 히브리파와 헬라파를 소개할 뿐이다.[40] 대부분의 학자들은 '헬라파'를 디아스포라에서 이주하여 예루살렘에 거주하며 헬라어를 사용하는 유대인들로 기본적인 윤곽을 잡는다. 반면에 '히브리파'는 이스라엘에서 아람어를 사용하는 토착 유대인들로 묘사한다. 현재 사용하고 있는 언어나 출생한 장소는 이와 같이 주요한 차이를 만들어 낸다. 또한 다른 학자들은 히브리파와 헬라파가 견지하고 있는 그들이 주장하는 신학과 사회적인 관습에 따라서 다양하게 설명하기도 한다.

이러한 정의를 수용할 때, 헬라파 그리스도인들은 구브로 출신으로 레위족(4:36)에 속하는 바나바와 같은 사람들과 오순절(2:5~11, 41)에 믿게 된 '천하 각국으로부터 온' 유대인 이주자들을 포함시킬 수 있다. 다른 한편, 히브리파 그리스도인들은 12사도와 예수의 다른 초기 추종자들을 포함하여 유대와 갈릴리(2:7, 14)에서 온 제자들로 대표된다. 비록 공통된 신앙과 일치된 사명으로 연대했을지라도, 예루살렘의 유대 그리스도인들 모두 언어와 배경에서 일치하지 않는다. 오순절의 방언 기적은 분명히 독특한 현상이었다. 거기서부터 아람어를 사용하는 그리스도인들과 헬라어를 사용하는 신자들 사이에서 의사소통의 통로가 차단된다. 이렇게 의견 교환의 방식이 두절되자, 헬라파 과부들의 필요에 대한 비통한 소리처럼 꼭 들려야하고 들어야 할 누군가의 소리가 들리지 않게 된다.

(2) **부들과 제사장들** : 6장 1~7절까지의 설명은 예루살렘 교회의 일반적인 성장 패턴을 보여주며 특별한 상황에 관심을 기울인다. 먼저 무시당한 헬라파 과부들(6:1)의 부정적인 사례와 그 다음으로 초기 기독교 공동체를 수적으로 증가시키는 동인으로서 순종하는 제사장들(6:7)의 회심에 대한 긍정적인 경우이다.

기독교 공동체의 사랑과 능력의 특별한 수혜자들로서 사도행전에 이제까지 나오는 가난한 부류에 속하는 사람들은 모두 육체적이고 정신적인 질병으로 고통을 받은 자들이다(앉은뱅이, 병자, 귀신들린 자, 3:1~10;

5:15~16).

이처럼 과부들에게 필요한 것은 자신의 질병을 치료하는 것과 같은 기본적인 문제에서부터 경제적이거나 사회적인 문제를 포괄하는 실제적인 지원을 공급받는 것까지를 포함한다. 남편들과 사별한 이후, 가족의 지원으로부터 고립됨으로, 헬라파 과부들은 특별히 연약해졌고 '히브리파'의 보조에 의존할 수밖에 없는 형편이었다. 그러나 불행하게도 히브리파가 '매일 구제'에서 이 과부들을 배제시키므로 헬라파의 원성을 사게 된다(6:1). 이와 같은 상황을 추론할 수 있는 배경에 대해서 데이비스(M. Davies)는 다음과 같이 설명한다. : '1세기 로마 세계에서 아주 부유한 가정의 과부는, 그들의 결혼 지참금이 그들에게 다시 돌아왔기 때문에 안정된 삶을 살 수 있었다. 그러나 대부분의 과부들은 부유한 가정 출신이 아니었기 때문에 그들은 다른 사람들에게 의지해야 했다.'[41]

그러므로 우리는 이 문제를 초기 기독교 공동체가 성장하면서 피할 수 없는 오류로 간단히 취급될 수 없다. 구약성서의 맥락에서, 과부를 무시하는 것은 무거운 범죄에 해당한다.[42] 구약성서는 '고아들의 아버지요 과부들의 보호자'로서 하나님의 특별한 역할을 반복해서 강조한다(시 68:5; 출 22:21~24; 신 10:17~19; 24:17~22; 왕상 17:8~24; 왕하 4:1~7; 시 146:9; 잠 15:25; 렘 49:11). 누가복음서는 예수를 불의한 재판관과 외식하는 서기관(그들은 과부들의 집을 삼키며, 길게 기도하는, 20:45~47)과 착취하는 성전 체제(21:1~6)에 대항하는 과부들의 옹호자요 철저한 지지자로 묘사한다. 놀랍게도 사도들의 지도를 받는 히브리파 그리스도인들이 하나님과 예수의 교훈에서 이탈하여 과부들을 억압하는 사람들과 연대하는 자신들을 발견한다.

이 문제에 대하여 12사도들은 기민하게 과부들의 필요를 채우기 위한 계획을 짜낸다(6:2~6).

(3) **12사도와 7명의 조력자들** : 헬라파 과부들의 불만을 해결하기 위해서, 12사도들은 성령과 지혜가 충만하여 칭찬 듣는 사람 가운데서 7명을 선출하도록 공동체를 지도하는데, 공동체는 이 일에 대하여 모두 기뻐한다(6:5). 12사도가 7명을 선택해서 식탁 봉사를 책임지게 하므로, 그들은 기도하고 말씀을 증거하는 일에 우선권을 강조한다.

예수는 오병이어를 통해서 수많은 군중을 먹게 했고, 심지어 최후의 만찬에서도 음식을 나눔으로 식탁 봉사의 모범을 스스로 보여주었다. 그러므로 사도행전 6장에서 12사도가 과부들을 돕는 일에 관심을 갖고는 있지만, 그들이 기꺼이 식탁 봉사에 나서지 않는 것은 예수가 환대하는 실천을 수용하지 않은 것으로도 볼 수 있다. 그렇지만 조금만 신중하게 읽어보면, 12사도는 헬라파의 불만을 주목하여 히브리파와의 갈등을 봉합하는 동시에 자신들의 궁극적인 관심을 말씀의 증거에 두고 있다.

여기서 독자들이 주목해야 할 또 하나의 중요한 사항은 7명의 협력자들이 결코 12사도보다 열등하지 않다는 것이고, 이와 동시에 7명 역시 성령 충만한 공동체의 지도자들이라는 사실이다. 이것은 앞으로 펼쳐지게 될 선교의 장면에서 역할을 하게 될 스데반과 빌립을 통해서 증명될 것이다. 사도들이 가진 권위가 중요하지만, 그들만이 사역을 독점하는 것은 결코 아니다. 이것은 전도자 빌립의 가이사랴 사역에서(21:8) 엄연히 드러나고 있는 바이다. 맛디아의 충원에서도 확인하였듯이, 과부의 구제 문제로 야기된 히브리파와 헬라파 사이의 갈등은 사도들의 발 빠른 행동과 노력으로 해결된다. 이렇게 해서 초기 기독교 공동체는 일치와 나눔이라는 생태학적 이상을 멋들어지게 연출한다.

빌립의 사마리아 선교와 성령이 창조하는 생태학적 이미지 —

위에서도 살펴본 것처럼, 생태학적 성서 읽기가 제공하는 장점은 회복에 대한 강조이다. 인간과 자연을 포함한 모든 생명에 대한 관심과 배려가 바로 그것이다. 이런 요소는 사마리아에서의 빌립의 선교 현장(8장)에서 확인된다. 스데반의 순교 이후 예루살렘 교회에는 박해가 발생한다. 사도들을 제외한(8:1) 모든 그리스도인들이 흩어지는데, 빌립은 사마리아로 가서 대대적인 성공을 거두게 된다. 이런 상황을 알고 예루살렘 교회는 베드로와 요한을 파견한다(8:14).

사마리아에 도착한 두 사도는 그들에게 기도하여 성령을 받게 한다. 이것은 사마리아 교회와 예루살렘 교회가 서로 상보적인 관계를 형성하게 되는 계기를 마련하기 때문에 상징적인 의미를 제공하기에 충분하다. 성령 받지 못한 자들, 특히 사마리아라는 전통적으로 중심부와는 유리되어 살던 사람들이 성령의 임재를 경험한 것은 예수가 사역하는 가운데 여러 사람들에게 하나님 나라의 복음을 선포한 것이나 마찬가지로 큰 의미가 있다. 이것은 공동체의 중심에서 소외된 사람들을 향한 하나님의 배려이며 애절한 사랑을 암시한다. 이것은 앞으로 펼쳐질 유대인들을 넘어 이방인들을 아우르는 세계 선교에 대한 암시가 아닐 수 없다.[43]

이제 우리는 성령의 사역을 통하여 발생하는 생태적 회복의 이미지를 담고 있는 사도행전 8장을 읽어보자. 사마리아인들과 유대인들 사이를 분리시키는 적대적인 장벽은 이제 빌립의 선교를 통해서 공식적으로 붕괴되기 시작한다.[44] 이 사건은 누가복음서 9장에서 사마리아를 언급하는 최초의 사건을 상기시킬 뿐 아니라 스데반이 세겜을 언급한 것(행 7:16)을 상기시킨다. 야곱은 아브라함이 헷 족속에게 은 400세겔을 주고 구입한, 헤브론의 막벨라 굴에 장사되었고(창 23:16; 49:29~32; 50:13), 요셉은 야곱이 하몰 자손에게 은 100세겔을 주고 구입한 세겜의 한 곳에 묻혔다(수 24:32). 그러므로 스데반이 자신의 연설에서(7:16) '아브라함이 세겜 하몰의 자손에게서 은으로 값 주고 산 무덤에 장사되었다고 말하는 곳에서, 두 가지 사건을 혼동했다고 해석하는 것보다는 두 사건을 결합한 것으로 이해하는 것이 적당해 보인다.[45]

오히려 문제는 스데반이 유대인들이 적대시한 사마리아인들의 종교적 중심지인 세겜을 언급하는 것이다.[46] 갈릴리에서의 사역을 끝내고, 예루살렘으로 향하던 예수가 사마리아의 어느 마을에 들어가려고 하는 것을 거절당하는 장면을 보고 분개한 야고보와 요한이 엘리야처럼(눅 9:51~56) 불로 보복하려는 것을 저지했지만, 이와는 반대로 예루살렘의 박해를 피해서 이동한 빌립은 심판과 파괴 대신 축복과 복음의 말씀을 통해서 사마리아에서 환대받는다.

우리는 여기서 사마리아에서 발생한 사건과 관련된 내러티브를 읽는다. 독자들은 사마리아에서 빌립을 보려고(8:6) 몰려드는 열정적인 군중들과 더불어 그들 가운데 끼여 있는 마술사 시몬을 만난다. 나레이터는 빌립이 도착하기 오랜 전부터 시몬이 그의 마술로 사람들을 놀라게 했고,

하나님의 능력이 그에게 임했다(8:9~11)는 시몬의 주장에 사람들이 많은 지지를 보냈음을 암시해준다. 따라서 내러티브에는 이제 잠재적인 긴장 관계가 형성된다. 자기의 지지자들이 빌립의 메시지를 듣고 그의 기적을 보기 위해서 몰려들고 궁극적으로 세례를 통해서 기독교 공동체에 가입하게 될 경우, 시몬은 이제 무엇을 준비해야 할 것인지 독자들은 매우 궁금해 할 것이다. 그러나 시몬은 자기의 명성을 지키거나 빌립에게 대항하기는커녕, 예수를 믿고 세례를 받으며 빌립의 충실한 동료가 된다(8:13).

그때 분명히 빌립의 능력은 소위 '큰 능력'(μεγάλη δύναμις)이라고 일컬어지는 시몬의 능력보다 양적으로 훨씬 더 컸을 뿐 아니라 질적으로도 우수했다. 누가 – 행전의 내러티브 세계에서 기적적인 표적을 행사하는 것은, 마귀로부터 나오고 속이려는 의도로 마술을 행하는 것과 대조를 이루는 것으로 모든 사람들을 위한 하나님의 능력을 드러내주는 통로를 의미한다. 그래서 기적(miracle)은 긍정적인 말이지만, 마술(magic)은 부정적인 의미를 띤다.[47] 빌립과 시몬의 경우에서, 빌립은 그의 능력을 질병과 마귀에 붙잡혀 고생하는 사마리아인들을 구원하는 데 활용하고 이러한 사례를 메시아인 예수에 관한 복음과 결합시킨다.

그에 대한 반응으로 사마리아 군중들은 빌립의 인격이나 능력이 아니라 그가 선포하는 예수 그리스도에 의해서 감화를 받고 그의 이름을 믿고 세례를 받는다. : 그들은 빌립이 말하는 것을 열심히 들었다(8:6). 한편 시몬은 그의 능력을 사람들을 이롭게 하지 않고 사람들을 현혹시키며 사람들의 관심을 자기에게 집중시키는 데 사용함으로 '자기가 위대한 자라고 말하면서'(λέγων εἶναί τινα ἑαυτὸν μέγαν) 오직 자신의 이름을 높이는 데에만 관심이 갖고 있다(8:10). 비록 시몬은 복음을 받아들이는 것처럼 보이지만, 그가 빌립의 능력 있는 사역을 하나의 구경거리로 생각하는 것은 그의 개종의 진실성을 의심하게 만든다.48

빌립의 사역의 본질과 시몬이 행하는 부정적인 성격은 예루살렘에서 파견된 두 명의 사도들과 관련되어 더 명백해진다. 그 장면에서 베드로와 요한이 다시 등장하는 것은 조금은 뒤늦은 감이 없지 않지만 교회의 선교적 확장에 대한 사도들의 지속적인 관심을 보여준다. 어려움을 당하는 예루살렘 교회를 보호하기 위해 뒤에 머물러 있으면서(8:1b) 그들은 또한 그 도시 경계선 밖의 새로운 신자들에게 다가가기 시작한다. 사도들의 사마리아 방문의 정확한 목적이 자세히 기록되어 있진 않지만, 갓 설립된 교회의 성도들의 상황을 살피고, 그 교회의 발전을 도모하며, 새로운 선교지를 돌보려는 의도가 있었을 것이다.

성령이 아직 한 사람에게도 임하지 않았음을 깨달았을 때, 그들은 기도와 안수를 통해서 즉시 성령을 받게 한다(8:14~17). 일반적으로 그리스도를 믿고 세례 받는 것과 성령을 받는 것 사이의 시간차로 인해서 문제가 파생된다. 그러나 이러한 양상은 사도행전의 내러티브에서 이상하게 취급될 게 아니다. 오순절에 베드로는 회개와 세례와 성령 받음 사이의 분명한 관계를 언급하지만, 반드시 동시적인 사건은 아니다(2:38). 사도들은 요한이 베푸는 회개의 세례를 받고(1:5, 22) 얼마 후 오순절에 성령 세례를 받았고, 그런 다음 그들은 예루살렘 교회의 회중들과 함께 모여 기도할 때 또 한번의 성령충만을 경험했다(4:31). 그렇다면 이것은 2장 41절에서 세례 받은 사람들에게 성령이 처음 임재하고 난 이후 성령의 일부가 부족한 성도들에게 더 추가되었다는 것을 의미하는가? 물론 이것을 의미하지는 않을 것이다. 오히려 성령은 사도행전에서 규범화된 엄격한 공식에 매여 있는 것이 아니라는 점과 인간은 성령을 조정할 수 없다는 것을 지적해야 할 것이다.[49]

이와 더불어 우리가 주목해야 할 또 하나는 사마리아에 성령이 늦게 임재(臨在)한 것보다 더 이상한 것은 7인의 보조 사역자 가운데 대표자인 빌립이 자기의 사마리아 회심자들에게 성령을 전달해주는 데 있어서 아무런 관여를 하지 않는다는 점이다. 사도들이 중심부에 등장하자 빌립이 시야(視野)에서 사라진 것은 성령의 능력을 받은 증인으로서 빌립의 능력에 대한 의구심을 갖게 한다. 그러나 특별한 누가의 양식은 더 긍정적인 말로 그 상황을 설명하는데 도움을 줄 수 있다. 세례 요한과 예수의 사역들은 특히 물세례와 성령 세례와 관련하여 선구자(요한) – 완성자(예수) 패턴에서 서로 연관성을 갖는다.[50]

이 패턴은 예수 사역의 위대함을 강조한다. 그러나 이것이 요한의 예비적인 사역을 모독하거나 '주 앞에 큰 자'(μέγας ἐνώπιον τοῦ κυρίου) 라는 자격을 갖춘 성령 충만한 예언자로서의 그의 평판을 약화시키는 것은 아니다(눅 1:15~16, 76~80). 전반적으로 누가의 요한과 예수는 이스라엘에 하나님의 나라를 세우는 데 있어서 경쟁적인 라이벌이기보다는 협력자이며 동역자다. 우리는 사도행전 8장에서 사마리아 선교는 물로 세례를 준 선구자 빌립과 세례 요한의 '위대한' 사역에 흠집을 내지 않는 방식으로 성령을 제공한 완성자인 베드로/ 요한 사이의 유사한 협력의 결과를 반영하고 있다고 보인다.

사도들이 안수하는 것은 빌립의 식탁 봉사에 대해 그들이 이전에 보증했던 것을 상기시킴으로 빌립과 그의 회심자들이 정치적인 동반자로 하나 되는 것을 나타내는 것일 수 있다(6:6). 이와 동시에 빌립과 베드로/요한의 관계는 사마리아 교회와 예루살렘 교회 사이의 신학적이고 정치적인 소외 관계가 아니라 적극적으로 협력할 수 있는 새로운 시대의 새로운 패턴임을 드러내고 있다. 사도행전의 여러 내러티브 가운데서 이렇게 생태학적 관점으로 해석할 수 있는 내용이 또 어디 있을까 싶다. 역사의 질곡 가운데서 소외의 온상으로 치부된 사마리아는 이에 성령으로 일치된 교회의 일원으로 회복되고 있다.

바울의 아레오바고 설교와 하나님의 생태학적 관심 —

우리의 논의를 위하여 가장 부담스런 부분이 바로 바울의 아레오바고 설교와 관련된 것인데, 이 설교에 대해서는 실제로 많은 토론이 있었다. 그 논의의 중심에는 누가의 신학적 작업(사도행전)과 바울의 신학적 논조(그가 쓴 친서) 사이에 큰 차이가 있음을 지적한 것은 주지의 사실이다.[51] 그렇지만 우리는 예수의 복음이 세계 철학과 문화의 중심지인 아테네에 도착한 그 자체에 의미를 둬야 한다.[52]

실제로 사도행전 저자에게 아테네는 고린도보다 더 중요한데, 고린도는 세계를 향한 문이지만, 아테네는 지혜를 향한 문이기 때문이다. 또한 아테네는 문화의 요충지였지만, 여전히 새로운 것에 대한 호기심을 가진 도시였다. 바울은 그 도시에 우상이 가득한 것을 보고 분을 참지 못하여

(16절), 평소의 자신의 선교 전략과 동일하게 회당에서는 유대인들과 하나님을 경외하는 사람들과 그리고 광장에서는 만나는 많은 사람들과 토론하게 된다.

이런 과정에서 바울은 에피큐러스와 스토아 철학자들과 만나서 그들에게 복음을 전할 기회를 얻게 된다. 이런 경우는 사도행전의 전 내러티브에서 특기할만한데, 바울이 정기적으로 그레꼬 – 로마의 도시 생활의 센터에서 복음을 선포할 기회를 얻기 때문이다. 우리는 아테네의 바울이 빌립보(16:19)와 데살로니가(17:5)에서 많은 어려움을 받는 것과는 전혀 다른 입장에 있고, 헬라 철학자들과 더불어 예수와 몸의 부활에 대해서 토론을 시도한다는 점을 알 수 있다. 물론 그들은 바울을 향해서 말쟁이(σπερμολόγος)라고 조롱하기도 했지만(17:18), 그를 아레오바고로 붙들고 가서 그가 전하는 새로운 사상을 듣고자한다(21절). 앞선 내러티브인 루스드라의 바울과 바나바는 헬라의 신들인 헤르메스와 제우스로 칭송될 만큼 상당한 예우를 받았지만(14:12), 아테네에서는 사정이 좀 달라진 건 사실이다. 그렇지만 바울은 보다 더 세련되고 지성적인 배경에서 복음을 전파할 기회를 얻게 되었다.

특히 바울은 에피큐러스와 스토아 철학자들의 관심을 불러일으킨다(18절). 또한 어떤 아테네 사람들은 바울이 전하는 새로운 것에 대한 지적 열의를 드러낸다(19, 21절).[53] 이 이미지는 오순절에 방언을 이야기하므로 다른 이들에게 호기심의 대상이 되었던 예루살렘 교회의 모습을 상기시켜준다(2:12~13). 그래서 호기심을 가진 사람들은 바울을 아레오바고로 데리고 가서 그가 주장하는 것에 대해서 설명하도록 한다(20절). 특히 21

절에서 아테네 사람들의 외국인에 대한 정서를 포착하게 되는데, 나그네로 아테네에 거주하는 외국인들에 대한 혐오는 찾아볼 수 없다는 것이다.

바울이 붙잡혀 온 듯하지만, 실제로는 적대적인 심문이라기보다는 공개된 장소인 아레오바고에서 자신의 입장을 밝힐 수 있는 합법적인 자리를 확보한 것으로 이해된다.[54] 왜냐하면 앞에서 지적되었듯이, 빌립보에서의 바울과 실라(16:19~22)가 끌려 다니고 매로 맞는 것과는 다른 정황에서 복음을 전하고 있기 때문이다. 이런 분위기는 바울의 말을 다시 듣겠다고 하는 사람들도 생기게 되고, 특히 아레오바고의 관원 디오누시오와 다마리라는 여성과 다른 사람들(17:32~34)이 예수를 믿게 된 것에서 확인된다. 바울의 설교를 다루는 부분에서 건너 뛴 것은 사실이지만, 생태학적 주제와 일치하는 명제가 선명히 드러난다. '다마리가 디오누시오와 함께 언급되었다는 사실은 그 서클에서 이 여성의 중요성을 증명하는 것이다'라는 리머의 견해는 우리의 논의를 위해서 의미 있다.[55] 이것은 남성과 여성의 동등성 그리고 누가가 견지하는 남성과 여성의 동등한 공동 제자직을 확증하고 있다.

아레오바고에서 바울은 맨 먼저 그들에게 '너희를 보니 매사에 종교성이 많도다'(22절)라는 말로 그의 설교를 시작한다. 이것은 당시의 문헌으로도 확인되고 있다.[56] 물론 바울의 지적이 그들을 칭찬하려는 의도로 보이지는 않는다. 이것의 반증으로 바울은 자신이 아테네를 다녀보면서 '알지 못하는 신에게'(Ἀγνώστῳ Θεῷ)라는 신전의 단을 보았다(23절)고 고발하면서, 그들이 신봉하면서도 그의 정체를 제대로 모르고 예배하는 그 신을 자신이 알려주겠다고 선언한다. 그렇다고 해서 바울이 알게 할 신이 바로 그 단에 있는 알지 못하는 신과 동일하다는 의미보다는 차라리 그들이 모르는 진실을 자신이 알려주겠다는 당당함일 것이다.[57] 바울이 제시하는 하나님은 만유를 창조하고 천지를 주관하며 만민에서 생명과 호흡을 공급하는 존재이다(24~25절). 이것은 바울이 전하는 '전체를 아우르는' 하나님의 속성을 아주 강도 높게 설명해준다.

바울의 탁월한 수사학적 전개에서, 그는 헬라의 철학자와 시인을 인용하면서 자신이 전하는 사상을 옹호한다. '우리가 그를 힘입어 살며 기동한다'는 크레타의 에피메니데스(Epimenides) 그리고 '우리가 그의 소생'은 길리기아의 아라투스(Aratus)에게서 인용한다(28절). 당연히 바울은 이 자료들을 사용하지만 헬라 철학과는 전혀 다른 의미로 인용하고 있다. 우리를 둘러싸고 하나님은 이 세계에 현존하고 있다고 확증하지만, 바울은 또한 하나님의 자기 충족성과 그가 창조한 이 세계로부터는 독립되어 있다고 설파한다. 그럼에도 불구하고 바울은 범신론자는 아니다. 그가 구약성서를 인용하지 않았다 치더라도, 바울의 신학은 성서의 맥락에 확고하게 자리 잡고 있다.

이러한 두터운 성서적 근거는 바울이 강조하는 하나님의 창조 신앙에서 확인된다. 하나님은 천지를 창조했기에, 인간의 손으로 지은 성전에 존재하지 않는다. 또한 인간을 창조했기에, 인간의 손으로 만든 어떠한 것으로도 섬김을 받지 않는다(17:24~25). 또한 하나님은 인류를 한 혈통으로 창조했고, 연대와 경계를 한계 지었다고 말한다. 그러므로 인간은 하나님을 힘입어 살며 기동할 수 있게 된다고 강조한다. 우리는 여기서 생태학적 주제를 선별해서 발견하게 되는데, 인간은 하나님의 위대성을 다만 예배할 뿐이라는 것이다. 하나님의 존귀함을 찬미하기 위해서 인간의 손으로 무언가를 만들어내는 것조차도 하나님은 달가워하지 않는다. 이것은 성전을 건축해서 하나님을 향한 유대교의 고차원적 봉사가 한낱 헛된 일이었음을 반증해준다.[58] 이와 동시에 바울의 설교는 이 세상의 모든 것이 다 하나님의 위대함을 예찬하는 것이기 때문에 인간의 손으로 굳이 그것을 대신할 필요가 없다는 것이다. 이것이야말로 생태학적 성서 읽기의 전범(典範)으로 손색이 없다고 할 것이다.

나가는 말

지금까지 생태학적 관점으로 사도행전의 선별적 읽기를 시도했다. 이러한 새로운 프리즘을 통해서 사도행전을 해석할 수 있는 근거가 얼마나 확보되었는지 궁금하다. 예수의 하나님의 나라를 통한 가르침은 언제나 인간과 자연을 통합하는 총체적인 것이었다. 이러한 입장은 초기 기독교 공동체의 영적이고 물질적인 일치와 사회의 갱신을 위한 노력으로 지속되었다. 우리가 환경과 생태를 관심 있게 사유하는 이유는 생명과 회복에 대한 관심 때문이다. 복음은 인간과 모든 생명에 대한 관심을 끊임없이 제기하는데, 사도행전은 이 점을 동시에 주목한다. 즉 예수의 교훈에 입각한 초기 기독교 공동체의 사역은 언제나 인간의 문제를 깊이 고려했다. 그들의 사역은 인간의 생명과 삶에 대한 깊은 배려였다. 우리는 이러한 특이한 강조점을 분석을 통해서 찾아내려고 노력한 것이다.

앞으로의 미래 교회는 자연과 생명을 살려내는 통전적인 신학을 확립하여 실천할 책임을 지니면서 그러한 관심을 더욱 더 확장해 나가야 한다. 환경이라는 거대 담론이 거추장스럽지 않게 침묵의 방법으로 때로는 하나의 운동으로 그 파워를 재생산해나가는 노력이 필요한 시점에 와 있다. 이제 미래 교회의 안목은 생명을 존중하는 단순화된 개념 설정이 아니라, 그것을 넘어서서 모든 생명의 일치와 나눔을 통하여 생태학적 이상을 이루는 신앙 형식의 전이를 추구해야 한다.

3장

마가[요한]의 인물 묘사에 나타난 누가의 의도

3장

마가[요한]의 인물 묘사에 나타난 누가의 의도

들어가는 말

본 연구는 사도행전에서 마가[요한][1]에 대하여 언급하는 구절들을 분석하는 것을 목적으로 삼는다. 복음서 읽기, 특히 마가복음서 해석과는 다르게, 소외자들을 집중적으로 조명해서 본문을 읽는 방법은 사도행전 해석에서 드문 경우지만 의미 있는 작업으로 시도해볼 만하다. 이와 더불어 본 작업이 목적하는 바는 사도행전의 저자가 가지고 있는 본래 의도가 해석 과정에서 사라져버렸거나, 묵살될 수 있는 점을 살려내서 본문이 강조하고자 하는 메시지의 본래 의미를 재 강조하려는 것이다.

이러한 읽기는 성서를 '거꾸로 읽어서'(reverse reading) 본문의 의도를 더욱 더 적극적으로 해명하는 효과를 거둘 수 있는 방식이다. 그러므로 본 연구는 전적으로 개인적인 읽기의 산물인 셈이다. 지금까지의 전통적인 읽기와는 차별적으로 '거꾸로 읽기'를 하다보면 그 가운데서 저자가 심층적으로 이야기하고자 의도한 그 무언가가 녹아있음을 발견할 수 있을 것이다.[2] 필자가 이러한 생각을 하게 된 이유는 오늘의 성서 읽기가 너무 전통적이거나 관례적인 습성에 고착되어 있을 뿐 아니라 새로운 시대에 맞는 새로운 읽기를 지향(志向)하지 못하고 있다는 성찰의 결론이다.[3] 역사적으로 개신교회(The Protestant Church)는 언제나 새롭게 개혁하는 교회를 지향하고, 과거를 벗어던지고, 새 포도주를 담을 수 있게 새 부대를 준비해야 할 숙명적 책임을 지니고 있다.

그렇지만 성서 읽기가 새로워지기 전에 과연 이런 이상(理想)이 실현될 수 있을까? 바른 성서 읽기를 통과하지 못하면, 그러한 기대는 허상(虛像)에 지나지 않을 것이다. 이제 한국교회는 성서를 보다 철저히 읽기에 집중할 시기를 맞이했으며, 이러한 염려는 목회 현장의 선포자들에게 더 긴급한 과제로 보인다. 즉, 본 연구의 초점은 심층적인 읽기가 발휘하는 본문의 잠재성을 탐색하는 것이다. 먼저 누가가 묘사하는 문학적인 특징을 살펴보고, 우리의 주된 관심인 마가[요한]에 대해서 분석해보자.

누가의 문학 기법

누가복음서와 함께 사도행전에는 다양한 모습을 띠면서 등장하는 조연급 인물들이 많다. 사도행전을 보면, 맛디아 같은 신출내기 사도는 선택과 함께 무대에서 사라진다. 이러한 등장이 왜 필요할까 의구심마저 들 정도다. 물론 신학적인 이유와 저자가 그러한 사건을 기록하는 의도가 분명하지만 말이다. 또한 불행한 부부 아나니아와 삽비라든지(5:1~10), 바리새파의 수장격인 가말리엘(5:34~39), 설교를 듣던 중 졸다 떨어져 죽었지만 다시 살아난 유두고(20:9~12) 등으로 이어지는 여러 명의 조연급 배우들의 역할은 그리 무게를 두지 않아도 아무런 문제가 되지 않을 정도로 미약한 등장인물들이다. 그렇지만 마가[요한]은 이러한 조연들 가운데 한 인물이지만, 내러티브에서 그의 역할은 실제로 중요하며 예외적인 인물이다. 왜냐하면 그가 야기한 문제로 인하여 바울과 바나바의 단단했던 연대(連帶)와 협력(協力)의 관계가 와해되기 때문이다.

마가[요한]에 대해서는 전문적인 주석서들을 통해서 이미 선행 연구가 나름대로 진행되었지만, 한국의 신약학자 가운데는 유상현 교수가 그의 인물됨에 대해서 가장 세밀하게 연구한 것 같고, 충분한 설명을 첨가했다.[4] 그렇지만 본 논문에서는 전적으로 내러티브 읽기의 차원에서 마가[요한]을 집중 탐구할 것이다. 사도행전의 내러티브 전개에서 마가[요한]이란 인물이 결코 가볍게 취급될 수 없다는 판단에서 그렇다.

그러므로 본 연구는 사도행전의 내러티브에서 몇 차례 등장해서 결국은 바울과 바나바의 팀 사역을 깨고 마는 마가[요한]을 주목하여 분석하는 일이다. 누가가 기록한 본문은 수사학적으로 설득력 있게 전개되고 있다. 다시 말해, 사도행전의 본문은 수사학적 방법을 통해서 본문을 읽는 (원)독자들에게 엄청난 영향을 끼칠 수 있다. 저자의 이러한 문학적 기술은 의미를 만들어 내며, 이러한 의미는 저자의 수사학적 능력과 독자(들)의 해석학적 통찰이라는 상호작용으로 확인된다.[5]

사도행전에서 나름대로 중요한 역할을 해내는 마가[요한]에 대해서 분석할 때, 먼저 숙지할 사항은 누가가 앞으로 전개될 일들에 대해서 미리 암시하는 기법을 흔히 활용한다는 점이다.[6] 필자의 판단으로, 누가의 이러한 특징은 누가–행전을 코텍스트(co–text)적인 관점으로 읽어갈 때 더욱 더 분명해질 것이다.[7]

우리는 누가복음서의 전반부에서부터 이러한 특징을 발견할 수 있는데, 예수의 고향 나사렛의 사람들은 그가 가버나움에서 사역한 내용이 묘사되지 않은 상황에서, 가버나움에서 행한 일들을 그의 고향에서도 행하라고 다그친다(눅 4:23). 그렇지만 독자들은 가버나움에서의 일에 대해서는 아직까지 전혀 듣지 못한 상태에 놓여있다. 이러한 경우는 연이어 등장하는 '시몬의 장모'라는 언급에도 불구하고(눅 4:38), 시몬의 정체는 불분명하다. 그렇지만 누가는 이런 장치를 활용하여 독자들이 시몬을 만날 수 있게 미리 준비시키는데(5장에서 시몬은 예수의 제자로 선택된다), 이것이 누가의 문학적 전략이다.

이런 관점에서 볼 때, 마가[요한]의 등장도 너무나 유사하다.[8] 헤롯 아그립바 1세의 감금으로 투옥되었다가 기적적으로 석방된 베드로가 마가[요한]의 어머니 마리아의 집에 도착하는 장면에서 마가[요한]의 이름이 언급될 뿐이다(행 12:12). 그렇지만 누가의 문학적 기교와 전략을 파악하는 고급 독자들이라면, 마가[요한]이 언급되는 장면에서 저자가 내러티브에 등장하는 마가[요한]을 통해서 묘사하고자 하는 바가 무엇인지 궁금해 하며 본격적으로 등장할 한 인물을 기대하게 될 것이다.

누가복음에서부터 사도행전까지를 연이어 읽어온 독자들이라면, 자신의 의도를 드러내고자 무엇인가를 농염하게 미리 발설하는 누가의 기술적 특징을 감지하고도 남게 될 것이다.

마가[요한]과 그의 인물묘사에 대한 분석

앞으로 살펴볼 내용처럼, 마가[요한]과 그의 이름은 사도행전에서 다섯 번 언급된다(12:12, 25; 13:5, 13; 15:37). 이 가운데는 그가 직접 등장하거나, 어느 경우에는 그의 이름만 거명될 때도 있다. 그 중에는 바나바와 사울과 함께 한 선교 여정에서 이탈하여 고향으로 돌아간 인물로서 '신약성서 속에서의 요나'로 불릴 정도로 아주 특별하게 묘사되고 있다. 왜 누가는 이처럼 사도행전에서 그를 부정적으로 묘사할까 궁금하다. 지금부터 마가[요한]의 이러한 모습을 주목하면서 누가의 의도를 찾아보자.

예루살렘의 여성 지도자 마리아와 마가[요한](행 12:12) —

마가[요한]은 기적적으로 감옥에서 탈출한 베드로가 '마가라 하는 요한의 모친 마리아의 집(ἡ οἰκία τῆς Μαρίας τῆς μητρὸς Ἰωάννου)에 가니 여러 사람이 모여 기도하더라.' 고 언급되는 장면에서 맨 처음 등장한다. 우리는 마가[요한]의 이름이 언급되면서 그가 갑자기 등장하는 것 같은 느낌을 갖게 된다(행 12:6~12). 그렇지만 우리는 12장 12절에서 마가[요한]의 가족 관계를 제외하고는 그 밖에 그에 대한 어떤 정보도 듣지 못한다.간접적으로 우리는 그의 모친이 유복한 예루살렘 교회의 여성인 것만 알 수 있을 뿐이다. 마리아의 집(οἰκια)은 로데라는 하녀(12:13)가 있고, 많은 그리스도인들이 모일 수 있으며, 그집에 접근하는 방법으로 대문(πυλῶν ,12:13)을 이용했을 만큼 큰 규모였다.[9] 여성들은 예루살렘 공동체에서 중요한 역할을 수행했는데, 그들은 물론 예수의 사역에서도 돋보이는 협력자로 활약했다(눅 8:2~3).[10] 여기서 특히 우리의 관심을 끄는 것은 마가[요한]의 모친 마리아가 초대교회 구성원들 모두가 모일 수 있을 만큼 큰 다락방을 갖춘 저택을 소유할 만큼 사회적 신분을 지닌 인물이라는 점이다.

사도행전은 마리아 이외에도 이미 초기 그리스도인들이 그들의 공동체를 위해 매매할 만한 땅과 집을 가지고 있었음을 암시한다(행 2:45; 4:36~37). 이러한 상황은 사도들이 처음 만났던 장소(성전 근처의 시온산)는 몇 명의 그리스도인들이 비교적 높은 사회적 지위에 있었다는 것을 반증한다고 핀지가 주장하는 곳에서도 확인되는바, 그것은 상류층이 대체로, 특히 시온산을 포함하는 도시의 높은 지역에 거주했기 때문이다.[11] 바울이 선교한 교회들과 마찬가지로, 예루살렘 교회에서도 기독교의 모습은 프롤레타리아 운동이 아니라는 사실을 반증하므로, 초기 그리스도인들의 신분은 광범위한 스펙트럼에서 검토해야 할 것이다.[12]

이런 차원에서도 마가[요한]의 모친의 소유와 영향력이 예루살렘 교회에서 나름대로의 역량을 발휘하고 있음을 확인하는 것은 의미가 있다. 그런데 기적의 주인공 베드로가 찾아간 집이 마가[요한]의 어머니의 집이라는 언급에도 불구하고, 마가[요한]과 베드로가 전혀 관련이 없음은 흥미를 유발한다. 독자들은 한편에서 마가[요한]과 베드로가 혈연적으로 긴밀한 관계를 형성하고 있다고 예상할지도 모르지만, 내러티브의 전개에서 그들의 만남은 전혀 감지되거나 노출되지 않는다.

기적적으로 석방되어 문 앞에 서 있는 베드로와 그 소식을 알리는 여종 로데의 기별을 무시하는 일이 있은 직후(12:13~16),[13] 마침내 베드로는 집으로 들어와서 자신의 탈출에 대해서 말한다. 그 일이 있은 직후, 베드로는 그의 석방 사실을 야고보와 예루살렘에 있는 다른 형제들에게 전하라고 부탁하고 다른 곳으로 떠난다(12:17). 실제로 나레이터는 베드로가 도착하자마자 그를 마리아의 집으로부터 주의 깊게 떼어놓는다(12:17).

여기서 독자들은 누가의 의도를 예측할 수 있는데, 이어지는 17~18절에서 헤롯이 베드로를 해치지 못하게 하려는 목적 때문이다. 이와 동시에 로마법에 따라서, 간수들이 처형될 것에 대해서는 아무런 관심도 기울이지 않는다 는 것은 베드로가 처한 위험이 긴급한 것이었음을 상기시켜준다.[14] 이와 같이, 마가[요한]은 12장 12~17절에서 베드로의 후원자 역할을 수행하는 마리아를지시하면서 이름만 스치듯 언급될 뿐,[15] 그와 베드로는 직접 연결 되지 않는다. 내러티브가 이렇게 전개된다면, 사도행전에서 마가[요한]이 재등장할 것으로 기대하기는 무리일 것으로 판단된다.

안디옥에 온 마가[요한](행 12:25) —

문맥적으로 볼 때, 조연급 인물로서 중요하게 취급되지 않는 마가[요한]이 다시 무대에 등장하는 것은 상당히 이례적일 수 있지만, 앞서의 언급처럼, 누가의 인물묘사 기법을 주목할 때 설득적인 측면을 갖고 있다. 그래서 그의 등장과 관련된 전후 사정을 좀더 상세히 살펴보는 것은 우리의 탐구를 위해서 유익하다. 마가[요한]과 관련해서 우리가 먼저 인지할 사항은 유대의 예언자 아가보가 천하(οἰκουμένη)에 흉년이 들 것을 예언하는 장면인데(11:27~28), 이 내러티브는 클라우디우스 황제 때 아가보가 예언한 기근이 실제로 발생했다고 보도한다.[16] 그래서 안디옥 교회는 각각 그 힘대로 유대에 사는 형제들을 돕기 위하여 부조를 보내기로 결정하고, 바나바와 바울을 예루살렘으로 파견했다(11:29~30). 물론 천하에 흉년이 들 것이라는 예언은 예루살렘 모교회가 위치한 유대 지역은 물론 안디옥에서도 동일하게 적용된다고 해석해야 옳다.

그럼에도 불구하고, 안디옥 교회의 성도들은 유대에 사는 형제들을 위한 자발적 봉사와 구제에 참여하는데, 바나바와 바울이 안디옥 교회가 모은 헌금을 전달하는 책임을 맡아 예루살렘을 방문한 것이다. 바렛에 의하면, 이러한 안디옥 교회의 결정은 그들의 교회가 자립한 상태임을 공개적으로 드러내주는 동시에 안디옥 교회와 예루살렘 교회의 지속적인 관계 유지를 희망하는 전략적 측면을 함축하고 있다.[17] 여기서 눈여겨 볼 사항은 부조의 책임을 맡아 예루살렘을 방문했던 바나바와 바울이 구제의 사역을 마치고 나서 앞에서 스치듯 언급되었던 '마가[요한]'이라는 협력자와 함께 안디옥으로 돌아온 것이다(12:25). 25절의 바나바와 사울이 '예루살렘으로 돌아왔다'(ὑπέστρεψαν εἰς Ἰερουσαλὴμ)는 구절은 사본학적 문제를 제기한다.[18]

고대의 권위 있는 대문자 사본들(א, B, H, L, P) 등은 모두 예루살렘으로 돌아왔다고 기록하고 있는데, 이것은 11장 30절에서 바나바와 사울을 안디옥 교회가 장로들에게 보냈다는 본문의 흐름으로 봐서 적절치 않다. 그래서 학자들은 이 문제를 '예루살렘으로'와 완성했음을 의미하는 πληρόω의 부정과거 분사 πληρώσαντες를 연결하여 해결을 시도한다.[19] 즉 [바나바와 사울이] 예루살렘에서 일을 마치고, 안디옥으로 돌아갔다는 것이다. 구제의 사역을 마친 두 사람이 마가[요한]을 데리고 안디옥에 복귀함으로 예루살렘 교회의 한 구성원이 안디옥 교회의 성도들과 긴밀한 관계 안에 놓이게 된다.[20] 이러한 긴밀성은 바나바와 사울이 예루살렘을 방문했을 때, 마가[요한]의 모친 마리아의 집에서 그들이 묵었을 가능성을 강하게 암시한다.

상황이 이렇게 전개되면서, 독자들은 마가[요한]이 안디옥 교회의 바나바와 사울이 펼치는 선교여행에서 가장 중요한 협력자가 될 것을 예감하며, 마가[요한]이 사도행전의 선교에서 나름의 역할을 수행할 것임을 직감한다. 그는 예루살렘과 안디옥에서 파송 받아 활동하고 있는(9:26~30; 11:19~30) 사울과 바나바와 함께 선교여행에 나서게 될 것이다. 물론 바나바와 사울이 처음 등장할 때도 그들은 보조적인 인물로 소개된 적이 있고, 이야기가 진행되는 가운데 은연 중에 나타나는 듯하다가 곧 사라지기도 했었다(cf. 4:36~37; 8:1). 그럼에도 불구하고, 그들은 사도행전 내러티브에서 혁혁한 선교의 공적을 세우고 있다.

그렇지만, 이와는 반대로, 독자들은 마가[요한]의 잠재적 영향력을 확신할 수 없는데, 그가 동행하는 두 사도와 동등한 파트너로 등장하지 않기 때문이다. 누가의 내러티브는 3명의 선교사 모두를 동일하게 배치하지 않고, 바나바와 사울이 마가[요한]을 '데리고'(συμπαραλαβόντες) 활동했다고 보도한다(12:25; 15:37, 39). 물론 독자들은 바나바와 사울을 중심으로 이루어지는 선교의 과정에서 마가[요한]이 협력자로 활약할 것을 기대한다. 왜냐하면 συμπαραλαβόντες는 여행에서의 함께 활동하는 것을 의미하기 때문이다.[21] 그러나 마가[요한]이 바나바와 바울의 선교 여정에서 혁혁한 공을 세울 것이라는 우리의 기대가 어떻게 실현될지는 이어지는 장면에서 확인될 것이다.

이쯤해서 독자들은 하나의 고민거리가 생기는데, 예루살렘에 있는 신실한 그리스도인들 가운데서, 바나바와 사울의 동역자로 마가[요한]이 선택된 이유가 무엇이냐는 것이다. 그렇지만 누가의 내러티브는 이 점에 대해서 전혀 언급해주지 않는다. 상당히 오래된 견해이지만, 마가[요한]에 대한 중요한 해석을 시도한 스웨트는 '바나바가 그의 사역을 위해서 새로운 동역자를 물색했고, 요한은 바나바의 가까운 친척'이라고 제안했다.[22]

이 주장은 골로새서 4장 10절에 의존하면서, 사도행전에서 마가[요한]의 문제를 해결하려는 시도로 보인다. 그러나 누가가 마리아를 마가[요한]의 모친과 동일시하는 반면, 바나바와 마가[요한]을 사촌 관계라고 확인해주지 않는다. 만약 사도행전 12장 12절에서 누가의 의도가 독자들이 익히 알고 있는, 어떤 사람과 마리아를 연결시키려는 것이었고, 또한 마가[요한]과 바나바가 사촌 사이라는 점을 누가가 알았다면, 마리아가 바나바의 친척이라고 밝히지 않은 이유는 또한 무엇인가?

그렇다면 우리는 이 내러티브에서 그 이유를 찾아볼 수 있다. 사도행전 12장 25절에서 마가[요한]이 갑자기 바나바/ 사울의 동아리에 어떻게 합류할 수 있었을까? 이 내러티브에서 분명한 실마리가없는 가운데 어떤 답변을 할 수 있을까 의문이 생긴다. 이미 저자가 사라진 현재 시점에서 본문의 기록 목적을 그 누가 확인해 줄 수 있단 말인가?

전승비평적인 입장은누가가수집한 자료들 가운데서 이러한 연대를 확인한 다음, 그것을 단순히 보고했다는 식으로 해석할 것이다. 또다른경우는 사도행전의 내러티브에 면밀한 주의를 기울이거나, 마가[요한]과 다른 인물들 또는 12장 25절에서 그가 관련된 사건들 사이에 암시된 사실을 탐구할지도 모른다. 예를 들면, 그의 어머니 마리아의 집에 모인 그리스도인의 기도 모임이 예시하는 것처럼(12:12), 마가[요한]은, 그의 모친이 부유한 여성이므로, 동시에 부와 경건의 모습으로 묘사될 수 있다. 헹엘은 그의 모친의 집은 대문이 있을 정도로 규모가 큰 훌륭한 집이라고 이 점을 확인해준다.[23] 그럼에도 불구하고, 누가는 바나바와 사울의 제 1차 선교여행이 시작될 때 마가[요한]을 함께 데리고 갔다고만 언급할 뿐이다.

그러므로 마가[요한]이 왜 무대에 출현했는지 그 이유를 밝혀내기 위해서는 독자들의 노력이 필수적이다. 이러한 상황에서 신문학비평, 특히 독자반응비평은 저자의 의도를 살려낼 수 있을 만큼 전능한(?) 존재로 독자의 위상과 능력을 무한대로 확대하지만,[24] 이러한 이해 역시 문제를 야기할 수 있으므로 우리의 본문 읽기는 세심한 이해에 근거해야 한다.[25] 마가[요한]의 출현에 대해서도 본문이 이야기하고자 하는 바를 찾아내는데 초점을 맞춰야 할 것이다.

선교의 조력자 마가[요한](행 13:5) —

제1차 선교 여행을 시작하는 바나바/ 사울과 함께 동아리에 편입한 마가[요한]은 살라미에 도착, 여러 회당에서 하나님의 말씀을 전할 때 수종자(ὑπηρέτης)로 그들을 돕는다. 그는 바나바와 사울/ 바울(13:9)이 바나바의 고향인 구브로(4:36)에서 선교하는 동안 봉사한다. 우리는 13장 5절에서 마가[요한]의 인물 묘사에 관련하여 두가지 문제를 제기할 수 있다.

우선, 부수적인 문제는 누가가 마가[요한]을 언급한 것과 그 언급에 대한 모호성인데, 12장 25절과 13장 5절 사이에서 요한이 다른 인물처럼 나타나지만, 여기서 거명된 요한은 당연히 마가[요한]으로 이해해야 할 것이다. 둘째로 더 이해하기 힘든 것은 마가[요한]을 수종자로 묘사하는 누가의 의도이다.

누가가 사용한 ὑπηρέτης를 어떻게번역하느냐에 따라서 마가[요한]의 위상은 결정된다. 노를 젓는 뱃사공을 의미하는 ἐρέτης와 어원적인 관련성 때문에 흔히 ὑπηρέτης는 '노를 젓는 뱃사공'의 '조수'로 이해되었다. 그러나 역사적으로 살펴볼 때, 뱃사공에게는 두 계급이 없었으므로, 이 용어는 단순히 윗사람의 지시에 따라서 노를 젓는 자 유인 정도를 의미했을 것이다.[26] 이 용어는 헤로도투스[27]나 플라톤[28]이나 필로[29]와 요세푸스[30]도 흔히 사용했으며, 부하, 종, 시중드는 사람을 의미했는데, 가정과 정치, 군사 그리고 종교 분야에서 종속적인 관계를 지시했다.

위의 분석 결과, 이 용어 ὑπηρέτης가 본래 지시한 의미가 무엇인지 대략적으로 짐작할 수 있다. 그러므로 사도행전의 내러티브에서 마가[요한]의 위상을 보조자로 판단하는 것은 무리가 없어 보인다. 왜냐하면 13장 초두에서 안디옥 교회는 이방 선교를 위해서 바나바와 사울, 이 두 사람을 안수하여 성령의 증인으로 삼지 않았는가?

마가[요한]이 그들과 대등한 위치였다면, 누가의 이런 묘사는 설득력이 부족하다. 안디옥 교회에는 바나바와 사울을 포함하여 시므온, 루기오, 헤롯의 젖동생(σύντροπος)[31] 마나엔과 같은 선지자들과 교사들이 있었는데, 그들이 모여서 예배하고 금식할 때 성령이 바나바와 사울을 따로 세우라고 지시한다. 이렇게 다수의 선지자들과 교사들이 안디옥 교회에 주류를 형성하는데, 마가[요한]이 그 자리에 포함되지 않았다는 점은 마가[요한]의 위상을 고려하는데 매우 중요하다.

또한 5절에서 마가[요한]을 수종자로 '두었다'(εἶχον)고 할 때 사용된 동사의 주어는 문맥에서 볼 때 바나바와 사울이므로, 그들이 마가[요한]을 선교 도우미로 데리고 있는 것이 분명하다.[32] 그가 음식을 만들고 짐을 나르거나 선교 여정에서 필요한 물품을 구매하거나, 또한 여행에서 벌어지는 사건들을 기록하는 일을 맡았던지 불분명하지만, 내러티브의 흐름상 그가 바나바/사울과 동등한 위치에서 사역하지 않는다는 것만은 확실해 보인다.

이와 동시에 13장 6절 이하에서 총독 서기오 바울과 엘루마라는 박수를 만나는 장면에서도 마가[요한]은 스포트라이트의 조명을 받지 못한다. 도대체 마가[요한]의 직무는 무엇이었을까? 두 사람의 조력자일 뿐이라는 해석은 바나바와 사울이 자투리 일이라도 시킬 생각으로 그를 예루살렘으로부터 데려왔을 것으로 짐작케 한다. 이 경우에는 마가[요한]의 위상이 너무 축소되는 것처럼 보인다. 그럼에도 불구하고, 예수의 복음을 증언하기 위해서 헌신하며 봉사하는 두 사람의 선교사들을 돕는 보조자로서의 그의 위상은 여전히 중요하다. 성령의 지시를 받은 선교사들이 중차대한 선교 여행을 위해서 아무나 협력자로 데려왔을 이유가 없을 것이기 때문이다.

이러한 인물 묘사를 통해서 누가가 의도한 이유는 과연 무엇일까 궁금하지 않을 수 없다. 스치는 듯 잠시 나타났다가, 이렇게 다시 무대로 등장하는 마가[요한]에 대하여 우리의 관심이 끌리는 것은 당연해 보인다. 그렇지만 이 내러티브에서 분명한 것은 마가[요한]의 위상이 높이 치켜지거나 혹은 그에 대하여 모호하게 일변도로 그려지지는 않는다는 점이다. 누가는 이러한 묘사를 통해서 마가[요한]이란 인물이 함의하고 있는 다이너마이트와 같은 폭파력을 숨기고자 의도했을까? 현재까지의 내러티브의 전개로 볼 때, 그러한 암시는 불충분하다. 이런 저런 생각의 편린(片鱗)을 모아본들 지금까지의 내러티브의 전개에서 마가[요한]의 위상은, 사울이나 바나바처럼, 중요한 인물로는 묘사되지 않는다는 점만은 분명해 보인다.[33]

배반자 마가[요한](행 13:13) —

독자들을 설왕설래하게 만들 수밖에 없어 보이던 마가[요한]의 정체는 바울과 동행하는 사람들이 구브로 섬의 바보에서 배 타고 밤빌리아에 있는 버가에 도착했을 때, 곧이어 예루살렘으로 돌아가 버리는 장면에서 단번에 드러나고야 만다.

탕자가 아버지의 유산을 받아가지고 며칠이 못되어 허랑방탕하게 다 허비한 것이 단 한 구절의 길이로 묘사될 뿐이어서 너무나도 허무한 느낌을 가질 수밖에 없는데(눅 15:13), 마가[요한]은 단 열 세 구절(12:25에서 13:13까지)을 사이에 두고 그의 선교 열정이 식어버리고 만 것처럼 그려진다. 구브로 동쪽 해안 살라미에서부터 사역하다가, 전체 섬가운데를 지나서쪽 항구 바보에 이르러, 바울과 동행하는 사람들이 배를 타고 남부 소아시아의 주요 항구 도시 밤빌리아의 버가에 이르자, 마가[요한]은 저희에게서 떠나 예루살렘으로 돌아가 버린다. 우리는 여기서 마가[요한]에 대한 가장 이해할 수 없는 묘사를 접한다.

왜 마가[요한]은 바울 일행을 떠나서 예루살렘으로 가버렸을까? 사도행전의 내러티브에서는 어떠한 암시도 해주지 않지만, 이 물음에 대해서 다양한 의견이 제시되었다. 물론 저자의 의도를 아무리 추측해서 찾아보려 할지라도 분명하게 파악할 수는 없겠지만, 학자들의 견해는 마가[요한]에 대한 우리의 궁금증을 해소하는 실마리를 제공해준다. 학자들이 제시한 여러 해법 가운데서 몇 가지만 살펴보려고 한다.

ⓐ 그가 선교사로 처음 위임받은 지역이 시리아의 안디옥과 구브로에 한정되었기에, 이제는 다른 지역으로 이동할 필요가 없다는 견해다.[34] 요즘 말로는 단기 선교사라고 말할 수 있을 것이다. 이러한 입장은 본문에서 어떠한 지원도 얻지 못할 만큼 근거가 빈약하다.

Ⓑ 바울의 이방인 선교에 대한 저항으로 마가[요한]이 돌아갔다는 그럴듯한 해석인데, 이방 선교에 대한 신학적 갈등 내지는 몰이해로 이해하므로 마가[요한]을 유대적 입장을 대변하는 신학자로 격상시킬 수 있는 장점이 있긴 하나, 이것 역시 본문이 지원해주지 않는다는 약점을 갖고 있다. 그렇지만 마가[요한]이 그들을 떠나서 예루살렘으로 복귀했다고 하면서, '떠나는' 것을 의미할 때 사용된 동사 ἀποχωρέω는 부정적인 의미를 함축하면서, 그들 사이에서 선교에 대한 뜨거운 논쟁이 있었음을 함축하므로 어느 정도는 설득력을 갖는 것은 사실이다.[35]

그렇지만 누가의 서술에서는 그러한 논쟁의 성격이 특별하게 취급되지 않는다는 점은 독자들의 불만을 살만하다.[36]

ⓒ 그의 삼촌 바나바가 바울의 다음 지위로 전락한 것에 대하여 조카로서 분개해서 돌아갔다는 해석인데, 이것은 혈연의 끈끈함과 인간적 관계를 중시하는 해석으로 보이며, 골로새서 4장 10절을 의존할 때 가능한 해

석이다.[37] 그렇지만 앞에서도 언급했듯이, 사도행전의 내러티브에서는 바나바와 마가[요한]의 어떠한 혈연적인 관련성에 대해서 언급해주지 않는다는 약점이 있다.

ⓓ 바울의 선교 동아리가 밤빌리아 북부의 만만찮은 타우루스 산맥을 횡단할지도 모른다는 생각에 겁에 질려 버렸다는 견해도 어느 정도 가능성은 있다.[38] 누가는 바울 일행이 구브로를 떠나 소아시아에 도착한 후, 행로가 용이할 수 있는 반도의 남쪽 연안으로 향하지 않고 훨씬 험로(險路)임이 분명한 내륙 방향으로 길을 잡았다고 보고하여,[39] 마가[요한]의 예루살렘으로 복귀가 그의 의지와 관련된 것임을 짐작케 한다. 이것은 마가[요한]의 의지의 박약함을 강조하는 것으로, 15장 38절에서 마가[요한]을 선교의 동역자로 데려가자는 바나바의 제안을 일언지하(一言之下)에 거절하면서 강력하게 반대하는 바울의 태도가 이 견해를 지지해주는 것 같다. 그러나 이런 지적은 마가[요한]의 위상을 너무 축소하는 결과를 초래하면서, 바나바와 마가[요한]이 함께 선교에 나서는(15:39) 점을 간과하게 만드는 오류를 낳고 만다.

Ⓔ 그의 모친을 예루살렘에 남겨둔 것에 대한 책임감이 발동했다거나, 그의 모친 마리아의 요리를 선호해서 돌아갔다는 등의 향수병과 연관시키는 해석도 있는데,[40] 이것은 현대적인 관점으로 볼 때, 마가[요한]을 마마보이의 성격을 지닌 유약한 청년으로 격하시키는 약점이 있다. 그렇지만 사도행전의 내러티브의 흐름에서 볼 때, 마가[요한]의 모습은 그렇게 유약해보이지는 않는다.

위에서 우리는 누가가 마가[요한]을 묘사할 때 암시했을만한 몇 가지의 입장을 살펴보았다. 그렇지만 우리는 여기서 마가[요한]에 대하여 기술하는 내러티브가 언급하지 않는 내용을, 암반을 굴착하는 것처럼 읽어내려는 무모한 행동을 삼가야 한다. 독자의 힘이 어느 때보다도 강력하게 확보된 현재 시점에서도 여전히 이러한 권력(?) 행사는 본문의 의도를 곡해할 수 있는 충분한 오류를 만들어낼 수 있기 때문이다.

그럼에도 불구하고, 누가는 마가[요한]의 행동에 혐의를 둘 수 있는 실마리를 내러티브에 남겨놓았다. 첫째, 마가[요한]의 명성이 바나바/사울과 동등한 위상으로 등장하지 않는다는 점이다. 이 점에 있어서, 그는 바나바와 사울이 데려간 수동적 인물이다. 독자들이 그의 가치관이나 행동에 대해서 들을 수 없기 때문에, 우리는 그의 성품에 대하여 추측하거나 확신할 수 없다.둘째,성령이 마가[요한]을 따로 세워 파송했다는 것이명확하지않고, 선교하는 과정에서 안디옥 교회의승인을 받지 않았음을 기억해야 한다(13:1~4).셋째, 마가[요한]이 그의 동역자들과 결별하기 바로 앞선 시점에, 로마 총독의 회심과 박수 엘루마와 바울의 대면이 독자들에게 언급된다. 여기서 우리는 유력한 이방인 지도자가 기독교로 회심한 사건을 목격한다. 이 사건에 대한 마가[요한]의 반응을 판단하기는 어렵지만, 마가[요한]이 살라미의 한 유대인 회당에서 선교한 것을 주목할 필요가 있다(5절). 곧 유대인과 이방인과의 관계에 대한 모든 불안이 예루살렘 회의에서조차 진정되지 않았음을 기억해야 한다.

하여튼, 사도행전의 내러티브에서 마가[요한]을 둘러싼 긴장과 반전은 극도로 치밀하다.그래서 13장 13절에서 마가[요한]이 무대에서 사라지는 것이 그렇게 하찮게 취급될 수 있는 것인지 아니면 의도적으로 계획된 단절인지 결정하기는 쉽지 않다. 여기서도 우리는 역경 가운데서 사도들이 성공을 경험하는 가운데서(13:42~52; 14:1~28; 15:30~35), 마가[요한]의 예루살렘으로의 복귀에 대한 애매한 진술이 독자들을 긴장하게 만들고 있음을 다시 한번 확인할 수 있을 뿐이다. 결론적으로 마가[요한]의 예루살렘으로의 복귀는 심층적인 차원에서 찾아야 할 것이다. 단순히 인간적인 이유나 신학적인 이유라든지 또한 혈통적인 관심에만 머무는 것이 아니라 통합적인 차원에서 그의 문제를 다뤄야 할 것으로 보인다.

바나바와 사울의 결별 속에 숨겨진 마가[요한](행 15:36~41)

마가[요한]의 예루살렘으로의 복귀를 언급하는 13장 13절 이후를 이어서 읽지 않은 독자들이라면 마가[요한]이 이제는 무대에서 완전히 사라졌다고 단정하겠지만, 내러티브의 진행은 그렇게 쉽게 끝나지 않는다. 이것이 마가[요한]을 사도행전에 등장하는 여러 조연들 가운데서 비중 있게 취급하는 이유다. 사도행전에서 마가[요한]이 마지막으로 등장하는 장면은 15장인데, 마가[요한]이 사도행전의 내러티브에서 어떤 문제를 야기하는지 궤적을 추적해보자.

15장의 서두를 보면, 유대로부터 안디옥에 와서 율법과 할례의 당위성을 주장하는 사람들로 인해서 안디옥 교회는 큰 혼란에 빠진다. 이 소용돌이의 해법을 찾기 위해서 소집된 예루살렘 회의는 '우상의 제물'과 '피와 목매어 죽인 것'과 '음행을 멀리하라'는 최소한의 단서를 달고(29절), 새로운 이방 개종자들을 받아들일 수 있도록 문호를 개방한다. 교회의 화해와 일치에 대한 결정은 안디옥과 소아시아의 회중들이 환영하고 이 회의의 소식을 수용하는 가운데서 절정을 이룬다(15:31). 이렇게 해서 바울과 바나바를 중심으로 하는 이방 선교의 여정은 아무런 장애물도 없는 대로(大路)를 향해서 내달리게 되는 조건을 갖추게 되었다.[41]

그러나 호사다마(好事多魔)처럼, 관계가 무난했던 바울과 바나바 사이에는 갑작스럽게 균열이 생기고 만다. 선교의 과정에서 지지해주며 협력하던 그들은 놀랍게도 서로에게 등을 돌리게 만다. 소아시아 교회들을 방문하려는 여행 계획을 수립하는 과정에서 마가[요한]을 데려가는 문제로 바울과 바나바의 의견은 대립하게 되는데, 바나바는 마가[요한]을 데리고 가려고 하는 반면, 바울은 이전의 이탈자와의 합류에 거부감을 갖고 결사반대한다(15:38~39). 결국 바나바는 마가[요한]과 함께 구브로로 돌아가는 여정을 선택하고, 바울은 그의 새로운 협력자인 실라와 함께 제2차 선교여행을 출발한다.

이러한 분열이 발생한 결정적인 이유는 무엇인가? 편집비평의 입장에서 볼 때, 마가와 연관된 다툼은 저자가 보여주려는 것보다 바울과 바나바 사이의 본질적인 흠집을 숨기려는 것으로 추측할 수 있다. 갈라디아서는 바울이 식탁교제와 관련하여 바나바와 다툰 사실을 알려준다. 바울의 주장에 의하면, 베드로와 같이 바나바도 안디옥에서 예루살렘의 할례자들이 방문했을 때 이방인들과 함께 먹는 것을 거부했다(갈 2:12~13). 그러나 이러한 사실은 사도행전 15장의 예루살렘 회의에서 결정한 이방인에 대한 포용과 일치하기 어려운 문제다.[42]

바울과 바나바 사이의 갈등은 이 내러티브에서 두 인물과 그들의 특별한 관계를 주목할 때 가장 잘 설명된다. 바나바의 특별한 반대 없이 지도력이 바나바에서 바울로 이미 교체되었다. 그러나 바나바의 지속적인 중요성에 대한 암시는 바울 앞에 그의 이름이 열거되고, 제우스와 관련된 루스드라의 사건(14:12, 14)에서 다시 나타나고, 예루살렘에서 소개되는 순서에서 또 한번 나타난다(15:12, 25). 바나바는 바울에게 자신의 자리를 완전히 양보한 것도 아니고, 특히 그의 영향력이 여전히 건재한 예루살렘에서는 더더욱 아니었을 것이다.

우리는 바나바가 이전의 핍박자였던 바울을 탐탁치 않게 여기던 예루살렘의 사도들에게 동료 제자로 받아줄 것을 처음으로 설득한 장본인이라는 것을 기억하고 있다(행 9:27). 우리는 또한 이러한 행동이 신자들에게 용기를 주는 사람으로서 바나바의 뛰어난 명성을 예증하는 것임을 기억하게 된다. 용기를 북돋아 주는 바나바의 이러한 사역은 여기서 마가[요한]에게 적용되어 그에게도 또 한번의 기회를 주려는 것인지도 모른다. 바나바는 마가를 위하여 바울의 입장을 반대하면서까지 행동한다. 그게 사실이라면, 이 불화 이야기에서 조화를 이루지 못하는 사람은 오히려 바울인데, 그는 자신이 회심한 핍박자로서 이전에 바나바로부터 받았던 신뢰를, 회심한 이탈자 마가에게는 결코 베풀지 않았던 것이다. 그가 이방인들에게 역동적인 선교사로 바나바보다 더 역량을 발휘하지만, 바울은 덕망 있는 위로의 아들 바나바(4:36)에게 아직도 좀더 배울 게 있는 것처럼 보인다. 여기서 드러나는 바울의 모습은 불완전해보이며 결코 완벽하지도 않다.

앞서 언급했듯이, 이것이 바로 누가의 문학적 의도로 판단된다. 왜냐하면 바울과 바나바의 결별을 이끌어내는 부정적인 역할을 마가[요한]이 하고 있을 뿐만 아니라, 그의 존재 자체가 바로 바나바의 인격과 '위로의 아들'(υίος παρακλήσεως)이라는 그의 명성을 다시 한번 확보해주는 기능을 수행하기 때문이다(15:37).

그래서 사도로 활약하는 바울조차도 바나바로부터 더 배울 것이 있음을 깨닫게 해주는 바로 그와 같은 역할을 마가[요한]이 감쪽같이 해내고 있다. 그럼에도 불구하고, 마가[요한]은 그러한 부정적인 것에서만 머물지 않고, 나아가서 바나바와의 선교적인 연대를 통해서 복음의 확산을 위해서 노력하고 있다(15:39). 바울의 입장에서 마가[요한]은 선교 여행에서 이탈한 배신자이지만, 바나바에게는 당당한 선교 파트너가 된다 : 이것을 어떻게 해석할 것인가?

여기서 다시 한번 확인되는 것은 복잡하게 얽히고설킨 인간관계 속에서도 하나님은 여전히 그의 구원 계획을 추진하신다는 점이다. 스데반의 순교로 불거진 예루살렘 교회에 대한 대대적인 박해가 오히려 그리스도인들을 밖으로 내몰아서 결과적으로 빌립이 사마리아에서 복음의 씨앗이 뿌려지는 성공을 거두는 일이 이미 발생했었다(행 8:4~24). 즉 사도행전의 목적인 선교 명령(1:8)을 확증하고 실천하기 위해서 초기 기독교 공동체는 인간관계와 같은 표피적인 요소들을 극복하고, 결국은 하나님의 계획에 순종하는 공동체로 거듭 태어나고 있었다.

나가는 말: 마가[요한]의 인물 묘사를 통해서 읽은 사도행전

우리의 분석을 통해서 밝혀진 것처럼, 사도행전에서 마가[요한]은 주인공은 아니지만 그들에 버금갈 만큼 대단히 중요한 역할을 수행한 대단한 인물이다. 그는 분명히 예루살렘의 초기 기독교 공동체와 관련되며, 구성원들 사이에서 경건과 부(富)의 상징으로 꼽힐 수 있다(12:12). 이와 동시에 그는 바나바와 바울과 직접적인 관련을 맺고 있으며, 그들의 초청을 받아 구브로로향하는제 1차 선교 여행에서 수종자로 협력한다(12:25, 13:5). 사도행전 내러티브에서 그는 바나바의 조카(골 4:10)나, 베드로와 직, 간접으로 연결되지 않는 것으로 나온다(비록 베드로가 마가[요한]의 모친 마리아의 집에 자주 왕래했다 할지라도. 12:12, cf. 벧전 5:13).

또한 마가[요한]은 살라미에 있는 한 유대인 회당에서의 선교와 암묵적으로 연결되지만(13:5), 이방인 선교라는 더 광범위하고 포용적인 지평에서는 다만 암시되거나 격리될 뿐이다(13:13, 15:38). 마가[요한]은 대체로 그의 과묵한 성격이나 이방인 선교에동참하기를거절한것때문에애매하게 표현되거나(13:5, 13) 또는 경멸적으로(15:38~39) 묘사되기도 한다. 결과적으로 그는 바나바와 바울사이 불화의 원인이 되며(15:39~40), 그의 후원자 바나바와 더불어 마가[요한]은 15장 이후 무대에서 사라져, 재등장하지 않는다.

본 연구의결론은 사도행전을 읽는데 있어서 균형을 갖추도록 안내한다.

ⓐ 비록 사도행전과 신약성서의 서신으로부터 나온 요소들을 종합해

서, 그의 삼촌 바나바의도움으로 바울의 동아리에 참여한 '유대 그리스도인 배신자'라는 식으로 마가[요한]에 대한 단일한 이미지를 구축하려는 유혹은 거부되어야 한다.[43]

ⓑ우리는 사도행전에서 마가[요한]의 본래 역할은 주인공들을 보완하는 역할일지라도, 누가가명확하게 묘사하지 않은 마가[요한]이라는인물의중요성을바르게 탐색하기위해서 노력해야 한다. 누가는 마가[요한]의 인물묘사를통해서 바울과 바나바를 조명하고, 나아가 그들의 삼각관계 속에서 드러나는 하나님의 목적을 미묘하게 노출시키거나 강화시킨다.

ⓒ 저자의 인물묘사에 초점을 맞추어 본문을 읽어보는 작업이 제공하는 효과는 신약성서라는 거시적인 측면보다는 누가의 내러티브라는 코텍스트적이고 미시적인 읽기를 가능하게 해준다. 이와 동시에 우리의 읽기는 누가의 내러티브가 궁극적으로 말하고자 하는 저작 의도, 즉 사도행전의 목적지를 향한 선교 명령(행 1:8)의 지속적인 추구라는 명제를 다시 한번 명확하게 파악하도록 협력한다. 마가[요한]같은 조연을 통해서도 밝혀지는 하나님의 계획은 인간과 세상을 구원하시는 것이다.

결과적으로, 소외자들에 대한 누가의 인물묘사를 검토하는 미시적인 읽기는 오히려 사도행전에서 강조되고 있는 하나님의 구원이라는 거시적인 명제를 더욱 더 분명하게 드러내주는 읽기 방법이다. 우리의 성서 읽기는 그것이 미시적이든 거시적인 방법이든지간에 하나님의 구원과 그분의 섭리를 밝혀내어 인류를 회개하고 거듭나게 하는 것을 지향해야 하고, 나아가 그러한 복음을 통하여 사도행전에서 경험되었던 사건이 현재도 여전히 유효함을 확증하는 것을 목표로 삼아야 할 것이다.

4장

사도행전의 성령에 대한 정치적 해석의 가능성

시작하는 말
누가복음서와 사도행전의 연속선상에서 이해한 성령의 가치
사도행전에서 성령의 역할
나가는 말: 성령에 대한 정치적 해석의 가능성 재고

4장

사도행전의 성령에 대한 정치적 해석의 가능성

들어가는 말

사도행전에 대한 본격적인 연구를 어디로 잡을 것인지를 고려하는 것은 우리의 논의를 출발하는데 있어서도 중요한 부분이다. 우선 우리가 튜빙겐 학파(Tubingen Schule)를 주목하는 이유는 이 학파의 사도행전 해석이 많은 세월이 흐른 현 시점에도 그 나름의 영향력을 행사하고 있기 때문이다. 이 학파의 태두인 바우르(F. C. Baur)를 중심으로 이루어진 연구에 대한 평가는 다시 진행되어야 할지도 모른다. 이처럼 튜빙겐 학파를 대표하는 상표인 베드로파와 바울파의 사상적인 대립의 중화를 모색하여 궁극적으로 초기 기독교의 화해를 탐색하려고 시도한 사도행전 저자의 공로를 인정한 튜빙겐 학파의 제안은 대단하다.

필자는 바우르의 해석학적 뼈대를 근거해서 사도행전에 하나의 등장인물로[1] 나타나서 그 역할을 과감하게 수행하는 성령에 대한 정치적 해석을 시도하려고 한다. 물론 성령에 대한 다양한 이해가 있었지만, 본 연구에서 우리는 초기 기독교의 복잡한 상황을 고려하면서 성령이 제안하는 정치적 기능을 분석하려고 한다.

우리가 너무나 잘 인지하는 대로, 19세기의 바우르는 '튜빙겐 학파'의 유명한 상표가 되었던 사도행전에 관한 이론을 제시했다.[2] 그래서 지금까지도 그는 위대한 대가로 인정받고 있다.[3] 바우르는 사도행전이 초기 기독교에서 하나의 중대한 불화, 즉 베드로와 바울 사이에서 파생된 분열을 치유하려고 기록되었다고 생각했다. 베드로가 유대 그리스도인들 사이에서 한 지도자로 인정받았던 반면, 바울은 '이방인의 사도'(갈 2:7)로 알려지게 되었다는 것은 다른 신약문서로부터 분명하다.

베드로와 바울은 서로 동의하거나 또는 서로 편한 관계를 유지하지 않았던 게 분명하다(갈 2:11~14). 그래서 사도행전이 기록될 당시, 교회는 베드로파와 바울파라는 두 개의 분리된 분파가 되었다고 바우르는 제안했다. 즉 바우르에 의하면 사도행전은 이 파당들을 화해시키고 교회의 일치를 위해서 기록되었다. 즉 사도행전에서 바울은 가능한 한에서 베드로처럼, 베드로는 가능한 한 바울처럼 그려지고 소개된다고 보는 것이다.[4] 결과적으로 누가는 신앙의 영웅으로 베드로와 바울을 제시하고, 그들의 사역과 신학에 대한 접근이 잘 조화되는 것으로 제시한다.

그러나 현대 신약학자들의 합의점은 1세기 기독교의 상황이 튜빙겐 학파가 상상했던 것보다 더욱 더 복잡할 거라는 점이다. 사도행전에 관한 바우르의 분석 중 많은 사항이 거부되었을지라도, 누가는 점점 더 분리되어 가는 하나의 교회를 일치시키려는 목적으로 그의 책을 기록했다는 생각은

변할 리 없을 것이다.

예를 들어, 악테마이어(Achtemeier)는 누가가 가지고 있었던 하나의 통일된 교회에 대한 이상적 그림은 현실적인 역사적 상황보다는 그런 일치를 위하여 '기독교 공동체 내부의 큰 기대'에 의한 것이라고 제안한다.[5] 누가가 설명하는 모습은 이상적인 일치인 셈인데, 이것은 누가의 초대 교회에 관한 묘사는 역사 기록의 형식을 빌어온 신학적 선언으로 볼 수 있다는 제안이다.[6] 본 연구는 사도행전의 기록에 대한 역사적인 신빙성 문제를 다루기보다는 내러티브에서 기능하는 성령의 문학적인 역할을 통해서 저자의 정치적 의도를 찾아내려는 것이다. 그러므로 우리의 논의는 내러티브 분석에 치중될 것이다.[7]

누가복음서와 사도행전의 연속선상에서 이해한 성령의 가치

누가 문서(또는 누가-행전)의 배경을 정확하게 파악하고자 하는 시도는 불확실하기 짝이 없다. 가장 일반적인 묘사도 예리한 불일치를 가져 올 것이다 : 공동체는 최초에 유대인들 아니면 이방인들로 구성되었는가? 목표로 삼은 청중은 그리스도인들인가 아니면 외부인들이었는가? 누가-행전을 읽는데 어떤 문화적 배경, 즉 그레꼬-로마 아니면 유대적 배경 가운데서 어느 것이 더 중요한가? 최근까지, 누가 연구에 있어 가장 힘이 있었던 패러다임은 아마 이방인으로서의 누가가 이방인들에게 글을 썼다는 주장일 것이다.

이것이 대다수의 관점으로 남아있을지라도, 많은 학자들은 그것을 뒤

집어 놓았다. 여러 학자들 가운데서 특히 예르벨(Jervell), 티드(Tiede) 그리고 쥬엘(Juel)은 모두 누가—행전을 1세기가 끝날 무렵, 유대 그리스도인들을 향한 관심을 가지고 기록된 전적인 유대교의 작품이라고 이해하고 있다.[8]

특히 예르벨은 행전에서 이방인 선교가 존재하는지에 대해서도 의문을 갖는다. 누가가 소개한 교회의 모습은, 바울의 활동을 말할 때마저도, 전적으로 유대인들의 것으로 남아 있다.[9] 그러나 그것은 내러티브 상의 교회의 모습이다. 누가는 아마도 합법성의 문제와 대면한 것 같은데, 분명히 그가 알고 있었던 교회들은 그의 내러티브에서 나오는 것처럼 유대적인 계보를 가지고 있지 않았기 때문이다. 누가—행전은 예루살렘에서의 장면들로 시작되지만 이방인들도 구원의 말씀을 들을 것이라는 바울의 확신과 함께 내러티브는 로마에서 막을 내리게 된다(행 28:23~31).[10]

누가는 유대 민족을 포기한 것으로 보이지는 않지만, 그에게 알려진 교회들은 점점 더 이방인 개종자들로 구성되었다. 그러나 누가의 정체에 대한 일치된 합의점이 없더라도, 그는 자신의 이야기를 쓰면서 유대교에 대한 풍부한 지식을 가미시켰다. 그러므로 구약성서와 누가의 관계는 더 세밀한 연구의 대상이 된다.[11]

그러나 이러한 누가 문서의 배경에 대한 문제와 더불어 우리가 지나칠 수 없는 내용은 하나님이 누가 문서의 내러티브의 주인공으로 배후에서 주관하고 있다는 것이다.[12] 위에서 지적된 바와 같이, 누가는 무엇보다도 이스라엘과 모든 민족들과 관련된 하나님의 역사에 대한 이야기를 말하고 있다. 그러므로 '신약신학에서 무시되는 요소'인 하나님은 의심의 여지없이, 이 내러티브를 이끌어 가는 동력임이 분명하다.[13] 사도행전의 내러티브에서 하나님이 행동하는 수단은 그의 말씀, 성령, 천사, 기도, 환상, 예언자적 소리, 전조 그리고 예수 등인데, 이제 우리는 이런 관점에서 성령을 분석하려고 한다.

사도행전에서 성령의 역할

초기 기독교의 공동체가 몇 개의 파당들로 구성되었다는 것은 고린도 교회를 통해서도 분명히 알 수 있다.[14] 그러므로 여러 파당들의 색채가 상이할 뿐만 아니라 정치적인 입지도 서로 다르다. 여기서의 '정치적' 이란 의미는 파워를 중심으로 형성되는 역학 관계를 칭하는 표현으로 제한하는 것이 우리의 이해를 위해서 도움이 될 것이다. 이렇게 각 파당이 갖는 파워의 차이가 결과적으로 갈등과 위기라는 현실적인 문제를 파생시킨다.

즉 이와 같은 상황을 타개해야 할 요구가 초기 기독교의 과제였음은 두말할 것도 없을 것이다. 이처럼 정치적인 입장에서 초기 기독교의 모습을 성령의 스펙트럼을 통해서 알아보는 것은 신약 읽기에 새로운 제안을 가능하게 할 것으로 본다. 왜냐하면 신약성서의 문서들 역시 정치적인 입장에서 읽어야 해석될 수 있는 요소들을 많이 담고 있기 때문이다.[15] 아래서 제시되는 성령의 정치적 기능을 대입해서 다시 읽게 될 사도행전의 본문들은 이런 색채와 힘의 균형에 따른 읽기를 가능하게 할 것으로 예상된다.

이러한 읽기는 성령의 기능을 정치적으로 해석할 수 있다는 새로운 읽기의 타당성을 긍정적으로 제안하게 될 것이다.

창조와 종말의 협연에 드러난 정치적 색채(행 2:1~4) —

우리가 먼저 분석할 본문은 사도행전 2장 1~4절이다. 기독교의 탄생과 연관되어 이 본문은 대단히 사랑을 받아온 게 사실이다. 여기서 우리는 성령이 드러내는 정치적 논조에 대해서 저자가 의도한 '기독교의 역사' 라는 거대 담론의 그 웅장한 시작을 독서를 통해서 발견하게 될 것이다.

기독교의 역사는 언제나 새로운 사건에서 시작된다. 이것은 하나님이 역사를 통치하는 방식이기도 하다. 그래서 신앙인은 언제나 새로운 도전 앞에서 진지해질 필요가 있다. 독자가 사도행전 1~2장을 읽으면서, 예수의 승천과 오순절 내러티브는 함께 연결된 고리(chain/ring)로 결합된 것이 확인된다.[16]

여기서 우리는 오순절의 둘째 날에 초점을 맞추면서, 두 경우와 관련된 사건들의 평행을 확인할 수 있다. 그 극적인 분위기는 성령 강림과 함께 발생하는 데, 평범하지 않은 사건이 갑자기 이 시간에 더욱 강력한 힘으로 발생한다. 홀로 일어난 구름과 한 쌍의 흰옷 입은 천사들이 수행하는 예수의 승천은 회오리바람 같은 소리와 불타는 광경, 그리고 함께 한 회중들에 의해서 영감을 받아서 말을 하는 성령 강림의 사건에 그 자리를 양보한다. 이렇게 두 사건은 떨어질 수 없는 긴밀한 관계를 고리로 형성하고 있다.

목격자들(1:11)은 능력을 겸비한 예언자들로 변한다(2:7). 약속된 성령이 이제 임재 하게 된다. '120명' 이라는 소규모 무리의 사사로운 일이 흥미를 자아내면서 천하 각국에서 온 대표자들이 참석하는 공적인 사건으로 발전하며, 동시에 새롭게 개종한 '3000명' 이 모이는 공동체로 성장한다(2:5, 41). 이렇게 분위기는 급박하게 변한다. 우리는 이처럼 엄청난 차이를 포착할 수 있다 : 이제부터 초대 교회는 카타콤과 같은 비밀 장소가 아니라 로마 제국의 도로들을 관통하여 힘차게 뻗어나가게 될 것이다.[17]

성서의 내용에 익숙한 독자들은 우연히 만나는 성령 강림의 광경과 그에 따른 소리를 이미 목격하고 청취한 사건처럼 이해하는 착각을 경험한다. 베드로는 요엘서의 예언들과 이러한 현상들을 연결할 것이다(2:16~21).[18] 그러나 이 새로운 사건은 성서의 전승에 나오는 하나님의 현현과 일치하므로, 내러티브가 전개되는 과정을 익히 알고 있는 사람들은 마음 속에 또 다른 장면을 떠올리게 될 것이다. 그 광풍과 화염을 수반하면서 지상으로 신적 존재가 출현하는 것은 시내산에서 모세와 이스라엘 백성들이 겪은 경험을 반복한다(출 19:16~20). 특히 율법의 수여와 계약의 회복을 기념하기 위한 사건인 성령 강림의 사건과 모국어로 말하는 것이 결합되는 사건은 성령이 촉발하는 하나님의 능력을 선포한다(행 2:3~4, 11; 출 20:1~2).

시내산 사건을 반영하는 것으로 해석하는 이러한 이해는 사도행전의 중요한 배경이 된다. 즉 하나님이 나타나는 장소는 산과 사막이라는 제한된 지역인 고립된 장소에서 도시(πόλις)와 집/ 가정(οἶκος)의 중심지인 공개된 장소로 바뀐다(2:2). 물론 여기서의 장소는 예루살렘이 된다. 이러한 장소는 사도행전을 통하여 제자도와 증인들이 활동하는 주요 지역을 지시한다. 초대 교회의 그리스도인들이 이동할 통로는 이전의 광야 길을 고통스럽게 여행하는 것이 아니라, '집에서 집으로', '모든 도시에서' 가능하게 될 것이다. 독자들은 이제 본격적으로 예수의 복음이 전 세계를 향해서 신속하게 전달될 것이라는 암시를 포착하게 된다.[19]

성령의 강림을 묘사하는 내러티브는 이사야의 소명 장면에 대한 이미지를 제공한다(사 6:1, 4). 다락방에 모인 예수의 증인들처럼, 예언자 이사야는 집을 가득 채우는 하나님의 영광과 대면한다. 그러나 우리는 두 사건이 발생한 장소가 다르기 때문에 사도행전과 이사야서가 서로 평행을 이룬다는 것을 기대하기는 어렵다. 이사야서에서 신의 현현을 위한 배경은 하나님의 집인 예루살렘 성전이지만, 초대 교회의 집/가정은 성전에 대응하는 개인의 집이다.

아이러니컬하게도 하나님의 성령/영광은 이스라엘의 거룩한 제의 중심인 성전에서 아주 평범한 주거지인 가정에 임한다. 이처럼 보편적인 관심으로 이동하는 것은 스데반이 '지극히 높으신 이는 손으로 지은 곳에 계시지 않는다'(οὐχ ὁ ὕψιστος ἐν χειροποιήτοις κατοικεῖ)고 설교하는 곳에서 구체적으로 드러난다. 이런 대비는 또한 혁신적이고 변혁적인 예수의 복음이 갖는 반전(反轉) 모티브와 일치한다.[20]

오순절의 내러티브는 바벨탑의 이야기와 동일한 것처럼 전개되지만, 사실은 관심이 서로 차이가 있다. 창세기의 바벨탑 사건은 하늘에 닿으려는 인간의 무의미한 시도를 하나님이 심판함으로 인간이 흩어지고 결국 언어가 혼잡하게 되어 국가가 생긴 이유를 설명한다(창 11:1~9). 그러나 성령 강림의 사건은 바벨탑의 상황을 극적으로 수정한다. 제자들은 탑이나 신전 같은 건축물을 세우지 않고, 단지 하늘에서 임재하는 성령을 기다릴 뿐이다. 그리고 성령 강림의 사건이 발생할 때, 천하 각국으로부터 백성들이 모이고, 그들의 언어로 하나님의 말씀을 듣는 기적적인 사건이 발생한다(2:6, 8, 11). 그래서 바레트(Barrett)는 이 내러티브를 통해서 교회가 시작부터 전 세계적으로 의사소통이 가능한 하나의 우주적인 공동체가 된 것으로 평가한다.[21]

누가복음서의 서두에서 제사장 스가랴의 경험은 사도행전의 서두에서 오순절에 초대 교회 공동체의 경험에 대한 하나의 흥미로운 짝을 제공한다. 백성들의 온 회중이 밖에서 기도하는 동안 성전에서 홀로 제사장의 직무를 수행하는 스가랴는 모태에서 성령의 충만함을 입을 아들의 탄생을 고지하는 천사의 방문을 받는다.[22] 스가랴는 성령의 약속을 의심한 결과 성전에서 즉각 벙어리가 되고, 회중들에게 말할 수 없는 처지가 된다(눅 1:8~23). 그는 아들(요한)이 할례를 받으러 올 때까지 그 상태로 있게 된다. 그 아들을 위한 이름(요한)이 공개될 때, 혀가 풀리고, 하나님을 찬양한다. 더욱이 그는 성령에 충만하게 되었고, 갑자기 구원에 대한 이스라엘의 소망을 예언한다(1:67).

흥미롭게도 이 사건의 배경은 성전이 아니라 스가랴의 집이다. 오순절의 내러티브는 스가랴의 경험을 반복하는데, 유대의 제사장 스가랴가 경험한 성령의 충만함과 혀가 풀리는 기적은 갈릴리 출신 제자들에게 아낌없이 제공될 풍성한 은사를 암시한다. 물론 스가랴의 예언이 놀랍다 하더라도, 그것은 여전히 자신의 언어로 말하고 있을 뿐이다. 그렇지만 오순절

사건의 충격은 갈릴리 사람들이 결코 배운 적이 없는 언어로 갑자기 말하기 시작했다는 것이다.[23]

이러한 오순절 이야기에 언급되는 여러 언어와 지역을 검토하는 것은 우리의 이해를 위해서 유익하다. 첫째는 갈릴리 사람들과 관련된 문제로서, 그들은 자신들이 듣는 것 뿐만 아니라 말하는 사람들에 대하여 놀란다. 물론 그런 당황스러움이 갈릴리 사람들과 무관할지 모른다. 외국어가 갑자기 입에서 튀어나올 때 어떤 지역의 그룹이라도 비슷한 반응을 보였을 것은 당연하기 때문이다.[24] 그러나 2장 7절에서 그 대상은 갈릴리 사람들임이 분명하다. 누가—행전은 때때로 갈릴리 지역을 유대의 영토의 일부로 취급한다.[25]

그러나 그것은 흔히 유대와 유대인들의 정치와 문화의 중심지인 수도 예루살렘으로부터 북쪽에 있는 갈릴리를 구분하는 지역적인 구분을 분명히 한 것이다. 이렇게 차이를 강조하는 것은 예루살렘에 거주하는 사람들이 예수와 그의 제자들처럼 갈릴리 사람들을 촌뜨기로 지칭할 때 사용하는 전형적인 표현이다(눅 6:17; 7:1~10; 8:26~39; 사 9:1; 마 4:15). 따라서 그런 갈릴리 사람들이 성령을 받았다는 사실은 '예루살렘에 우거하던 신실한 유대인들…'(2:5)에게는 대단한 모순처럼 보였을 것이기 때문이다. 이렇게 생각하는 그들의 입장은 2장 13절에서 갈릴리 사람들의 소동을 '새 술'에 취한 결과로 비하시킬 때 여실히 판명된다.

여기서 '새 술'로 번역된 '글류코스'(γλεῦκος)는 새로 만들어진 달콤한 술을 의미하는데, 그것의 효능으로 인해서 쉽게 취하게 할 수 있었을 것이다.[26] 그래서 이 표현이 단지 그리스도인들을 조롱하기 위한 하나의 전략인지에 대해서는 쉽게 단정하기 어려울 것이다.[27] 그러므로 위더링톤 3세가 지적하는 것처럼, 내러티브의 전개상 2장 15절에서 베드로의 설교를 준비하는 것은 아닌지 해법을 거기서 찾아볼 수 있을 것이다.[28]

둘째로 많은 언어가 거론된 것은 그것이 갈릴리에서 기원했다는 것과 세계를 포함하는 우주적인 범주를 암시한다. 나레이터는 물론 천하 각국이라는 전체 대신의 일부(*pars pro toto*)로 표현된 목록으로 말하지만, 2장 9~11절에 거명된 지역은 유대와 예루살렘 주변, 지구의 네 곳에서 온 사람들에 대한 광범위한 예를 제공해 준다.[29] 이제 1장 8절에서 선언된 세계 선교가 서서히 실현되기 시작하는데, 오순절 사건은 사도행전에서 전개되는 복음 증언의 과정을 소개하고 있다.

반면에 예루살렘 교회의 증인들은 여러 지역으로부터 다른 많은 종류의 언어 그룹에 이르기까지 확장한다. 그러나 아직은 민족적으로 유대인들에게 한정되어 있다(2:10). 더욱이 선교는 디아스포라에서 예루살렘으로 여행하는 순례자들과 예루살렘에 살고 있는 이주자들에게 제한된다. 증인들을 예루살렘으로부터 땅 끝을 향하게 하는 성령의 능력은 독자들을 오순절의 체험 너머에서 앞으로 전개될 위대한 행동을 보도록 인도한다.

그러므로 오순절의 성령 강림 사건은 중심부에서 주변부로 관점이 점차 전환되고 있음을 예고하는 사건임에 틀림없다. 누가복음서에서 예수의 공사역이 중심부가 아니라 소외된 사회의 주변부로 향했던 것처럼, 이제 교회의 관심은 구원의 영역에서 멀리 떨어져 있었던 저 너머 이방 세계를 향하게 된다. 우리는 여기서 오순절의 사건이 갖는 정치적 함의를 분명히 발견하게 되는 것이다. 주변부를 중심부로 끌어당기는 동력은 성령의 권능에 의한 것임에 명백하다. 이것은 유대교의 정치적 파워에 언제나 부정(不淨)과 무력한 대상으로 인식된 주변 세계로서의 갈릴리가 이제서야 하나의 온전한 객체로 당당히 서게 되는 것을 의미해준다.

유대교의 통제에서 이방 세계로의 이동(행 8:14~7) —

이제 우리는 성령의 정치적 해석을 위한 두 번째 단계로 사도행전 8장을 분석하려고 한다. 1989년에 독일 통일의 상징으로 떠오른 베를린 장벽이 붕괴되었듯이, 사마리아인들과 유대인들 사이를 분리시키는 적대적인 장벽은 이제 빌립의 선교를 통해서 공식적으로 붕괴되기 시작한다.[30] 이 사건은 누가복음서 9장에서 사마리아를 언급하는 최초의 사건으로 되돌아가게 할뿐만 아니라 스데반이 세겜을 언급한 것(행 7:16)을 기억나게 한다. 우리가 창세기를 통해서 알고 있듯이, 야곱은 아브라함이 헷 족속에게 은 400세겔을 주고 구입한, 헤브론의 막벨라 굴에 장사되었고(창 23:16; 49:29~32; 50:13), 요셉은 야곱이 하몰 자손에게 은 100세겔을 주고 구입한 세겜의 한 곳에 묻혔다(수 24:32).

그러므로 우리는 스데반이 자신의 연설에서(7:16) 아브라함이 세겜 하몰의 자손에게서 은으로 값 주고 산 무덤에 장사되었다고 말하는 곳에서, 두 가지 사건을 혼동했다고 해석하는 것보다는 두 사건을 하나로 통합한 것으로 이해하는 것이 적당할 것으로 판단된다.[30] 도리어 여기서 문제가 되는 것은 스데반이 유대인들이 적대시한 사마리아인들의 종교적 중심인 세겜을 언급하는 것이다.[32] 갈릴리에서의 사역을 끝내고, 예루살렘으로 향해서 여행하던 예수가 사마리아의 어느 마을에 들어가려고 하는 것을 거절당하는 장면을 보고, 몹시 분개한 야고보와 요한이 엘리야처럼(눅 9:51~56) 불로 보복하려는 것을 저지했지만, 이와는 반대로 예루살렘의 박해를 피해서 이동한 빌립은 심판과 파괴 대신 축복과 복음의 말씀을 통해서 사마리아에서 열렬한 환영을 받는다.

우리는 여기서 사마리아에서 발생한 사건과 관련된 아주 획기적인 내러티브를 읽을 수 있다. 독자들은 사마리아에서 빌립을 보려고(8:6) 몰려드는 열성적인 사마리아 군중들과 더불어 그들 속에 끼여 있는 마술사 시몬을 만나게 된다. 나레이터는 빌립이 도착하기 오랜 전부터 시몬이 그의 마술로 사람들을 놀라게 했고, 하나님의 능력이 그에게 임했다(8:9~11)는 시몬의 주장에 사람들이 많은 지지를 보냈음을 암시해준다. 따라서 내러티브에는 이제 잠재적인 긴장 관계가 형성된다. 자기의 지지자들이 빌립의 메시지를 듣고 그의 기적을 보기 위해서 몰려들고 궁극적으로 세례를 통해서 기독교 공동체에 가입하게 될 경우, 시몬은 이제 무엇을 준비해야 할 것인지 독자들은 매우 궁금해 할 것이다. 그러나 시몬은 자기의 명성을 지키거나 빌립에게 대항하기는커녕, 예수를 믿고 세례를 받으며 빌립의 충실한 동료가 된다(8:13).

그때 분명히 빌립의 능력은 소위 '큰 능력'(μενάλη δύναμις)이라고 일컬어지는 시몬의 능력보다 양적으로 훨씬 더 컸을 뿐 아니라 질적으로도 우수했다. 누가－행전의 내러티브 세계에서 기적적인 표적을 행사하는 것은, 마귀로부터 나오고 속이려는 의도로 마술을 행하는 것과 대조를 이루는 것으로 모든 사람들을 위한 하나님의 능력을 드러내주는 통로를 의미한다. 그래서 기적(miracle)은 긍정적인 말이지만, 마술(magic)은 부정적인 의미를 띤다.[33] 빌립과 시몬의 경우에서, 빌립은 그의 능력을 질병과 마귀에 붙잡혀 고생하는 사마리아인들을 구원하는 데 활용하고 이러한 사례를 메시아인 예수에 관한 복음과 결합시킨다.

그에 대한 반응으로 사마리아 군중들은 빌립의 인격이나 능력이 아니라 그가 선포하는 예수 그리스도에 의해서 감화를 받고 그의 이름을 믿고 세례를 받는다. : 그들은 빌립이 말하는 것을 열심히 들었다(8:6). 한편 시몬은 그의 능력을 사람들을 이롭게 하지 않고 사람들을 현혹시키며 사람들의 관심을 자기에게 집중시키는 데 사용함으로 '자기가 위대한 자라고 말하면서' (λένων εἶναί τινα ἑαυτὸν μέναν) 오직 자신의 이름을 높이는 데에만 관심이 갖고 있다(8:10). 비록 시몬은 복음을 받아들이는 것처럼 보이지만, 그가 빌립의 능력 있는 사역을 하나의 구경거리로 생각하면서 몰두하는 것은 그의 개종의 신실성을 의심하기에 충분하다.[34]

빌립의 사역의 본질과 시몬이 행하는 부정적인 성격은 예루살렘에서 파견된 두 명의 사도들과 관련되어 더 명백해진다. 그 장면에서 베드로와 요한이 다시 등장하는 것은 조금은 뒤늦은 감이 없지 않지만 교회의 선교적 확장에 대한 사도들의 지속적인 관심을 보여준다. 어려움을 당하는 예루살렘 교회를 보존하기 위해 뒤에 머물러 있으면서(8:1b) 그들은 또한 그 도시 경계선 밖의 새로운 신자들에게 다가가기 시작한다. 사도들의 사마리아 방문의 정확한 목적이 자세히 기록되어 있진 않지만, 우리는 그것이 갓 설립된 교회의 성도들의 상황을 살피고, 그 교회의 발전에 협력하며, 새로운 선교지를 돌보려는 다양한 의도를 암시한다고 추측할 수 있다.

성령이 아직 한 사람에게도 임하지 않았다는 것을 깨달았을 때, 그들은 기도와 안수를 통해서 즉시 성령을 받게 한다(8:14~17). 일반적으로 바울과 요한의 신학에 익숙한 사람들은 종종 그리스도를 믿고 세례 받는 것(개종—입교)과 성령을 받는 것 사이의 시간차로 인해서 당황해 할 수 있다. 그러나 이러한 양상은 사도행전의 내러티브에서 그렇게 이상하게 취급될 게 아니다. 오순절에 베드로는 회개와 세례와 성령 받음 사이의 분명한 관계를 언급하지만, 반드시 동시적인 사건은 아니다(2:38).

사도들은 요한이 베푸는 회개의 세례를 받고(1:5, 22) 얼마 후 오순절에 성령 세례를 받았고, 그런 다음 그들은 예루살렘 교회의 회중들과 함께 모여 기도할 때 또 한번의 성령충만을 경험했다(4:31). 그렇다면 이것은 2장 41절에서 세례 받은 사람들에게 성령이 처음 임재하고 난 이후 성령의 일부가 부족한 성도들에게 더 추가되었다는 것을 의미하는가? 물론 이것을 의미하는 것은 아닐 것이다. 오히려 성령은 사도행전에서 규범화된 엄격한 공식에 매여 있는 것이 아니라는 점과 인간은 성령을 조정할 수 없다는 것을 지적해야 할 것이다.[35]

이와 더불어 우리가 주목해야 할 또 하나는 사마리아에 성령이 늦게 임재(臨在)한 것보다 더 이상한 것은 7인의 보조 사역자 가운데 대표자인 빌립이 자기의 사마리아 회심자들에게 성령을 전달해주는 데 있어서 아무런 관여를 하지 않는다는 점이다. 사도들이 중심부에 등장하자 빌립이 시야(視野)에서 사라진 것은 성령의 능력을 받은 증인으로서 빌립의 능력에 대한 의구심을 갖게 한다. 그러나 특별한 누가의 양식은 더 긍정적인 말로 그 상황을 설명하는데 도움을 줄 수 있다. 세례 요한과 예수의 사역들은 특히

물세례와 성령 세례와 관련하여 선구자(요한) — 완성자(예수) 패턴에서 서로 연관성을 갖는다.[36]

이 패턴은 예수 사역의 위대함을 강조한다. 그러나 이것이 요한의 예비적인 사역을 모독하거나 '주 앞에 큰 자'(μένας ἐνώπιον τοῦ κυρίου)라는 자격을 갖춘 성령 충만한 예언자로서의 그의 평판을 약화시키는 것은 아니다(눅 1:15~16, 76~80). 전반적으로 누가의 요한과 예수는 이스라엘에 하나님의 나라를 세우는 데 있어서 경쟁적인 라이벌이기보다는 협력자이며 동역자다. 우리는 사도행전 8장에서 사마리아 선교는 물로 세례를 준 선구자 빌립과 세례 요한의 '위대한' 사역에 흠집을 내지 않는 방식으로 성령을 제공한 완성자인 베드로/ 요한 사이의 유사한 협력의 결과를 반영하고 있다고 보인다.

사도들이 안수하는 것은 빌립의 식탁 봉사에 대해 그들이 이전에 보증했던 것을 상기시킴으로 빌립과 그의 회심자들이 정치적인 동반자로 하나되는 것을 나타내는 것일 수 있다(6:6). 이와 동시에 빌립과 베드로/ 요한의 관계는 사마리아 교회와 예루살렘 모교회 사이의 신학적이고 정치적인 일탈(逸脫) 관계가 아니라 적극적으로 협력할 수 있는 새로운 시대의 새로운 패턴임을 드러내고 있다. 사도행전에서 이처럼 화끈하게 정치적으로 해석될 수 있는 내러티브가 있을지 의심스럽다. 이는 분명 정치적인 해석을 위한 하나의 사례로 꼽힐 수 있을 것이다. 여기서 다시 한번 지적할 사항은 성령이 이 일을 가능케 했다는 점이다. 성령이 내리지 않았다면 사마리아에서의 모든 사건은 이루어질 수 없는 일이기 때문이다. 그래서 우리가 성령이 갖는 여러 기능 가운데 특히 정치적인 의미를 탐구해 보는 이유가 여기 있는 것이다.

복음의 큰 우산 밑에 있는 로마 제국(행 16:6~10) —

초기 기독교의 공동체들이 로마 제국의 정치적인 파워와 어떤 관계를 맺고 있는지 살피는 것은 신약성서의 여러 문서들이 기록되고 그 문서들을 읽었던 그리스도인들의 역사적 배경과 상황을 깊이 있게 이해하는 데 요긴한 과정임에 분명하다. 그러나 전통적으로 거룩한 문서로 인식되는 성서를 세속적인 범주나 판단 기준으로 평가하는 것을 꺼림칙한 것으로 간주하는 한국 교회의 관습적인 통념으로 인해서 정치적인 해석은 가능한 것으로 수용될 수 없었던 게 사실이다.[37] 그러나 우리는 복음의 세계가 담고 있는 보다 광범위한 의미를 탐구하는 것을 목적으로 삼기에 이런 전통보다는 새로운 해석을 시도하여, 결과적으로 복음이 제시하는 본래적 구원의 의미를 강조하고자 하는 것이다. 이러한 관점은 최근의 신약 연구에서도 보다 설득력을 얻어 가고 있는 중이다.[38]

우리가 예상하는 것처럼, 성령은 환상이나 하나님의 손길을 통해서 사도행전의 선교 여정을 지속적으로 주관한다. 이 경우에서 성령이 저지(沮止)하는 기능은 아주 돋보인다. 바울 일행의 계획이 두 번이나 제지(制止)당하는 모습은 너무나 특징적이다. 처음에는 아시아에서 복음을 전하려는 시도를 막고, 그리고 나서 비두니아로 가려는 시도도 허락하지 않는다(16:6~7). 어느 누구도 선교에 대한 하나님의 목적을 방해할 수 없는 반면(11:17), 하나님은 자신의 계획에 어긋나는 어떤 시도도 좌절시킬 수 있음이 명백해진다. 6절에 쓰인 동사로서, 사람과 관련해서 방해하는 것을 뜻하는 '콜뤼오'(κωλύω)가 그렇게 저지하는 것을 의미해준다. 바울의 비두니아를 중심으로 하는 아시아로의 전도 여행을 성령이 왜 저지했는지 그 계획이 좌절된 실제적인 이유에 대해서는 여기서 아무 언급도 없다. 우리는 이것을 내러티브의 숨겨진 전략이라고 불러야 할 것이다.

그러나 여기서 선명하게 드러나는 것은 바울이 이렇게 갑작스런 선교 계획의 변화에도 아랑곳하지 않고, 그 모든 것들을 무덤덤하게 받아들인다는 점이다. 다메섹 도상에서의 신비한 체험을 경험한 바울이 아닌가? 동시에 그런 체험을 한 바울이지만, '하나님/ 성령/ 예수의 영' 으로부터 다시 지시를 받아야만 하는 처지가 되었다는 것을 암시할 수도 있다. 즉 이방인의 전도자 바울의 예상치 못한 선교 여정을 성령이 주관한다. 성령이 금지한 지역을 지나서, 바울과 그의 일행은 에게해의 항구인 드로아에 도착한다(8절). 여기서 밤을 지내면서, 바울은 신비적인 체험을 하게 된다.

다음 목적지에 대해서 불명확했던 바울은 마게도냐 사람 하나가 부르는 분명한 비전을 통해서 그의 주저함을 결정적으로 극복하게 된다 : "마게도냐로 건너와서 우리를 도우라"(Διαβὰς εἰς Μακεδονίαν βοήθησον, 9절). 복음을 받아들이려는 마게도냐 사람의 외침은 바로 복음을 수용해야만 진정한 의미를 찾을 수 있는 인간의 원초적인 한계 상황을 반증해주는 것으로도 해석될 수 있고, 또한 복음을 증거하는 것이 하나님의 뜻과 목적일지라도 그것은 한 개인의 의지와 결정으로 이루어지는 것이 아니라, 도리어 복음은 그것을 절실하게 필요로 하는 사람들에게 전파되어야 한다는 필연성을 암시해 준다. 사실, 구원하는 복음의 능력이 필요치 않은 사람이 어디 있겠는가? 그런 의미에서 복음 증거의 향방(向方)은 어디를 향해서건 개방되어 있어야 한다.

또한 이 환상은 복음을 증거하는 여정이 단순히 편안한 과정이 아닐 수 있음을 암시하는 것으로도 해석할 수 있다. 왜냐하면 교회는 제국주의처럼 괴력(怪力)을 소유한 조직이 아니기 때문이다. 복음은 그것이 요청되는 곳이라면 어디든지, 비록 그 여정이 편안한 과정이 아닐지라도 담대함으로 전파해야 할 그리스도인의 공동체의 정체성을 이루는 중심이다. 그럼에도 불구하고 그리스도인의 공동체가 그 길로 나아가는 것은, 담대하게 복음을 증거하는 그 여정을 하나님이 주관하고(10절), 복음을 선포하는 여정이 힘들고 고달프지만, 그 과정에는 언제나 '하나님의 손' (χείρ τοῦ Θεοῦ)이 가까이 다가와 있다는 것을 느끼는 과정이기 때문이다.[39] 복음을 전하는 전도자들은 그들의 사역을 옹호하는 사람들을 찾아 나서야 하고, 비단 사람들이 영접하지 않는다 하더라도, 전도자의 발에 묻은 티끌을 떨어낼 만큼의 용기를 가져야 한다(cf. 13:51).

누가는 결국 마게도냐로 향한 바울 일행이 도달한 곳이 로마의 식민지인 빌립보라고 명시한다(12절). 우리가 여기서 조심스럽게 살펴볼 수 있는 점은, 마게도냐와 같은 로마의 식민지들에 대한 언급은 제국의 여러 지역들이 복음으로 편입/ 통합되고 제어될 대상이라는 것을 의미할 수 있다는 것이다. 이런 관점에서 마게도냐의 한 남자가 전도자 바울을 부르는 것은 범상치 않아 보인다. 그 지역은 로마의 힘이 지배하는 곳일지라도 하나님의 복음이 절실히 요청되는 곳으로 그려진다. 제국의 현실은 복음을 필요로 하는 복음 전파의 대상이 되는 위치에 서 있는 연약한 존재로 보이기 때문이다. 이 사건 역시 누가 문서의 반 로마적 읽기의 한 표본이 될 수 있다.[40] 즉 이 내러티브는 연약한 기독교의 이미지 형성에 기여한 콘첼만(Conzelmann)과 그의 입장을 옹호하는 '정치적 호교론' 의 시각을 넘어서 하나님의 복음이 갖는 진정한 승리를 예감하게 만드는 것이다.[41]

결과적으로 이 내러티브는 성령을 통한 복음 증거가 로마 제국도 제어할 수 있다는 강력한 정치적 우위성을 지적하는 것으로 읽을 수 있다는 것을 시사한다. 이것은 황제보다는 성령의 인도를 따라서 이동하는 기독교의 모습을 일목요연하게 묘사해준다. 제국의 기득권에 대한 저항은 구약성서와 중간기 문학을 거쳐서 신약성서의 여러 문서들에서 여실히 드러나고 있다. 이집트의 전제 군주를 필두로 해서 바빌론, 페르시아(바사), 헬라, 로마로 이어지는 제국주의(imperialism)의 위험과 초강대국의 무력은 성서의 묵시 사상에 의해서 왜소해진다.[42] 이런 성서의 교훈이 사도행전 읽기에 가능성 있는 하나의 대안으로 제시될 수 있다면, 이 본문은 그것을 더욱 명쾌하게 제시한다고 볼 수 있다. 이 제안을 타당성있는 것으로 만들 수 있는 것이 바로 본문에 등장하는 성령의 역할인 셈이다. 그러므로 필자는 성령의 정치적 기능을 분석하므로, 로마 제국의 위대성을 약화시킬 수 있다는 것을 여기서 다시 한번 확인해 보고자 한 것이다.

헬라파와 바울(유대교)의 화해(행 21:1~14) —

성령이 각 도시(πόλις)에서 결박과 환난을 경험하게 될 것이라고 말한 것(20:23)을 예상하면서 바울은 밀레도를 떠나게 된다. 그러나 그런 심한 박해는 예루살렘에 도착하기 이전에 바울이 머물며 전도한 도시인 두로와 가이사랴에서는 발생하지 않는다. 그럼에도 지역의 성도들과 헤어지는 장면(21:3~6; 13~14)과 아가보의 예언(21:10~12)을 통해서 독자들은 긴장과 불안이 여전히 숨어있다는 사실을 인식하게 된다.

이 장면은 바울의 선교 여행에서 다른 패턴을 제시하는데, 두로와 가이사랴에 있는 교회는 그가 설립하지 않은 교회들이다. 이 두 곳은 예루살렘에 박해가 발생했을 때, 흩어진 헬레니스트들이 세운 곳인데, 우리는 이 점을 두 곳에서 확인할 수 있다 : 11장 19절에는 스데반의 박해와 순교로 흩어진 사람들이 베니게와 구브로와 안디옥까지 복음을 전했다는 기록이 있는데, 여기에 언급된 베니게는 바로 두로를 포함하며, 8장 40절에는 빌립이 가이사랴까지 이르렀다고 기록한다.

여기서 우리가 특이하게 포착할 수 있는 것은 바울과 빌립이 조우하는 장면이다. 사실 바울은 빌립의 동료인 스데반의 죽음에 대하여 당연하게 생각하는 대표적 인물이었다(8:1). 거기서 바울과 빌립의 관계는 도무지 만날 수 없는 평행선 위에 서 있는 철저한 원수가 아니었는가? 그러던 관계가 빌립의 집에 바울이 들어가서 머물었다는 사실(21:8)로 미뤄 볼 때, 비로소 정리될 것이 깨끗이 정리되었다는 인상을 주기에 충분하다. 이것이 진정한 환대의 관계가 아닌가?[43] 여기서 바울에 대한 아가보의 예언은 바울의 과거 이력에 대한 반전의 분위기를 제공한다(11절). 실제로 아가보는 예루살렘에서 안디옥에 파송되어 흉년을 예언한 사람인데, 그의 선언은 안디옥 교회로 하여금 예루살렘 모교회를 도울 수 있는 기회를 갖도록 도와준 계기가 되었다(11:28~9).

안디옥 교회가 예루살렘 모교회를 협력하는 것이 무엇을 의미하는가?

이 일로 인해서 모교회인 예루살렘 교회에 대한 안디옥 교회의 관계가 명실 상부하게 독립적인 형국이 되었고, 두 교회는 지속적으로 균등한 관계를 갖게 되었다.[44] 이런 의미있는 상황 전개가 가능하게 된 것은 아가보의 흉년에 대한 예언과 깊이 관련되어 있음이 분명히 드러난다.

또한 21장에서의 아가보의 재출현은 바울의 운명에 대한 의미있는 예언과 관련되는데, 여기서도 그의 역할은 복음의 전달 과정에서 피할 수 없는 과정을 지적해주는 동시에 사도행전 1장 8절을 궁극적으로 실현시키는 바울의 로마행에 대한 지시로서 결코 가볍게 보아 넘길 것이 아니다. 그러므로 아가보는 이 내러티브에서 예루살렘 교회의 대표자로 등장해서 그 나름의 무게 있는 기능을 수행하고 있다고 평가해도 무방할 것이다.

스데반의 순교 이후 예루살렘에 몰아닥친 박해 기간에 바울은 그리스도인들을 붙잡아 결박했는 데, 이제는 상황이 뒤바뀌어 그가 예루살렘에서 결박당하게 될 것이다. 이런 예언을 한 아가보의 행동은 성령의 인도를 받은 결과였다. 그 결과 지역 교회의 성도들이 바울의 예루살렘 방문을 막게 된다. 바울은 여기서 대단한 파레시아의 인물로 등장하고 있고, 순교자로서 만반의 준비가 되어 있음을 예고한다(21:13).[45]

그렇다면 예루살렘에서 바울이 당하게 될 아가보의 예언과 지역의 성도들이 성령의 감동에 따른 조언 가운데 어느 것이 진정으로 성령이 원하는 것인가? 하나님의 뜻은 바울을 예루살렘으로 보내는 것인가 아니면 그 반대인가? 바울이 예루살렘을 거쳐 로마까지 가야한다는 19장 21절의 의향 표명과 성령에 매여서 예루살렘으로 가고 있음을 시사하는 20장 22절 등에서 확인되듯이, 바울의 예루살렘으로의 여행은 바울 자신의 의지가 아니고 하나님의 의도와 일치하고 있다. 그러므로 가이사랴의 성도들이 바울에게 예루살렘 방문을 재고(再考)하라는 설득 작업은 하나님의 뜻에 어긋나는 것이 확실해 보인다. 그러나 성령의 뜻 즉 하나님의 의지를 분별하는 것은 실제로 어려운 과제임이 틀림없다. 특히 고난과 박해의 상황을 예고되는 장면에서는 더욱 그렇지 않겠는가?

나가는 말 : 성령에 대한 정치적 해석의 가능성 재고

지금까지 우리는 사도행전의 대표적인 몇 개의 본문을 통해서 성령에 대한 정치적 해석의 가능성을 탐색했다. 이 과정을 통해서 우리는 아직까지 확인해보지 못한 성령의 역할과 기능에 대한 정치적 입장을 새롭게 정리할 수 있었다. 아주 흡족하다고 보긴 어렵더라도, 본 연구의 개괄적인 성과는 이런 입장에서 찾아볼 수 있을 것이다. 정리하는 차원에서 우리의 해석에 대한 가능성을 다시 한번 특정 본문을 통해서 요약해보자.

위에서 확인했듯이, 사도행전의 내러티브에서 성령에 대한 정치적 해석의 모색을 위해서 특히 주목할 본문은 사도행전 8장이다. 여기서 우리는 빌립의 사마리아 전도와 관련된 모종의 정치적 결단이 예루살렘 교회에서 있었다는 암시를 찾아볼 수 있다. 빌립은 헬레니스트의 대표자로 사마리아에서 활동하는 중이고, 바로 그곳을 방문한 사도들은 팔레스틴의 예루살렘 교회(히브리파)를 대표하는 베드로와 요한이다. 우리는 여기서 명확하게 확인할 수는 없다 하더라도, 그들 사이에는 정치적인 홍정(?)이 있었음을 감지할 수 있다. 그것이 과연 무엇인가? 호교론적 해석에서 그 이유를 찾을 것인가? 아니면 복음의 보편성을 드러내기 위한 것인가? 이 둘을 조화시키는 과정은 다음 연구의 몫으로 삼아야 할 것 같다.

빌립의 사마리아 출발부터가 어떤 정치적 실체를 담고 있다고 볼 수 있고, 나아가 그곳에서의 대대적 성공 역시 심상치 않은 조짐을 알려줄 것만 같다. 이런 상황을 무시하고 빌립의 사마리아 사역에 대하여 읽어왔다는 것이 어찌 보면 초보적 읽기가 아니었나 반성해본다. 특히 8장 4절은 예루살렘 교회의 지도자들이 여기 저기 흩어져서 복음의 말씀을 전했다고 한다. 이것은 초기 기독교 공동체의 (정치적) 현실적 한계를 지적하고도 남는다. 그런데 갑자기 5절에서 그런 한계 상황에 처한 빌립의 전도가 사마리아라는 그야말로 미지(?)의 땅에서 그야말로 팍팍 먹히고 있다는 것은 도대체 어떻게 해석할 것인가?

이것은 예루살렘 교회와 사마리아 교회의 일치와 연대는 말할 것도 없이, 이스라엘의 선조부터 유전되는 온갖 구원(舊怨)에 대한 해갈(解渴)로 해석되는 것이 정당하다. 이것은 나아가 누가복음서 4장에서 예수의 공사역 취임 시기에 선포된 가난한 자와 포로된 자, 눈먼 자 그리고 눌린 자를 자유케 한다는 복음의 혁신적 메시지가 확언되는 순간이라고 볼 수 있다. 이처럼 두 지역의 화해와 연대는 더 큰 하나님의 뜻을 이루기 위한 획기적이고 선언적인 몸짓이며 교회가 이방 지역을 품어야만 하는 필연적인 선포식의 기능을 수행하는 것처럼 보인다.

이와 같이 사도행전에서 성령의 기능을 정치적인 역할로 규정할 수 있을 것인가에 대해서 본 연구는 초점을 맞추었다. 이런 해석은 아직 일반적으로 수용된 해석이 아니다. 그렇다고 해서 전혀 가능하지 않은 해석도 아닐 것으로 본다. 그러므로 본 연구가 차지하는 비중은 현재 신약 연구가 천편일률적인 측면에 머물러 있다는 자리에서 찾아봐야 할 것이다. 신약 읽기는 그야말로 대단한 흥미와 더불어 확장된 미래를 우리에게 손짓하지만 우리의 현실에서는 그렇지 않은 것 같다.

성서의 의미 세계는 확장되어야 하지만, 여전히 하나님의 말씀이라는 교리적으로 한정된 범주에서만 읽으려는 경향이 농후하다. 물론 정경의 권위에 대해서 손상을 입히는 것은 문제가 되겠지만, 우리의 신약 읽기는 보다 과감할 필요가 있어야 하지 않을까 생각된다. 단적으로 신약의 세계는 광범위한 세계였다. 그러므로 해석자가 협소한 해석학에만 매혹되거나, 교조적인 강압적 해석학만을 고집할 때 그 광범위한 성서의 내러티브 세계를 어찌 다 파악하면서 읽어낼 수 있을 것인가? 이러한 문제에 적극적으로 답변하려는 노력이 바로 성서 해석의 바른 과제일 것이다.

2부

사도행전의 해석은 무엇을 지향하는가?

5장

사도행전의 내러티브 선교(Narrative Mission) 해석

5장

사도행전의 내러티브 선교(Narrative Mission) 해석

들어가는 말

선교는 신약성서에서 가장 눈에 띄는 중차대한 사상이다. 기독교의 역사는 선교의 역사라고해도 과언은 아니다. 그래서 선교에 대한 관심은 여전히 막중하다. 짧은 선교 역사를 가지고 있는 우리의 현실에서 대단한 성장과 부흥을 이룬 것은 세계 선교의 역사에서 찾아볼 수 없는 일이라고 찬사가 대단하다.

그러나 오늘의 현실을 살펴보면 과연 복음의 위력이 이렇게 미진할 수 있는지 그리고 기독교의 사상이 사회의 면면에 어떻게 퍼져나가야 하는지 다시 한번 질문을 던지게 된다. 이런 차제에 본 대학교 선교문제연구소의 심포지엄에서 선교를 주제로 연구할 수 있게 자리를 마련해준 것은 본 연구자에게는 대단히 감사할 일이다.

우리는 본 연구를 통해서 사도행전의 내러티브를 통해서 드러난 선교의 내용과 복음 메시지의 분산을 살펴보려고 한다. 기독론의 최근 연구 경향이 내러티브 기독론(Narrative Christology)이라는 거대 담론으로 분석되고 평가되는 것에서도 알 수 있듯이,[1] 최근 신문학 비평의 통전적인 읽기 경향은 텍스트가 담아내는 강조와 내러티브의 중량에 관심을 갖는다.[2] 즉 사도행전도 전체 내러티브의 전개에서 드러나는 선교의 모티브를 중심으로 읽어갈 수 있다. 그러므로 이 연구는 사도행전의 내러티브 세계가 드러내는 선교 모티브를 중점적으로 파악하는데 있다. 이것은 사도행전의 기록 목적과도 맞닿아 있기에 더 의미가 있다.

사도행전에서 내러티브 선교란 무엇인가?

내러티브 선교에 대한 정의를 내리기 위해서는 먼저 내러티브에 대해서 알아보는 것이 옳을 것이다. 내러티브(narrative)라는 용어는 문학이론에서 널리 사용되면서, 성서 연구에서 많은 영향을 제공하고 있다.[3] 이와 함께 설교 유형 및 이야기 윤리나 이야기 상담에 이르기까지 여러 학문 분야에서 활용되고 있다.[4] 이러한 추세는 학문 분야에서 더욱 더 그 성가(成家)를 높여갈 것으로 예상된다.

내러티브에 대해서는 정의가 다양하지만, 필자는 채트먼(S. Chatman)이 이야기(내용)와 담론(표현)의 결합으로 정의하는 것을 선호한다.[5] 왜냐하면 성서의 내러티브 역시 다수의 이야기를 다양한 표현으로 묘사하기 때문이다. 우리가 읽고 있는 성서의 특정 본문에 대한 이러한 관심과 읽기는 표층적이기보다는 심층적인 읽기를 자극한다. 내러티브에 대한 인식은 본문에 기록된 단순한 이야기의 나열이 아니라 그 이야기를 가능한 대로 더 실제적이고 사실적으로 묘사하려고 힘쓰는 저자/ 작가의 노력을 탐색하려는 의지가 함의되어 있다. 즉 어떤 사실(이야기)을 담아내기 위해서 저자는 자신의 최대한의 문학적인 노력을 아끼지 않을 뿐 아니라 그것을 통해서 그 이야기(사실)를 실제적인 맥락으로 만들어간다.

이러한 이해에 근거할 때, 위에서 언급된 바와 같이, 신약성서의 기독론 논의에서 내러티브 기독론이라는 명칭이 이해가 되고도 남는다. 예수가 누구였으며 하나님의 계획안에서 그의 역할이 무엇이었는지, 예수에 대한 모든 이해를 추구하는데 내러티브에 대한 바른 해석만큼 더 분명히 파악할 수 있는 방법이 또 있을까 반문하지 않을 수 없다. 학자들은 복음서의 이야기에서, 예수를 지칭하는 특별한 호칭들이 중요한 것처럼 복음서의 기독론적 윤곽을 분명히 하기 위해서는 전체적이고 복잡한 내러티브(예수의 행동, 연설, 나레이터의 묘사 그리고 다른 사람들의 묘사 등)로부터 예수의 모습을 평가해야 한다는 점을 점점 더 인정하는 추세로 전환하고 있다.

본 연구자가 내러티브 선교에 대한 논지를 제안하는 것도 이러한 이해에 근거한다. 내러티브 선교(Narrative Mission)는 우선 사도행전의 저자가 의도한 기록 목적에 다가서겠다는 의도를 갖는다. 물론 저자의 의도가 무엇인지를 알아내는 것은 무망한 일이 아닐 수 없다.[6] 신약성서 개론학에서도 이 문제는 여전히 논의를 위한 과제일 뿐이다. 그만큼 이미 죽은 저자의 본래 의지와 기록 당시의 상황을 판정한다는 것은 어렵고도 위험한 과제(dangerous task)이다. 학자들이 제시한 사도행전의 기록 목적은 대개 아래와 같이 요약된다. 1. 재판에서 바울의 변호,[7] 2. 누가는 교회를 위한 합법종교(religio licita)의 신분의 이점들을 얻으려고 하거나 정치적 변증을 하려고 한다.[8] 3. 누가는 바울에 대한 유대 그리스도인들의 오해를 해소하려고 한다.[9] 4. 영지주의와 가현설에 대한 변호,[10] 5. 복음의 확증,[11] 6. 복음 전도,[12] 7. 사도행전은 3세대 그리스도인들을 위하여 구원사(Heilsgeschichte)를 제공한다.[13]

여기서 우리는 다양한 이론들을 접하게 되는데, 과연 누가는 어떤 의도를 가지고 사도행전을 기록했을 것인가 궁금하다. 앞에서도 언급되었듯이, 본 연구는 사도행전의 선교에 대한 관심을 갖는다. 이것은 본 연구자가 사도행전을 그렇게 읽어가겠다는 말이기도 하지만, 본질적으로 사도행전의 텍스트가 선교에 대한 열정을 포함하고 있다는 것에 대한 인정이기도 하다.

이와 함께 누가는 그의 복음서 서문에서 '말씀의 목격자 되고 일군 된 자들'(눅 1:2)의 증언에 굳게 서 있음을 언급한다. 이것은 누가가 자신이 쓰고 있는 누가 문서의 기록 목적을 복음의 증거로 삼고 있음을 반증해준다. 그러므로 선교를 주제로 사도행전의 전체 내러티브 세계를 읽어가는 것은 전혀 문제가 되지 않을 것이다.

내러티브 선교에서 1장 8절의 위치

초기 기독교 공동체는 예수의 교훈과 그의 명령에 따라 행동하는 공동체이다. 예수는 선교의 역군으로 행동했다. 물론 이것이 어떤 의미를 함의하는지에 대해서는 더 많은 논의가 있을 수 있겠지만, 예수는 하나님의 나라를 선포하며, 하나님의 구원의지를 세계에 드러낸 선교의 주제이며 선교의 주체라 할 수 있다. 이러한 특징은 사도행전을 누가복음서와 코텍스트(co-text)로 읽어갈 때 더욱 더 선명해질 것이다.[14]

선교하는 예수의 모습은 누가복음서가 강조하는 입장이다. 그는 하나님의 나라를 선포하는 자로서 하나님의 목적에 자신을 헌신한다. 이러한 모습은 모세와 견줄 수 있는 것으로 누가복음서에서 드러나는 예수는 '모세와 같은 예언자' 임에 분명하다.[15] 이러한 모습에 대한 확증은 베드로의 설교에서 더 확실해진다(행 3:22).

모세가 하나님의 뜻을 이스라엘 백성들에게 선포하면서 갖은 고난을 경험했듯이, 예수도 많은 사람들에게 거절당하는 아픔을 겪는다. 그럼에도 불구하고 그는 하나님의 계획대로 순종의 삶을 살아간다. 이러한 예수의 순종은 초기 기독교 공동체의 삶 가운데서 그대로 재현된다. 부활한 예수의 명령이 있긴 하나, 이 공동체는 예수의 모범을 닮아서 그대로 실천해 가는 공동체로 자리를 잡고 있다. 부활한 예수는 그를 따르던 12 사도와 그 밖의 제자들에게 예루살렘으로부터 시작된 선교가 세계의 끝까지 이르러야 함을 명령한다(행 1:8).

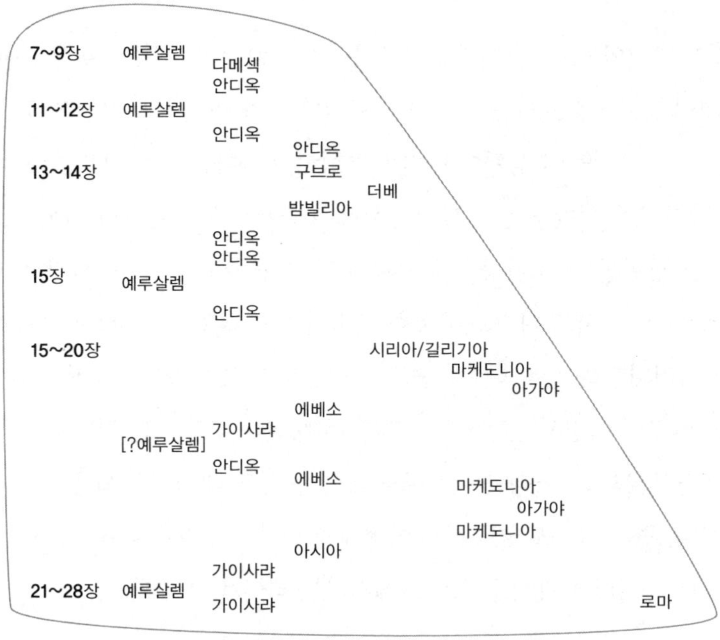

이러한 선교 명령은 성령의 임재를 경험하고 난 이후의 교회가 어떤 여정을 통해서 그 책임을 이루어갈 것인지에 대해서 분명하게 언급하고 있다. 위에서 확연하게 구분된 지리의 요약처럼, 누가복음서에서 두드러지는 예루살렘이라는 지역적 중심성을 인정하면서 나아가 유대와 사마리아 그리고 땅 끝으로 향하라는 지시는 사도행전의 내러티브에서 그대로 실행되고 있어서, 1장 8절이야말로 누가가 구조화한 신학적 프로그램으로 이해해야 할 것이다. 누가는 부활한 예수의 명령을 하나의 내러티브로 구성하면서, 선교의 이야기를 포함한 내러티브로 전개하고 있다.

내러티브 선교의 신학적 특성

사도행전의 내러티브 선교는 무엇을 지향하는가? 이 물음은 사도행전의 내러티브가 강조하는지 선교의 의미와 연관된다. 사도행전은 우선 선교를 위한 증인들이 성령의 임재를 경험해야 한다는 점을 강조한다. 이것은 2장의 오순절 성령 강림 사건을 통해서 구체적으로 확인되는데, 성령의 임재를 경험한 초기 기독교 공동체의 구성원들은 어떠한 난관과 심지어 순교조차도 박차고 나아가 부활한 예수의 선교 명령에 충실히 봉사한다.

아이러니컬하게도 박해와 순교로 인한 어려움이 오히려 1장 8절이 제시한 선교의 여정을 앞당기는 역할을 수행한다.[16] 이것은 하나님의 구원 의지는 세상의 그 어떠한 장애물도 막을 수 없는 대세임을 확증하는 기능을 한다. 초기 기독교 공동체가 이렇게 승리하는 모습은 내러티브의 맥락에서 몇 가지의 신학적 중요성을 제시하는 역할을 맡는다.

우선 사도행전의 내러티브 선교가 궁극적으로 지향하는 것은 유대교와 기독교의 일전(一戰)을 꼽을 수 있다. 유대교의 영향을 듬뿍 받고 자란 초기 기독교 공동체임을 부정할 수 없는 현실에서 그들의 구원사적인 정당성 확보는 긴급하고도 현실적인 요구사항이다. 이러한 대결 양상은 성령의 충만함을 체험한 예루살렘 교회가 베드로와 요한을 중심으로 펼치는 드라마틱한 치유 행동을 통해서 확인된다(3~4장).

약 40년 동안 보행 장애로 고통을 받아 어쩔 수 없이 성전 미문 앞에서 구걸하는 한 장애인을 깔끔하게 치료하여, 그 장애로 인한 부정함과 불결함이 혐의가 되어 일평생 한번도 출입할 수 없었던 성전으로 그가 들어갈 수 있다는 것은 가벼운 이야기가 아니다. 이 점은 내러티브 선교가 이끌고

갈 사도행전의 전체 맥락에서 더 확장될 것이다.

유대교의 성전 미문 앞에 있는 장애인의 모습은 유대교의 현실을 백일하에 드러낸다. 여러 가지 신학적이고 종교적인 핑계를 대면서 그를 성전 안으로 들어가지 못하게 만든 여러 기제들은 예수의 이름을 선포하는 사도들의 사역을 통해서 일거에 제거된다. 이 일은 예수의 선교 명령을 위해서 성령의 임재를 체험한 초기 기독교 공동체의 최초의 행동이라는 점에서 특히 의미가 있다. 장애인의 치유 기적 사건은 유대교 앞에서 기독교의 지속적인 승리를 예감하는 일이 아니고 무엇인가? 유대교의 한계를 넘어서서 한 생명을 회복시킨 것은 결국 사도행전의 내러티브 선교가 지향하는 최우선의 과제가 무엇인지 짐작케 한다.[17]

이와 같은 살림(회복)의 사역은 히브리파와 헬라파의 공존을 위한 상생의 결단에서도 다시 한번 연출된다(6장). 대부분의 학자들은 '헬라파'(οἱ Ἑλληνισταί)를 디아스포라에서 예루살렘으로 이주하여 온 헬라어를 사용하는 유대인들로 이해한다. 반면에 '히브리파'(οἱ Ἑβραιοι)는 이스라엘을 떠나본 적이 없는 아람어를 사용하는 토착 유대인들로 소개된다. 또한 다른 학자들은 히브리파와 헬라파를 그들이 견지하고 있는 신학과 사회적인 관습에 따라서 다양하게 설명하기도 한다.[18]

이러한 정의를 수용할 때, 구브로 출신으로 레위족(4:36)에 속하는 바나바와 오순절(2:5~11, 41)에 믿게 된 '천하 각국으로부터 온' 유대인 이주자들은 헬라파 그리스도인 그룹에 속하게 될 것이다. 그리고 12사도와 예수의 다른 초기 추종자들을 포함하여 유대와 갈릴리(2:7, 14)에서 온 제자들은 히브리파 그리스도인들을 대표할 것이다. 비록 초기 기독교 공동체의 구성원들이 공통된 신앙과 일치된 사명으로 연대했을지라도, 그들의 언어적이고 사회적인 배경은 매우 다양했고 서로에게 무척 이질적인 것들이었다. 따라서 아람어를 사용하는 히브리파와 헬라어를 사용하는 헬라파 사람들 사이에는 의사소통조차 쉽지 않았을 것이다.

이렇게 의견 교환의 방식이 두절되면, 헬라파 과부들의 필요에 대한 비통한 소리처럼 꼭 들려야하고 들어야 할 누군가의 소리가 들리지 않게 된다.[19] 이처럼 헬라파의 과부들이 구제에서 배제된 일로 불거진 초기 기독교 공동체의 불화는 히브리파를 대표하는 사도들의 신속한 해결방안의 모색과 제시로 감쪽같이 해소된다. 이러한 장면은 예수의 사역으로부터 시작된 하나님의 나라 선포에서 드러낸 구원의 모습과 흡사하다. 사도행전에서 내러티브 선교는 구원의 다양한 스펙트럼을 독자들에게 제공해준다.

이와 더불어 내러티브 선교에서 뺄 수 없는 요소는 지역 공동체들의 성령 안에서의 일치이다(8장). 예루살렘과 사마리아는 서로의 정결함을 이유로 불화하고 반목했다. 이러한 역사는 일반적인 인식이다. 이러한 두 지역 공동체의 갈등은 성령 안에서 서로간의 일치로 정리된다. 스데반의 순교로 시작된 예루살렘 교회의 박해 사건은 그곳에서 사도들만 제외하고 다 떠나게 되는 일로 종결되는 듯하지만, 사실은 위기가 곧 복음 증거의 기회임을 반증해준다. 흩어진 그리스도인들 가운데서 헬라파 지도자인 빌립은 사마리아에서 대대적인 성공을 거두고야 만다.

이 때 사도들은 불결함의 상징인 사마리아의 복음 수용에 대해서 반신반의했을 법하다. 그래서 베드로와 요한이 방문하게 되었다. 이곳을 방문한 두 사도는 사마리아의 그리스도인들에게 안수하여 성령을 받게 한다

(8:17). 구원의 실체가 드러나는 이러한 모습이 바로 사도행전의 내러티브 선교가 염두에 두는 양상이다. 성령 안에서 반목과 갈등은 없다. 거꾸로 말해서, 반목과 갈등이 있는 곳에는 성령은 존재하지 않고, 불일치와 싸움이 있는 곳에는 성령의 사람은 없는 것이다.[20]

유대교와 초기 기독교 공동체의 대결을 넘고 넘어서, 히브리파와 헬라파의 화해 그리고 지역 공동체의 일치는 궁극적으로 1장 8절에서의 선교 명령을 실현하고자 하는 과정이라고 볼 수 있다. 즉 이방인 선교의 정당성을 확보하고자 하는 신학적이고 변증적인 해법의 모색이다. 이러한 지평의 확대를 위한 더 적극적인 행동은 유대인과 이방인의 통합을 상징하는 베드로와 고넬료의 만남(10장)에서 구체화된다. 이들의 만남은 이방 선교의 개시를 알리는 신호탄의 역할을 한다. 이 만남에서 먼저 특징적인 요소는 베드로의 유대적 관점과 하나님의 보편적 관심의 충돌이다. 베드로는 예수의 수제자 노릇을 했건만, 여전히 예수의 사상과 교훈에서 멀기만 한 것 같다.

그런데 이러한 베드로의 한계가 고넬료와의 만남을 통해서 붕괴된다. 선교의 과정에서 벌어지는 이러한 일들을 사도행전의 내러티브는 간직하고 있다. 베드로의 신학적 회심이라고 부를 수 있는 이 사건은 사울의 회심과 평행을 이루는 것으로 사도행전의 내러티브 선교에서 중요한 기능을 수행한다. 베드로와 고넬료의 만남은 선교의 현장에서 통합을 이루기 위해서는 해석학적 전제까지도 훌훌 털어내는 과감성이 요구됨을 확인한다.

내러티브 선교의 이러한 다양한 신학적 특성은 바울의 선교여행에서 고스란히 실체를 드러낸다.

사도행전의 13장부터 20장까지는 바울의 선교 여행을 중심으로 내러티브가 구성되는데, 지중해 주변의 소아시아와 유럽의 여러 지역을 넘나드는 선교의 여정에서 벌어지는 다양한 사건들은 1장 8절에서 선언된 선교의 비밀을 자세하게 풀어주는 기능을 수행한다. 바울의 선교 여행에서 가장 먼저 거론될 내용은 1차 선교 여행의 마지막 장면에서 발생한 예루살렘 사도회의(15장)인데, 이 회의의 결과는 드러나면서도 숨겨진 듯 했던 이방 선교의 신학적 정당성을 재확인해주는 역할을 톡톡히 해내고 있다.

내러티브 선교의 신학: 예루살렘 사도회의[21]

부활한 예수의 선교 명령의 실천을 위해서 오순절에 성령을 체험한 교회는 공동체의 충만한 생활과 더불어 험악한 모습(특히 아나니아와 삽비라)을 보여준다. 스데반의 순교와 바울의 회심, 그리고 베드로와 고넬료의 조우로 이어지는 구도는 갈등과 변화를 경험하는 초기 기독교 공동체의 진상을 보여주며 이방인 선교라는 거대한 비전을 암시한다. 특히 바울의 제1차 선교여행을 통해서 많은 기적이 발생하면서 이와 더불어 수많은 회심자들이 생기게 된다.

선교적인 노력으로 이방인들이 중심이 된 초기 기독교 공동체가 서게 되는데(행 13:44~50; 14:19 이하), 이방인들을 향한 이러한 힘찬 전진은 초기 기독교 공동체에 하나의 해석학적 문제, 즉 율법의 해석 문제에 대한 의문을 제기하게 된다. 사도회의는 바로 이 문제를 논의하는 중요한 토론의 장

(場)이다. 사도회의에 대한 바른 이해는 지금까지의 바울의 선교여행에 대한 정확한 진단이면서 앞으로 두 차례 계속될 그의 선교여행을 향한 나침반 역할을 할 것이다. 결과적으로 내러티브 선교를 이해하기 위해서는 사도회의가 함유한 다양한 신학적 의미를 정확히 해석하는 것이 중요하다.

사도회의의 발단과 처리 과정

이방선교의 활발한 전개는 사도회의를 소집하는 근인(近因)을 제공한다. 이방인들이 교회의 일원이 되는 것과 그들이 유대교의 율법을 필수적으로 수용할 것인지에 대한 의문은 이방인들과 유대인들 사이에서 갈등의 요인으로 작용한다(행 15:1; 갈 2:4). 실제로 이방인들로 구성된 초기 기독교 공동체는 율법 문제로부터 상대적으로 자유로웠던 게 사실이다. 그러나 유대 그리스도인들과 이방 그리스도인들이 혼재되는 상황은 자연적으로 신학적인 문제를 제기하게 되었고, 결과적으로 교회의 분열을 조장하는 하나의 원인이 되었다.

기독교의 역사에서 중요한 논의를 하게 되는 사도회의의 시초는 이렇게 시작된다. 15장 1~2절에서 추론할 수 있는 문제의 발단은 유대로부터 온 형제들의 '할례 없는 구원은 없다'는 주장 때문이다. 이것은 기독교에 입교하는 이방인들에게 어느 정도로 율법을 요구할 것인가에 대한 문제와 직결된다. 이 문제를 해결하기 위한 방법으로 안디옥 교회는 바울과 바나바를 예루살렘 교회에 파송한다. 이것은 예루살렘 교회가 안디옥 교회보다 막강한 위치에 있다는 사실을 단적으로 보여준다. 물론 이런 관계를 극복하려는 모습은 모교회인 예루살렘 교회를 돕는 안디옥 교회의 노력에서 이미 암시되기도 했다(11:27~30).

이 회의는 예루살렘에 도착한 안디옥 교회의 대표인 바울과 바나바 그리고 예루살렘 교회의 사도들과 장로들이 서로 협의하기 위해서 모임을 갖는 것으로 시작된다(15:6). 이렇게 개회된 회의에서 베드로가 가장 먼저 발언한다. 15장 7~10절에서 베드로는 고넬료의 회심 사건을 회상하듯이 말한다 : "형제들아 너희도 알거니와 하나님이 이방인들로 내 입에서 복음의 말씀을 들어 믿게 하시려고 오래 전부터 너희 가운데서 나를 택하시고 또 마음을 아시는 하나님이 우리에게와 같이 저희에게도 성령을 주어 증거하시고 믿음으로 저희 마음을 깨끗이 하사 저희나 우리나 분간치 아니하셨느니라."

여기서 돋보이는 발언은 '너희도 알거니와… 이방인들로'와 '오래 전부터'라는 베드로의 표현이다. 이렇게 말할 수 있는 이유는 사도행전을 읽어 온 독자가 알 수 있듯이, 이방인 선교는 하나님의 필연(divine necessity)이라는 사실이다.[22] 즉 사도들에 의해서 행해지는 모든 행동은 하나님의 말씀이 그 모든 것의 원동력임을 증언한다.[23] 베드로와 이방인 고넬료의 만남은 바울의 회심과 맞먹는 베드로의 회심 사건으로 명명될 수 있기 때문이다.[24]

10절에서의 베드로의 직설적인 표현은 이방인 선교에 대한 당위성을 확보하기 위한 당연한 순서로 "우리 조상과 우리도 능히 메지 못하던 멍에를 제자들의 목에 두려느냐"는 것에서 확인된다. 베드로가 이렇게 말한 다음 야고보의 발언이 곧바로 이어지는데(13절), 여기서 예수의 동생인 야고보가 초대 교회에서 출중한 역할을 수행하는 모습(12:17; 21:18~19)으로 나타난다. 베드로의 연설과 동일하게 야고보의 연설 역시 이방인 선교의 정당성을 확인해준다. 17절에서 야고보는 '남은 사람들과 내 이름으로 일컬음을 받는 모든 이방인들'을 언급함으로써 하나님의 백성의 통합적 성격을 강하게 드러낸다. 이런 야고보의 입장은 19절 이하에서 다시 한번 더 분명해진다. 이방인들 가운데서 하나님에게로 돌아오는 자들을 괴롭게 말라는 야고보의 권고는 사도회의의 주된 이슈가 무엇인지를 재차 강조해준다.

사도회의의 결과

사도회의에 대한 결론적인 입장은 15장 22~29절에 잘 정리되어 있다. 유대교의 뿌리를 고수한 예루살렘 중심의 기독교는 이제 더 이상 그 위치를 유지하지 못한다. 이방인 교회의 중심성이 서서히 그 모습을 드러내기 시작했기 때문이다. 물론 20절과 29절에 언급된 것처럼, 몇 개의 단서 조항("우상의 더러운 것과 음행과 목매어 죽인 것과 피를 멀리 하라")으로 인해서 유대교의 입김이 강하게 작용했다고 평가하는 것은 편파적인 이해로 보인다. 왜냐하면 이방인들의 의견이 거의 전적으로 받아들여졌다고 해석될 수 있기 때문이다.

즉 이방인들에게 할례를 부가하지 않는 대신 유대교의 전통적인 의식에 대해서는 더 이상 손대지 않는 선에서 그들의 타협책이 마련된 것으로 보인다.[25] 15장 31절에서 안디옥 교회의 성도들은 사도회의의 이러한 결론을 받아들이면서 기뻐했으며, 16장 4절에서 바울은 소아시아의 여러 도시를 방문하면서 사도회의에서 사도들과 장로들이 작정한 규례를 지키게 했다고 기록하고 있는데, 여기서 다시 한번 사도회의의 결론은 이방인들에게 또 다른 규율을 부과함으로 제어하려는 의도가 아니었음을 천명해준다.

이렇게 유대교와 초기 기독교의 대면을 하나의 갈등과 위기로 설명하는 사도행전의 보고는 관례적인 규범을 완벽한 것으로 이해하는 유대교를 향해서 하나의 신학적 반성을 촉구하고 있다. 각성을 촉구하는 이러한 과정은 사도행전의 내러티브 선교가 진행되면서 계속 이어진다. 특히 바울의 제 1차 선교여행과 이어지는 제 2, 3차 선교여행의 과정 가운데서 반복될 '경계선을 허무는 작업'은 이방인 선교가 하나님의 의지인 것을 구체적으로 표명하는 상징으로 볼 수 있다. 이러한 내러티브 선교의 여정은 사도행전 1장 8절의 지리적인 관점을 따라서 일렬로 진행되고 있는데, 우리는 바울의 선교 여행에서 가장 중요한 단계를 뛰어넘게 하는 그의 로마 시민권의 쓰임새에 대해서 살펴볼 것이다.

내러티브 선교의 핵심 기능

바울의 로마 시민권은 사도행전 내러티브 선교에서 중요한 기능을 수행한다.[26] 사도행전 후반부의 주인공 바울의 로마 시민권은 본문을 해석하기 위한 주요 기능을 수행한다. 바울의 로마 시민권이 그의 재판 내러티브에서 그를 로마로 이동시키는 막중한 수단이지만, 실제로는 사도행전 연구에서 많은 관심을 끌지 못한 게 사실이다.[27]

우리가 사도행전을 해석하는 핵심적인 주제로 바울의 로마 시민권의 가치를 제대로 평가하지 못한다면, 사도행전을 기록한 누가의 본래 목적에 접근하기는 힘들 것이다. 사도행전에서 바울은 복음 증거를 위한 선교

사뿐만 아니라 로마제국의 죄수이다. 재판 과정에서 그의 로마 시민권은 총독을 포함한 로마의 관리들 앞에서 바울의 재판뿐만 아니라 궁극적으로 바울의 로마행을 가능케 만드는 주된 동인(動因)이다.[28]

바울의 로마 시민권에 관한 논의

역사적 바울의 모습은 그의 서신과 사도행전에서 유대인으로 동일하게 보고한다(고후 11:22; 빌 3:5~6; 롬 11:1; cf. 행 13:9; 22:2; 23:6; 26:5). 그러나 바울의 로마 시민권이 그의 서신에서는 한번도 언급되지 않는다. 그러므로 바울의 시민권은 몇 가지로 문제가 제기된다.

첫째, 그의 서신에서 바울은 위기 상황에서조차도 그것의 소유를 언급하지 않는다. 둘째, 그의 로마 시민권은 문학적 이유 때문에 사도행전의 내러티브 전개에서 고안되었다. 셋째, 바울이 로마 시민권을 소유한 시민이라면, 제국에 거주하는 다른 시민들처럼 로마의 사법 제도에서 보호를 받아야 하는데, 어째서 바울은 고후11:25에서 세 번이나 채찍으로 맞았다고 기록하고 있는가? 이 형벌은 로마 시민들에게 법적으로 금지된 것이었다. 그래서 바울이 실제로 로마 시민이었는지 의문을 받게 되는 것이다.

언급된 것처럼, 바울의 로마 시민권은 여러 문제를 제기한다. 헨헨(Haenchen)이 "사도행전의 역사적 신빙성에 대한 질문은 이 책(사도행전)의 주된 관심사가 아니다"[29] 라고 말한 이래로, 사도행전의 역사성에 대한 의문은 신약학계의 동의를 얻었다. 그래서 쉬테게만(Stegemann)은 바울의 로마 시민권을 기독교의 변증을 위한 누가의 문학적인 창작이라고 주장한다.[30] 그는 바울의 로마 시민권에 대해 의문을 강하게 제기하는 동시에 사도행전의 바울은 노동으로 인해서 하층 계급에 속하는 것으로 나타난다고 주장한다.

그렇지만 바울의 천막 짓기는 그의 낮은 신분을 증명하기 위한 결정적인 증거로 사용될 수 없다. 왜냐하면 그것을 그의 랍비 훈련과 교육의 일환으로 평가하는 것이 가능하기 때문이다.[31] 또한 쉬테게만은 바울이 충실한 유대인이라는 사실이 로마 시민권을 소지할 가능성을 더욱 희박하게 만든다고 주장하며, 그의 부친이 시민권을 획득했을 가능성을 가정한다. 그러나 그는 아플바움(Applebaum)의 견해를 인용하면서 바울의 부친이 군에서 복무했을 가능성을 부인한다.[32] 그러나 타지라(Tajra)는 유대인들이 다른 속주의 사람들보다 적지 않게 시민권을 수여 받았을 뿐만 아니라, 유대인이라는 사실이 로마 시민권을 획득하기 위한 자격을 박탈하는 것은 결코 아니었으므로 유대인들과 로마인들의 관계가 적대적이었다고 평가하는 것은 정당하지 않다고 한다.[33]

왜냐하면 유대인들은 정규 군복무에서 대부분 제외되었기 때문이다. 또한 그들은 로마의 신들에게 맹세하지 않고도 로마제국에 충성을 다짐할 수 있었다. 랍스케(Rapske) 역시 종교적인 서약과 로마 시민권이 명백한 불일치 없이도 공존할 수 있었음을 강조한다. 즉 로마 시민권의 소유와 유대교에 소속하는 것은 상호 배타적인 것이 아니었으며, 이것에 대한 신빙성은 비문을 통해서도 확실하게 증명된다.[34]

신학적인 측면에서도 이러한 해명은 타당한데, 바울이 고난 가운데서 그리스도를 따른다는 것은 그가 처한 위험에서 탈출하려는 것보다 훨씬 중요하다고 지적할 수 있다. 왜냐하면 "내 몸에 있는 예수의 표"(갈 6:17)는 하나의 명예로운 전투에서 획득한 훈장과도 같기 때문이다. 켄쉬퍼

(Kenscherper)도 고전 9:19~23을 인용하며 이 입장을 지지해준다.[35] 그래서 타지라는 "법적으로 말하면 바울은 로마 시민이며, 다소의 시민이고 유대인이다. 그러나 사도로서 그의 최고의 정체는 한 사람의 그리스도인이며, 하나님의 나라의 시민이며(빌 3:20), 법정과 그들의 심판을 두려워하지 않는 한 인간(비교, 고전 4:3이하)"이라고 강조한다.[36] 이러한 측면에서 바울과 누가는 동일한 입장에 서 있다고 보는 것이 합당하다.

또한 뤼데만(L demann)은 바울의 다소 시민권의 소지에 대한 결정은 쉬운 작업이 아니라고 말하면서, 다소 시민권 역시 내러티브에서 과소평가되어서는 안 된다고 강조한다(행 21:38~40).[37] 뤼데만은 바울이 세 번 채찍에 맞았다는 사실에 대해서 몸젠(Mommsen)과 쉬인-화이트(Sherwin-White)와 같은 견해를 가지고 "율리아 법(*Lex Julia*)이 실제 로마 시민을 처벌하는데 채찍을 가하지 못하도록 했다. 그러나 때때로 이 법은 위반됐다"고 지적한다. 즉 로마 시민을 구금하거나 매질하는 것이 사형에 처해진다는 키케로의 증언은 그 법에 대한 하나의 분명한 사례가 되지만,[38] 동시에 그는 로마 시민임에도 불구하고 심한 체형을 당한 사람에 대해서도 기록해주므로 이 법의 적용에 심각한 문제가 있었음을 지적한다.[39]

이러한 사례들은 얼마든지 열거할 수 있을 것이다.[40] 또한 뤼데만은 바울의 노동과 로마 시민권 사이에는 아무런 갈등이 없다고 주장하므로 이 문제에 대한 의구심을 일축한다. 시민권이 오직 명망 있는 사람에게만 수여되었던 것도 아니고, 더구나 바울의 노동은 아마 그의 랍비 훈련을 위한 것이기에 그의 신분을 정의하기 위한 결정적 증거로 사용될 수 없다고 본 것이다.[41] 즉 뤼데만의 결론은 바울이 로마 시민권자였으며, 그의 바울이란 이름은 그의 출신이 상류 계층이었음을 나타낸다고 보고 있다. 이 지적은 바울의 황제 상소를 가능케 한 것을 시사하는 것으로 매우 중요하다.

내러티브 선교와 바울의 로마 시민권 —

사도행전의 주제는 1장 8절에서 제시된 것처럼, 땅 끝까지 복음을 전파하는 것이다. 즉 사도행전의 내러티브가 지향하는 것은 복음 전도자들이 땅 끝까지 복음을 전파할 수 있도록 상황을 전개시키는 것이다. 실제로 사도행전의 대부분의 등장인물들은 대개 여행 중에 있다. 집에서 집으로, 도시에서 도시로 여향하며 복음을 선포하는 것이 그들의 역할이다.

여기서 우리의 관심을 끄는 것은 사도행전의 영웅 바울과 그의 행보이다. 바울은 사도행전에서 가장 많은 스포트라이트를 받을 뿐만 아니라, 당시에 땅 끝으로 여겨졌던 로마에 가서 복음을 전하므로 사도행전의 목적을 달성하는 주인공이기도 하다. 그의 로마 시민권은 총독을 포함한 로마의 관리들 앞에서 바울이 재판을 받을 수 있게 만들뿐 아니라 궁극적으로 재판 내러티브에서 바울의 로마행을 전적으로 가능케 만드는 주된 동인이 된다. 이제 사도행전의 내러티브에서 로마 시민권이 언급되는 장면들을 통해서 누가가 드러내고자 하는 선교적 맥락을 살펴보자.

로마 시민, 바울 —

바울의 로마 시민권이 처음 언급되는 장면은 사도행전 16장이다. 아시아에서 복음을 전하기를 바랐던 바울과 실라는 드로아에서 환상을 보고 결국은 유럽 선교에 발을 내딛는데, 첫 번째 도착한 곳이 빌립보이다. 거기서 점치는 귀신들린 여종을 치유하면서 고발되어 감옥에 갇히게 된다. 그러나 한 밤중에 지진이 발생하여 바울의 선교 여정에 하나님이 개입하고 있음이 확인된다. 감옥에 함께 있던 사람들은 옥문이 열리는 경험 뿐 아니라 바울과 실라의 설득력 있는 증언으로 감명을 받는다. 베드로와 그 밖의 사도들이 감옥에서 나와서 성전 뜰에서 생명의 말씀을 전파했지만(5:19~26), 바울과 실라는 우선 감옥 내에 있는 동료 죄수들에게 그리고 나서는 지진으로 인해서 생긴 일을 조사하는 간수에게 구원의 진리를 선포한다.

결국 간수는 바울과 실라를 사랑하는 마음으로 상처를 씻기고, 그들은 이 간수의 '온 집'(행16:30~33)에 복음을 전하고(16:32), 그의 '온 집' 사람들은 지체하지 않고 모두가 세례를 받고 그리스도 안에서 일체된 증거로 음식을 나누면서 교제한다(34절). 27절에서 옥문이 열리자 죄수들이 도망했을 것이라고 추측한 간수는 자신의 칼로 자결하려고 한다. 왜냐하면 간수가 자신의 책임을 제대로 수행하지 못할 때는 사형에 처해지기 때문이다. 실제로 12장에서 베드로를 처형하기로 마음먹었던 헤롯왕은 그가 탈출한 것을 대신해서 간수를 처형해버렸다(12:19). 그러나 16장에서, 바울은 자결하려는 간수를 제지하고, 그를 구원으로 이끈다.

지난밤 간수의 집에서 이루어진 사건을 묘사한 후, 다음 날 아침 그들을 석방하는 장면은 냉소적인 측면이 없지 않다. 왜냐하면 그들은 이미 자유의 몸이 되었기 때문이다. 그리고 바울과 실라가 스스로를 로마 시민이라고 밝혔다는 사실을 들은 치안관들은 두려움에 떨게 된다(16:38). 전통적으로 로마의 시민들은 모든 사법적인 차원에서 보호를 받았기 때문이다. 결국 사태를 수습하기 위해 치안관들이 직접 와서 바울 일행을 호위하면서 그들을 빌립보에서 떠나게 한다(16:38~39).

로마 시민권자라는 바울과 실라의 신분은 '우리 로마 사람들'(16:21)이 받지 못할 풍습을 전한다는 귀신들린 여종의 주인의 고발을 일거에 제거해버린다. 이제 로마의 시민권자라는 신분을 드러낸 바울 일행을 통해 로마의 고위 계층과 시민들에게 복음이 전파되는 장면들이 사도행전 내러티브에서 펼쳐질 것이다.

실제로 바울과 실라가 얻어맞고 감금되었던 날 밤에 큰 지진이 일어난 사건 이후, 치안관들이 석방시켜 줄 때까지 로마 시민임을 밝히지 않았다는 것(16:37)은 좀 어색한 면이 없지 않다. 그러나 명예와 수치라는 도식으로 해석해 볼 때, 바울과 실라는 복음을 위해서 민중(*humilior*)으로 취급되는 수치를 기꺼이 감내한다.[42] 바울(과 실라)은 그(들)의 신앙적 결단 때문에 신분이 추락해서 수치를 당한다. 그들은 수치를 당함에도 불구하고, 기꺼이 예수 그리스도의 복음을 위하여 헌신한다.

여기서 로마 시민권은 복음의 전달 매체로 수치를 명예로 반전시키고 있다. 여기서 바울과 실라의 시민권은 수치를 끝까지 당하고 나서 결정적인 순간에 복음의 수호자로 우뚝 서게 한다. 그들의 명예는 이 세상이 제공하는 명예가 아니라, 하나님만이 허락하는 천상의 명예이다. 바울은 그리스도인의 시민권이 하늘에 있다고 고백했으므로(빌 3:20), 선교의 여정에서 세상의 시민권은 그의 관심에서 제외되었음이 명백하다.[43]

군중들의 반응과 바울과 천부장 루시아와의 대화 —

사도행전 22장의 장면은 예루살렘에 도착한 바울이 체포되어 유대인들 앞에서 연설하는 내용을 담고 있다. 유대 군중들이 이방 선교에 대한 바울의 연설을 들었을 때, 그들은 설득되기는커녕 그가 (유대인들이 아닌) 이방인들에 대한 증거자라고 선언한 그의 연설(21절)로 인해 몹시 흥분하게 된다. 외관상 그의 선교가 드러내놓고 이방인들을 향한 것이라는 선언은 유대인들을 도저히 참을 수 없게 만드는 마지막 한계였다. 이와 같은 극적인 긴장으로 충만한 사건의 결론부에서 일어난 엄청난 소란은 천부장으로 하여금 바울을 또다시 체포하도록 만들었다.

왜냐하면 사람들이 바울의 말을 여기까지 듣고 있다가, "이런 자는 없애 버려라. 살려 두면 안 된다"라고 소리를 질렀다. 그리고 그들은 고함을 치며, 옷을 벗어 던지며, 공중에 먼지를 날리는 등 소동을 일으켰기 때문이다. 그 때에 천부장이 바울을 병영 안으로 끌어들이라고 명령하였다. 그리고 그는 유대인들이 바울에게 이렇게 소리를 지르는 이유를 알아내려고, 바울을 채찍질하면서 심문하라고 명령한다(22~24절).

천부장의 명령이 시행될 때 바울은 자신의 로마 시민권을 폭로한다. 그래서 두 사람의 대화가 시작될 수 있게 되었다. 바울과 천부장 루시아 사이에서 일어나는 대화는 매우 흥미롭다. 이 부분을 더 잘 이해할 수 있는 하나의 키워드는 단연 '로마의 시민권' 이다. 즉 바울과 천부장의 대화의 주제는 바로 바울의 로마 시민권에 관한 것이다.

바울의 로마 시민권을 취급하는 특별한 내러티브의 부분(22:23~29)은 하나의 처벌 장면과 각자의 시민권에 근거한 천부장과 피고 바울의 사적인 대화를 포함한다. 24절에서 천부장은 바울을 병영으로 붙잡아오도록 하고, 그에 대한 소동의 이유를 밝히기 위해서 매로 칠 것을 명령한다. 아마도 이 행동은 복음서에서 빌라도가 유대인 군중들이 지켜보는 앞에서 예수에게 매질을 했던 것과 동일한 효과를 자아냈을 것이다. 즉, 이 행동은 분명 유대 군중을 만족스럽게 만들었을 것이다. 천부장의 대중을 의식한 명령과 그에 순응하는 로마의 군인들의 무자비한 행동은 이후에 바울이 로마 시민임이 드러났을 때 그들이 보여준 두려움과 매우 큰 대조를 이룬다. 이들의 호기어린 행동은 이후에 그들을 매우 수치스럽게 만들 것이다.

로마의 시민권이 갖는 영향력을 알고 있는 독자들이라면, 이런 고문을 당하는 바울이 어째서 자신이 로마의 시민임을 밝히지 않았던 것인지 무척 궁금해 할 것이다. 바울의 로마 시민권은 그를 유대인들의 폭력적인 행동으로부터 로마 정부의 보호를 가능하도록 하는 안전장치이기 때문이다. 그러나 바울은 이 모든 고문을 다 당하고 난 이후에야 자신이 로마의 시민권자임을 밝힌다.

우리는 바울이 그의 로마 시민권을 밝힌 실제적인 이유에 대해 내러티브로부터 직접적인 설명을 받아내지는 못한다. 그러나 내러티브의 전개와 논조를 통해 우리는 바울의 의도를 추측해 볼 수 있는데, 그것은 바울이 로마에서 하나님의 나라를 방해받지 않고 담대히 전파한 행 28:31의 궁극적인 목적을 향하여 이 시민권이 내러티브 전체를 이끌고 나가기 위함이었다는 것이다. 보충하여 바울의 로마 시민권에 관한 정보는 하나의 '반-로마적' 관점의 또 다른 표현을 제공한다.[44] 이 내러티브의 부분은 로마 관원들의 연약함과 부정직함을 드러낸다.[45] 로마인들은 바울이 로마 시민임을 알아 차렸을 때, 그들은 자신들이 저지른 실수로 인해서 두려워했고 그를 때리기를 멈추었다. 그들은 로마 시민인 바울을 불법적으로 다루었던 것만큼, 더 큰 두려움에 사로잡히게 된다.

이 내러티브의 두 번째 부분은 천부장과 바울간의 개인적인 대화를 포함하고 있는데, 천부장은 '당신이 로마 시민인지를 나에게 말해보라' (27

절)고 질문한다. 그의 질문은 그가 바울 같은 로마 시민을 정당하지 않게 대면하기를 원치 않는다는 그의 현재 태도를 반영한다. 그래서 그가 바울이 로마 시민의 신분을 지녔음을 알았을 때, 그것에 대해서 또 다시 기꺼이 묻고 있다. 이 천부장의 두려움은 이 장면에서의 백부장의 두려움과 유사하다. 이같은 바울에 대한 부당한 행동이 바울의 신분에 대한 어떠한 정보도 없이 이루어졌다고 해도, 천부장은 그 점에 대해서 대단히 놀란다. 그러므로 이 로마 관원의 모습은 피고 바울의 담대함과 상당한 대조를 이룬다.

이 내러티브의 반-로마적 정서에 대한 한층 더 심각한 암시는 로마의 천부장의 답변(28절)에서 발견된다 : "많은 돈(πολλοῦ κεφαλαίου)을 들여서 나의 시민권을 획득했다"는 그의 대답은 그의 비천한 신분을 보여준다.[46] 케팔라이온(κεφάλαιον)는 원래 중요한 것 혹은 중요한 요점을 의미하지만, 여기서는 금전적인 자산, 즉 '일정한 양의 돈' 을 의미한다.[47]

그러므로 뇌물로 간주되는 이 돈은 로마의 속주의 관원들로부터 황제에 이르기까지 모두에게 제공되는 것이다. 결과적으로 천부장의 경우는 직무상의 독직(瀆職)의 한 본보기로 생각될 수 있다. 바울이 천부장에게 "그러나 나는 나면서부터 시민이라"고 대답한 사실은 바울의 출생의 자부심을 나타낸다. 이것은 로마인 부모로부터의 출생이 로마 시민권을 획득하는 가장 정확한 방법임을 독자들이 이해하도록 정보를 제공한다.[48]

바울의 베스도 앞에서의 심문과 황제 상소 —

유대인들의 바울의 공격을 차단하고자 로마의 당국자들은 그를 가이사랴로 이송한다(23:23~35). 그 이후 벨릭스 총독 앞에서 심문을 받는다(24장). 그러나 재판은 베스도 총독이 부임할 때까지 2년이라는 긴 시간 동안 연기되는 진통을 겪게 된다(24:27). 시간이 지나고 베스도 앞에서 행해지는 바울의 마지막 재판은 베스도의 예루살렘 방문으로 개시된다. 베스도가 부임한 지 사흘 뒤에, 가이사랴에서 예루살렘으로 올라간다. 그 때 대제사장들과 유대 인의 지도자들은 또 다시 바울을 고소한다. 그들은 베스도에게 제발 바울을 예루살렘으로 불러올리라고 간청하는데, 이는 길에 사람을 매복시켰다가 예루살렘으로 오는 바울을 죽이려는 음모였다(25:1~3).

이 구절은 23장 14~15절처럼 유대인들의 악랄함을 드러낸다. 유대인들이 비밀리에 바울을 죽이기를 원한다는 사실은 그에 대한 유대인들의 성난 감정이 2년 전의 상황과 별반 차이가 없음을 보여준다(24:27). 그러나 베스도는 바울을 예루살렘으로 데려와 달라는 유대인들의 요청을 거부하고, 대신에 바울을 고소하고 싶으면 직접 가이사랴로 와서 고발하라고 말한다. 25장 6절에 의하면, 베스도는 예루살렘에 며칠 머문 뒤 가이사랴로 내려간다. 그리고 그가 가이사랴로 돌아온 바로 다음 날, 그는 재판석에 앉아서 바울을 데려오라고 명령한다.

바울이 재판정에 나타나자, 예루살렘에서 온 유대인들은 그를 둘러싸고 그들이 증명할 수 없는 여러 가지 무거운 죄목을 걸어 그를 고발한다(25:7). 그러나 8절에 의하면 바울은 '종교'(율법/성전)와 '정치적'(황제)인 입장에서 담대하게 그의 죄 없는 행동을 변호한다.

바울이 그의 무죄를 변호하기 때문에 베스도는 그에게 예루살렘에 가서 심문을 받을 것인지에 대해 묻는다(25:9). 나레이터는 베스도의 질문 뒤에 숨겨진 동기 역시 유대인들에게 환심을 사려는 것이라고 말한다. 이 내러티브에서의 '유대인들에 대한 편애 모티브'는 벨릭스가 이전에 그렇게 한 것(24:27)과 같이 베스도의 경우에도 역시 해당된다. 베스도가 바울이 산헤드린이 아니라 베스도 자신에게 재판을 받을 거라고 선언했을 지라도, 바울은 예루살렘에서 더 이상 안전을 찾을 수 없을 것이다. 왜냐하면 그의 구속이 베스도가 유대인들에게 제공한 또 다른 편애의 결과가 되었기 때문이다. 그러나 바울은 황제에게 상소할 뜻을 베스도에게 분명하게 밝힌다(25:10~11).

11절은 죽을 준비가 되었다는 바울의 담대한 선언 가운데 드러난 '순교 모티브'를 포함하고 있다.[49] 바울은 자신의 무죄를 확신하면서, 자신의 무죄를 변호하며 동시에 고귀한 죽음을 선택할 각오가 되어 있음을 강조한다. 이제 바울의 재판 내러티브는 황제에게 상소하는 가장 극적인 장면으로 이어진다. 독자들은 이제부터 죄수 바울의 상대가 총독이 아니라 그의 상관인 로마의 황제라는 사실을 상상할 수 있게 된다.

우리가 아는 바와 같이, 로마 제국의 사회는 피라미드 구조를 형성하는 다양한 계층으로 구성되는데, 최고의 위치에는 황제만이 존재했다. 여기서 우리는 죄수 바울의 명예가 로마 제국을 통치하는 황제의 권한까지 미치게 된다는 점을 알게 된다. 베스도는 유대인들에게 환심을 사고자 바울이 예루살렘에 가서 다시 심문 받도록 제안하지만, 바울은 그 제안을 단번에 거절하고, 그가 가지고 있는 로마 시민권을 활용하여 황제에게 상소한다(25:11). 예루살렘으로 바울을 데려가고자 노력했던 유대인들은 이제 허탈감에 빠지게 되었고, 이제 곧 바울은 로마의 황제를 만나기 위하여 사도행전의 목적지인 로마를 향하게 될 것이다.

이처럼 바울의 로마 시민권은 예수의 복음이 1장 8절의 명령을 따라 땅끝까지 전달되게 하는 역할을 톡톡히 해내고 있다. 내러티브에서 이렇게 멋진 연출을 해내고 있는 바울의 로마 시민권은 아무리 강조해도 그 중요성을 다 드러내기 어려울 정도이다. 사도행전의 내러티브 선교는 결국 바울의 로마 시민권을 통해서 그 실체를 반듯하게 드러낼 것이며 동시에 선교의 목적지인 로마에 당도하게 될 바울은 명실상부하게 1장 8절의 선교명령을 구체적으로 실현시킨 한 사람의 명장(名將)으로 선교를 완성한 모습을 보여줄 것이다.

나가는 말

사도행전은 내러티브 선교 해석을 위한 귀중한 보고이다. 사도행전의 분석을 통해서 우리가 파악한 것은 초기 기독교 공동체의 모든 행동이 선교 여정으로 채워져 있다는 것이다. 이처럼 선교는 사도행전의 주요한 의제가 된다. 이렇게 중요한 선교 의제는 저자에 의해서 내러티브로 구성되면서 더욱 더 흥미 있는 전개를 보여준다. 즉 사도행전이 강조하는 선교는 한마디로 내러티브 선교인 셈이다. 이것은 사도행전의 선교 사상을 파악하려면 어느 단락이나 문단을 주목한 것이 아니라 전체 내러티브를 분석해야 함을 의미한다.

부활한 예수의 선교명령(1:8)은 사도행전의 내러티브 전개를 통해서 멋들어진 모습으로 그 자태를 드러낸다. 예루살렘에서의 성령 강림 사건은 사도들의 복음 선포를 가능하게 했고, 동시에 유대교 당국자들의 반대와 궁극적으로 스데반이라는 헬라파 그리스도인의 순교를 촉발시켰다. 스데반의 순교가 교회의 분산을 초래했지만, 이러한 흩어짐의 결과는 도리어 사마리아의 선교를 가능케 했던 것은 내러티브 선교의 진의가 무엇인지 파악하게 도와주었다.

이방지역으로 뻗어나가는 복음의 역동성은 결국은 신학적인 문제를 야기하게 되고, 그러한 문제는 오히려 신학적인 이슈가 무엇인지 드러내주는 기능을 해준다. 그래서 소집된 예루살렘의 사도회의는 유대인들과 이방인들의 화합과 일치를 위한 구체적인 행동 지침으로 여겨진다. 이러한 정당성을 부여받은 이방인 선교를 더 큰 힘을 받아서 유럽으로 퍼져나가게 되고, 복음이 증언되는 여러 도시에서 많은 난관과 고난이 있었지만 끝내 이겨나가게 된다. 이러한 여정에서는 어김없이 하나님의 도움이 작용하여 고통당하는 선교사들의 장애물을 제거해주는 기능을 해낸다.

사도행전의 선교 여정에서는 누구보다도 바울이 많은 공적을 세운다. 예수의 제자들인 12사도들보다 더 역량을 발휘하면서 반대자들의 조언도 뿌리치고, 결국 예루살렘으로 가게 되는데, 그곳에서 바울은 유대인들의 고발로 체포되고, 다음으로 가이사랴로 가서 총독의 심문을 받고, 바울의 로마 시민권을 활용하여 황제에게 상소하여 로마에 가게 되는데, 이러한 여정으로 결국은 사도행전 1장 8절의 선교 명령이 성취된 셈이다. 이처럼 사도행전에서 내러티브 선교의 내용은 드라마틱한 이야기를 통해서 확연하게 드러나고 있다.

6장

사도행전을 중심으로 한 누가의 종말론 해석

6장

사도행전을 중심으로 한 누가의 종말론 해석

들어가는 말

해석이 없는 역사는 무의미하고, 현실에 적용되지 못하는 신학적 진술은 지극히 비생산적이다. 그래서 신학하는 이들에게는 성서의 본문들을 해석하고, 동시에 생산적인 작업을 위해서 성서의 본문 세계를 분석하는 관심과 열정이 요구된다. 새로운 천년을 눈앞에 둔 한국 교회는 다시 한번 성서의 종말 사상을 새롭게 해석할 시대적 사명을 안고 있다. 왜냐하면 언제나 시대의 변동기를 지나온 한국 교회는 사회와 역사 속에서 긍정적인 기능으로서 '종말' 을 제시하지 못하고, 도리어 사회와 비 신앙인들 심지어 같은 신앙인들의 눈총을 받아온 게 사실이기 때문이다.

얼마 되지 않았지만 우리들의 관심에서 점차 사라져 가는 사건을 지금도 기억할 사람들의 수가 적지 않을 것이다. 소위 휴거 사건으로서, 1992년에 10월 28일에 있었던 이장림 씨를 중심으로 한 사이비 집단 '다미 선교회' 가 정확하지 않은 특정한 날을 확정된 날로 지정하여 예수의 재림이 이루어진다고 떠들썩하게 만들었던 일 말이다. 한국 뿐 아니라 세계를 떠들썩하게 만들었던 그 사건은 다시 생각해도 얼굴이 달아오를 희대(戱臺)의 사건이었다. 이 정도로 한국 교회는 신학적인 작업과 숙고에 너무나 미진했음을 자성하고 새로운 천년을 맞아 성서의 해석학적 문제들을 재고하고 확실한 성서적 진리에 다가가려는 몸부림을 보여줄 때를 맞았다.

그러므로 우리는 성서의 본래적 언어로서 종말을 상세히 분석하여 그러한 오류를 사전에 차단하는 지혜를 모아야 할 것이다. 본고는 이러한 목적을 가지고 누가 문서의 종말론에 관한 학자들의 연구 동향을 살피고, 다음으로 사도행전을 중심으로 누가의 종말론을 분석하려고 한다.

누가 종말론 연구의 흐름[1 2]

누가복음과 더불어서, 사도행전은 "폭풍의 중심"(a storm centre)이라는 찬사를 받았던 시점부터 현재까지 연구자들의 주요한 관심이 되어온 게 사실이다.[3] 누가 문서의 신학적 주제들 가운데서 종말론은 피츠마이어(Fitzmyer)가 지적한 것처럼 오늘날 누가 신학에서 가장 난해하고 논쟁적인 측면을 함축하고 있다.[4] 콘첼만(Conzelmann)의 저작으로 논쟁이 시작된 이후, 누가의 종말론에 대한 토론은 학자들의 논의의 핵으로 부상했다.[5] 그래서 학자들은 콘첼만의 논제를 중심으로 여러 질문을 제기하게 되었다.

1. 누가복음과 사도행전을 실제로 파루시아의 지연의 결과로 파생한 신학적 위기에 대한 하나의 답변으로 이해할 수 있는가?

2. 누가의 종말론을 단순히 실현된 종말론으로 이해할 수 있는가?

3. 누가의 종말 이해는 그의 그리스도 이해와 어떤 관련이 있는가?

위에서 지적된 세 가지의 논제들은 누가 문서를 연구하는 토론의 중심을 차지하게 되었다.[6] 그래서 우리는 사도행전을 중심으로 누가의 종말론을 알아보기 전에 이 주제에 대한 학자들의 연구 동향을 간략히 살펴보려고 한다.

파루시아의 지연 —

종말론의 연구 동향을 살피려면 위에서 언급한 것처럼 재림(혹은 종말)의 지연을 주장하는 콘첼만의 논제를 우선적으로 이해해야 한다. 왜냐하면 그의 주장을 통해서 누가의 종말론 문제가 누가 신학자들의 토론의 중심으로 등장했기 때문이다. 콘첼만에 따르면, 누가는 파루시아가 무기한으로 연기된 것으로 보았다고 한다. 그래서 누가는 당시의 교회가 현실에서 어떻게 살아가야 하는지를 계도(啓導) 하는 것을 최우선의 과제로 삼는다.[7] 당시의 그리스도인들은 예수가 곧 오리라고 믿었던 반면, 누가는 이것이 발생하지 않았고 어느 기간 동안은 발생하지 않을 것임을 깨달았다고 콘첼만은 제안한다.

누가가 이것을 믿었다는 증거는 주로 마가복음을 그가 편집하는 것에서 주로 드러나는데,[8] 예를 들어, 마가의 예수는, "예수가 갈릴리에 와서 하나님의 복음을 전파했다. 때가 찼다 하나님의 나라가 가까이 왔다" 라고 말한 반면, 눅 4:14는 "예수가 성령의 능력이 충만하여 갈릴리로 돌아왔다"라고 만 기록했을 뿐 임박성은 생략했다.[9] 동시에, 마가복음에서 예수가 "하나님의 나라가 권능으로 임했음을 보기" 전에는 그의 제자들이 죽지 않을 것이라고 약속하는 반면에, 누가복음의 예수는 그들이 "그 나라를 보기" 전에는 죽지 않을 것이라고만 말한다(눅 9:27).

그 반면, 누가는, 그들의 주인이 돌아오는 것이 연기된다면 그 종들은 어떻게 행동해야 하는지에 관한 명백한 충고로(눅 12:35~48), 그들의 주인이 돌아오는 것을 준비해야만 하는 종들에 대한 마가의 비유에 그것을 첨가한다(막 13:33~37). 결과적으로 콘첼만은 예수가 시간의 끝보다는 "시간의 중간"(middle of time)에 왔다고 이해하는 지연된 종말론이 누가의 구원사 개념의 근거가 되었다고 주장한다.

파루시아의 임박 —

파루시아의 지연 주제를 강조하는 학자들이 있는 반면, 종말의 임박함을 주장하는 견해 또한 여러 학자들에 의해서 제기된다. 1979년에 출판된 그의 책 서문에서 누가 신학의 핵심인 종말론을 제대로 다루지 못한 것을 비판하며 누가 문서의 전체를 분석한 마틸(Mattill, Jr.)은 종말의 임박성을 주장한다.[10] 그는 사도행전에는 누가복음서 보다 종말에 대한 임박한 기대가 비밀로 남아있다고 보며, 누가 문서의 통일성을 주장하려면 응당 일치된 종말론을 제시해야 한다고 본다.[11]

누가 문서의 여러 곳을 설명하면서 특히 사도행전에서는 특히 17:31, 24:15, 24:25를 선택해서 여기서 쓰인 멜로(μέλλω)를 주목하여 임박한 종말을 설명한다. 즉 바울은 17:31에서 이 세상이 당할 심판의 임박함을 말하고, 24:15는 곧 다가올 부활 그리고 24:25는 멀지 않은 심판을 강조하는 것으로 제안한다.[12]

하이어스(Hiers) 역시 누가 문서의 임박한 종말론을 주장한다.[13] 누가는 이미 발생한 지연을 설명하면서 동시에 임박한 종말에 대한 새로운 희망을 불어넣고 동시에 경고하기 위해서 이 문제를 다룬다. 물론 사도들이 땅끝까지 복음을 증거하며 선교를 수행했던 때까지 종말은 오지 않았지만, 초대 교회가 이방인 선교를 수행하는 동안 언제든지 종말이 올 것을 기대하는 것은 타당하다.[14] 이와 동시에 캐롤(Carroll)은 누가의 공동체가 종말이 가까웠음을 인식하도록 조언을 받은 상징에 주목한다.[15]

그는 초대교회에 이미 부정할 수 없는 다소(多少)의 재림의 지연이 발생했지만, 누가는 그의 독자들이 기민함을 유지하도록 용기를 제공한다고 주장한다. 예수가 다시 오리라는 것은 갑자기 일어날 사건이지만, 청중들은 예수의 교훈(눅 21:25~32)과 베드로의 설교(행 2:17~21)를 통해서 그 사실을 알고 있다.[16] 즉 임박한 종말로 누가의 종말론을 파악하는 시도는 다른 의도가 아닌 누가의 목회적 의도를 집중적으로 부각시키려는 것처럼 보인다.[17] 그것은 파루시아에 대한 소망과 기대를 불어넣으므로 위축된 교회와 그리스도인들을 고무시키려는 현실적인 관심이다.

지연과 임박 그리고 통합의 가능성 —

우리는 위에서 재림의 지연과 임박함이라는 두 요점을 따라 누가의 종말론의 연구 동향을 살펴보았다. 그러나 우리는 종말의 지연과 임박함을 양자 택일적으로 선택할 수는 없다. 그 이유는 종말이 이미 현재화되었다는 의견도 만만치 않기 때문이다.

1) 종말이 실현되었다고 주장하는 플렌더(Flender)는 누가에게 중요한 종말론적인 사건은 파루시아보다 도리어 승천이라고 주장한다.[18] 그는 예

수의 승천이 이미 발생했으므로, 종말론적 구원에 대한 희망은 성취된 것이라고 말한다. 플렌더는 누가가 성령충만과 함께 파루시아가 가져올 혜택을 예수의 승천으로 양도했다고 본다. 마찬가지로, 프랭크린(Franklin)은 누가가 지연을 사소한 것으로 간주하여 파루시아가 발생하지 않음으로 생기는 긴급한 문제들을 쉽게 해결했다고 이해한다.[19]

이스라엘의 희망이 예수의 승천으로 성취되었기 때문에, 최종적인 파루시아가 도래 할 시간에도 차이가 없다는 것이다. 그럼에도 불구하고 프랭크린은 파루시아가 누가의 기대에서 그 위치를 보전하며, 그것의 근접성은 그리스도 안에서 하나님의 활동의 본질과 그리스도인들의 소망의 본질을 이해하도록 주관하는 하나의 영향력있는 것이라고 말한다.[20] 매독스(Maddox) 역시 사도행전은 마지막 때에 대한 기대가 이미 실현된 모습으로 '하나님 나라'를 현재적인 실체로 본다고 말한다.[21] 예를 들어, "우리가 하나님 나라에 들어가려면 많은 환난을 겪어야 할 것이라"는 행 14:22에서 누가는 보다 임박한 것으로서 하나님의 나라에 들어가는 것을 생각했다고 주장하며, 이 문맥은 현실적 실체인 하나님의 나라에 믿음으로 들어가는 것을 의미한다고 말한다.[22]

이러한 종말론 이해는 콘첼만이 제안한 구속사의 3 시대(율법-예수-교회) 구분이 아닌 약속(혹은 예언)과 성취 도식에 따라서 누가 문서를 읽게 한다.[23] 이러한 해석은 역사의 과정에서 교회를 기다리는 자리가 아니라 새 시대의 영광스런 성취의 자리에 있게 만든다. 그러므로 이 "마지막 날들"이 언제까지 계속될 것인가에 대해서 질문하는 것은 이 문제가 이미 해결된 것이기 때문에 부적절한 것이 된다. 즉 콘첼만이 주장하는 바와 같이, 종말이 먼 미래로 밀려나고, 지금 교회에 주어진 성령의 선물은 단지 종말의 대체물이라는 것은 현재의 종말론적 의미를 과소 평가한 결과로 볼 수 있다.

2) 그렇다면 현재적 종말론 이해가 누가의 종말론을 바르게 해석한 것인가? 우리는 이제 미래 종말론을 주장하는 의견들을 간략히 살펴보려고 한다. 먼저 바르취(Bartsch)는 플렌더가 제안하는 현재적 종말론에 반대하여, 이미 종말이 실현되었다고 믿는 초대 교회에 경고할 의도로 누가복음이 기록되었다고 제안한다.[24] 누가는 현재의 구원 체험에 만족하는 일부의 그리스도인들에게 종말을 위한 희망을 환기시키려고 노력한다.[25]

예수의 부활과 승천을 구원의 최종적 완성으로 해석하는 사람들을 향해서 누가는 지금도 다가오고 있는 것을 기대하도록 촉구한다(눅21:36). 우리는 이런 주장을 통해서 종말 사건이 발생할 미지의 시간(時間) 보다 그 사건이 일어날 것이라는 확실성이 훨씬 더 중요하다는 것과, 누가가 역사적이며 여전히 다가올 미래의 한 사건으로서 파루시아를 강조하는 것을 알게 된다. 그러나 문제의 요지는 사도행전에서 미래적 종말론에 상응하는 구절들은 너무 미미하다는 점이다.[26]

위에서 우리는 종말론에 대한 여러 입장을 개괄적으로 살펴보았다. 그러나 여러 학자들은 극단적인 견해를 피하기 위해서 지연과 임박함을 포괄적으로 수용하는 종말론을 제안한다. 두 가지 요소를 가장 설득력 있게 주장하는 윌슨(Wilson)은 사도행전이 임박한 재림에 대한 모든 희망이 사라진 이후에 기록되었다고 보며, 누가복음에서만 그 입장을 견지한다.[27] 그는 누가가 공동체에 직면한 위기, 즉 재림 지연을 극복하는 하나의 처방으로 두 요소를 포괄하는 종말론을 개진한다고 말한다. 첫째, 파루시아를 거부하는 그리스도인들은 희망을 포기하게 됨으로, 누가는 그들을 향해서 임박함을 강조하고, 둘째, 종말이 가까이 오고, 심지어 현재 하는 것으로 믿는 광신적인 묵시주의자들을 향해서는 지연 모티브를 활용하여 그들을 교정했다고 한다.[28] 즉 누가는 지연 기간이 언제까지 지속될지는 몰라도 다가올 종말을 기다리는 신자들에게 경각심을 고취한다. 우리는 교회가 그 기간 동안 감당할 사명을 가지고 있음을 강조하는 목회 지침의 일면을 읽을 수 있다.[29]

동시에 엘리스(Ellis)는 사도행전에서 현재와 미래 종말론의 두 주제를 통합한다.[30] 그는 종말론적 희망이 예수의 부활에서 최초로 성취되었다고 이해하지만 여전히 미래의 파루시아 때 우주적 완성을 기다리는 두 단계 종말론의 틀을 제공한다.[31] 이런 입장을 견지하는 최근의 학자들로는 저벨(Jervell),[32] 그린(Green)[33] 그리고 놀란드(Nolland)[34] 등이 있는데, 이들의 신학적 입장은 한결같이 하나님의 나라는 현재와 미래적 차원 모두를 포함한다는 것이다. 그렇다면 하나님의 교회는 지금 현재적 차원에 머물러 있지만, 또한 그리스도인들을 위해 미래에 다가올 최종적 완성으로서 파루시아를 선포해야 할 기관이 된다고 이해할 수 있다.

요약 —

지금까지 우리는 콘첼만으로부터 현재까지의 누가(문서)의 종말론에 대한 신학적 입장들을 살펴보았다. 여기서 우리는 콘첼만이 종말론의 이해를 포함하여 누가 문서에 대한 경쟁적인 토론에 하나의 촉매 역할로 작용한 공적을 인정할 수 있다. 그럼에도 불구하고 그의 주장은 여러 학자들이 이미 주장한 것처럼 수정이 필요하다. 예수와 교회의 시대는 물론 차이가 있을 수 있다.[35] 그렇지만 양자는 모두 예언적인 희망과 유대교의 기대가 성취된 시대이다. 그러므로 우리는 누가가 종말을 불확실한 미래로 밀어냈다고 이해하기보다는 성령의 활동 같은 종말론적 사건들이 현재화되었음을 주장하는 동시에 종말의 임박함이나 미래에 다가올 파루시아에 대한 확실한 소망을 견지했음을 알 수 있다.

그렇다면 이러한 관점에서 사도행전에서 누가의 종말론을 살피는 것이 본 연구에 도움을 제공할 것이다. 누가의 정체를 역사가, 신학자, 문학가, 이와 더불어 목회자로 이해하는 것처럼,[36] 그는 바른 종말론의 정립을 통해서 그의 공동체를 바르게 지도할 목적을 가지고 있었음이 명백하다. 그러므로 우리는 사도행전에서 표출된 신학적 의도를 중심으로 누가의 종말론을 분석하여 본 연구의 목적에 접근하려고 한다.

사도행전에서 드러나는 누가 종말론의 독특성

신앙 지침을 위한 권고(paraenesis)의 종말론[37] —

본 논문의 서두에서도 언급한 바와 같이, 한국 교회가 우리 사회에서 차지하는 위치와 영향력은 솔직히 의문을 던지게 한다. 그러므로 우리가 수행하는 모든 신학적 진술들은 그 책임을 의식하면서 언급되어야만 한다. 이것은 단지 성서의 본문들이 기록된 고대의 시기에만 국한되지 않고, 오늘의 상황에서도 여전히 그 효력을 갖는다. 즉 우리는 성서의 세계가 본래 진술하고자 했던 바를 분명히 밝혀내고, 동시에 그것이 우리들의 현실에 바르게 적용되어야 한다는 현재적 관심을 인식하게 된다.

이러한 이원적(二元的) 관심은 성서의 원 독자들이 읽었던 본의를 바르게 찾아낼 때만이 현실의 정황에서도 그 의미가 되살아난다는 것을 의미하는 것이다. 그렇다면 사도행전에서 드러나는 누가의 종말론적 진술들은 어떤 현실적(역사적) 관심을 가지고 있었을까?

사도행전은 예수와 함께 종말이 시작되는 것으로 보도한다. 왜냐하면 종말론이 단지 미래의 문제만이 아니며, 1세기 그리스도인들은 예수의 생애와 사역 그리고 죽음과 부활에서 이 세상을 향한 하나님의 계획의 완성을 보기 때문이다.[38] 이러한 계획의 완성에 대한 강조는 예수가 다윗의 왕위를 받아 이스라엘을 회복할 자(cf. 눅24:21; 행1:6)와 다윗의 자손(행13:23)으로 언급되는 것에서 분명히 드러난다고 하겠다.

그러므로 누가는 그의 복음서에서 활동하는 예수와 행전에서 예수의 부활 이후 설립된 교회를 마지막 날들이 도래했음을 증거하는 표상으로 이해한다. 만일 그것이 사실이 아니라면, 예수는 참 메시아도 아니고 교회가 선포하는 복음 역시 하나님의 말씀이 될 수 없게 된다.[39] 이와 같이 하나님의 약속이 성취되었다는 것은 종말이 교회가 살아가는 현재의 세상에 이미 도래했음을 의미한다. 그러므로 교회가 활동하는 시간인 현재에 대한 신학적인 특징을 파악하는 것이 사도행전에 드러나는 누가의 종말론을 연구하는데 필수적인 요소가 된다.

연구 동향에서 살펴본 것처럼, 종말론은 누가―행전의 신학적인 토론에서 중요한 주제들 가운데 하나가 된다. 누가는 그의 복음서에서 종말론의 문제를 여러 곳에서 다루고 있다(6:20~26; 12:1~13:9; 17:20~18:8; 19:11~27;

21:5~38). 마찬가지로, 사도행전에서 누가는 그의 복음서에서 그가 강조한 것을 다시 고려할 수 있었을 것이다. 그러나 사도행전에서 특이한 것은 하나님의 나라가 임할 시간보다 그 나라에 속할 대상에 더 많은 관심을 표명한다는 것이다.[40] 우리는 사도행전에서 종말론에 관한 진술들을 거의 찾아 볼 수 없고, 단지 몇 개의 연설들에서만 간단한 언급들을 발견한다.[41]

우리가 본문 독서를 통해서 익히 알고 있는 장면에서(행1:11) 발견할 수 있듯이, 누가는 파루시아를 무시하지 않고, 예수가 승천한 것과 동일한 방식으로 다시 올 것이라는 사실을 확언한다.[42] 누가는 예수가 기대한 것만큼 빨리 오지는 않는다는 점을 인정한다. 그러나 우리는 행 3:19~21에서 사용되는 '유쾌하게 되는 날들'(καιροὶ ἀναψύξεως), 그리고 '만물의 회복'(ἀποκαταστάσεως πάντων)이라는 언급에서 종말론에 대한 유대교의 전승들을 발견하게 된다. 여기서 우리는 70인역 출 8:11(15절)에서 아나쉽시스(αναΨυξις)가 단 1회 쓰이는 것을 지적할 수 있는데, 이것은 회개한 백성들이 하나님의 구원을 통해서 얻게 되는 휴식과 회복을 의미한다.[43] 그래서 브루스는 이것을 초기 종말론의 혼합으로 이해한다.[44]

이와 동일한 의미는 제4 에스라서 11:46에서 이스라엘의 구원을 위한 메시아의 마지막 시간을 나타내는 장면에서도 사용된다.[45] 동시에 이것은 21절의 회복과 동의어가 되고, 유대교의 메시아의 도래를 대망하는 사상을 반영한다.[46] 그리고 '만물의 회복'에서 회복을 지칭하는 아포카타스타시스(αποκατάστασις)가 그레꼬-로마 시대의 많은 비문들이나 파피루스에서 복원(restitution) 또는 갱신(renewal)을 의미하지만, 여기서는 설립(establishment) 혹은 성취(fulfillment)가 타당한 것으로 보인다.[47] 그러나 유쾌하게 되고 만물이 회복하는 때가 휴식을 위한 잠정적인 기간인지 아니면 마지막 날 그 자체를 의미하는지가 불분명함으로, 우리는 사도행전의 종말론의 독특성에 대해서 아래의 질문을 제기할 수 있다:

1. 종말의 완성은 다가와 있는가 아니면 멀리 떨어져 있는가?
2. 교회가 활동하는 시간인 현재는 종말론적 특징을 소유하고 있는가 혹은 그렇지 않은가?

이러한 문제 제기는 아래의 토론에서 보다 분명해 질 것이다. 행2장의 오순절의 성령강림 사건에서 성령이 제자들에게 임한 사실은 새 시대의 여명을 알리는 종말론적 의미를 갖는다.[48] 그 이유는, 2:17이 밝히듯이, 마지막 날(들)에 하나님이 자기 영을 모든 육체에게 부어 주기 때문이다. 우리는 또한 이러한 사실을 '하나님의 큰 일'(τὰ μεγαλεῖα τοῦ θεοῦ)로 지시하는 행 2:11에서 발견한다.

그리고 누가는 행 2:17~21에서 욜 3:1~5를 인용하는데, 요엘서를 길게 인용하는 이유는 크게 둘로 나눌 수 있다. 첫째는 요엘의 예언이 차지하는 비중이 크다는 사실을 반증해주며, 둘째는 이스라엘이 성령의 새롭게 하는 것에 대한 기대를 제자들의 체험과 결합해서 새로운 역사의 전환점을 강조하려는 의도라고 이해할 수 있다. 구약성서와 그 이후 시대에서 성령의 갱신은 다가올 시대를 상기하게 만드는 종말론적 기대의 한 부분이 된다.[49]

그러므로 우리는 누가가 현재를 종말론적으로 설명하기 위해서 요엘의 예언을 언급하는 것으로 이해하는 것에 동의할 수 있을 것이다.[50] 즉 누가는 분명히 오순절의 성령 강림 사건을 종말 사건의 일부로 간주하고 있다.[51] 누가의 종말론을 해석함에 있어서 가장 돋보이는 것은 무엇보다도, 행2:17에서, 70인역의 '이 일들 후에'(μετὰ ταῦτα)를 '그 마지막 날들에'(ἐν ταῖς ἐσχάταις ἡμέραις)로 대치하는 부분이다. 이러한 수정을 통해서 누가는 하나님의 약속이 지금 성취된 것으로 이해하는 동시에 종말의 시작으로 파악하고 있다. 즉 누가가 이렇게 수정하는 이유는 기대했던 새 시대가 도래했음을 선언하는 의미를 갖는 것이다.

요엘서의 인용은 이 마지막 날에 무엇이 일어날지를 자세히 설명해 준다.[52] 그 마지막 날들은 파루시아와 함께 끝나는 일련의 사건들이다. 이것은 눅 21:5~28에서 성전의 종말, 공동체가 당할 박해, 예루살렘의 종말 그리고 인자의 도래를 언급하는 예수의 이야기와 일치한다. 여기서 누가는 종말론적 과정에서 역사적 사건들과 주의 날에 끝나는 묵시적 사건을 구분한다. 우리는 눅 17:20~37의 연설에서 동일한 분리를 발견하게 된다 : 종말의 시간은 예수와 함께 하지만, 인자의 날은 종말 때의 마지막이 된다.

그러나 주의 날이 얼마만큼 가까운지 혹은 먼 것인지에 대해서는 아무런 언급이 없다. 그래서 아무도 그것을 알 수 없고 또 그것에 대해서 말할 수도 없다. 파루시아의 지연에 대하여 어떤 언급도 없으므로 누가 시대의 교회는 박해의 시간에 적응해야 하는 것이다. 그들에게 발생하는 여러 가지 박해는 종말론적 증거들이다. 눅 21:31 이하는 가까운 미래를 지적한다 : '너희가 이런 일이 나는 것을 보거든 하나님의 나라가 가까운 줄 알라. 내가 진실로 너희에게 말하노니 이 세대가 지나가기 전에 모든 일이 다 이루리라.'

이것은 예수와 동시대의 세대가 종말론적 현상들과 파루시아를 포함하

는 이런 일들이 발생하기 전에 모두 죽어 사라지지는 않을 것임을 의미할 수 있다.[53]

동일한 입장에서 눅 21:31이하는 눅 9:27에 있는 예수의 말씀들을 지적한다 : '여기 서 있는 사람 중에 죽기 전에 하나님의 나라를 볼 자들도 있느니라'. 이것은 하나님의 나라가 예수의 말씀을 들었던 많은 사람들의 삶 속에서 현재적 사건임을 지시한다. 하나님의 나라는 여기서 분명히 인자가 오는 것과 일치한다(눅 9:26). 하나님의 나라는 예수 이후 항상 실재하지만, 그의 도래의 날은 미래에 놓여 있다.[54] 놀란드(Nolland)는 그의 논문에서 첫째 논제를 이렇게 개진한다 : "복음서에서처럼 사도행전에서도 누가는 그 자신의 세대에 파루시아에 대한 기대를 지속한다."[55]

그의 둘째 논제 역시 복음서와 사도행전에서 하나님의 나라는 미래적 차원과 현재적 차원 모두를 포함한다는 것이다.[56] 물론 '하나님의 나라'라는 용어의 빈도가 복음서보다는 행전에서 훨씬 못 미치지만, 7회는 확정적으로 쓰이고, 나머지 5회는 복음서의 언어를 반영한다고 주장함으로 누가 문서가 제시하는 현재와 미래 두 차원의 종말론적 이해를 제안한다.[57]

그렇다면 누가의 이러한 의도는 어떻게 해명될 수 있을 것인가? 1부의 연구 동향에서도 살폈듯이, 우리는 누가의 종말론 해석에는 다양한 견해와 입장이 혼재되어 있음을 발견할 수 있었다. 누가는 예수의 파루시아를 통한 종말론적 진술이 갖는 현재와 미래의 긴장을 통해서 그의 독자들에게 '목회 지침'을 제공하는 것으로 보인다. 물론 누가 문서의 원 독자들이 경험한 역사적 사건과 그 배경에 대한 여러 입장들이 있지만,[58] 70년을 전후해서 로마에 대항한 유대 전쟁과 로마의 예루살렘 성전 파괴의 현실 속에서 신앙의 위기에 처한 독자들을 향해서 누가는 목회자의 정열과 관심을 가지고 종말의 현재화로서 예수의 도래를 역설한 것으로 이해된다.

우리는 위기에 처한 독자들인 누가의 공동체에게 큰 용기를 제공할 수 있었던 하나의 사례를 에슬러와 공유할 수 있다. 에슬러가 초기 기독교에서 이방인 선교에 대한 심각한 갈등을 설명하면서 식탁 교제에 초점을 맞추고 있듯이, 누가의 그룹에는 유대교의 정결법을 준수하는 그리스도인이 된 유대인들과 비-유대인들이 함께 하는 식탁 교제로 갈등이 표출될 수밖에 없었을 것이다.[59]

물론 누가의 청중들에 대한 일치된 의견은 헬레니즘적이고 비-유대적 그리스도인들로 규정했었지만, 최근의 경향은 그들 가운데 유대인들이 합류했다는 의견에 다수의 학자들이 동의하는 것에서도 그 타당성이 점차 힘을 얻어가고 있다.[60] 이러한 갈등이 노골화되는 현실의 문제에 대한 답변을 누가는 종말론적인 진술로 제시하고 있다. 이와 동시에 누가는 승천한 예수가 다시 올 시간을 먼 미래의 것으로 제시하지 않고 근접한 것으로 말함으로 진정한 신앙의 모습을 드러낼 것과 신앙 생활의 긴장을 제공함으로 독자인 그리스도인들을 지도하며 현재의 삶에 지침을 제공하는 '권고(paraenesis)의 종말론'을 개진하는 것으로 이해할 수 있다.

종말의 현재적 이해와 유대인의 구원의 우위성 문제: 누가 종말론의 중심점—

지금까지 논의한 내용을 근거해보면, 누가의 공동체는 외부와 내부에서 생기는 현실적인 갈등 상황에 답변해야 할 준비가 필요했을 것으로 보인다. 그러므로 현재와 미래의 긴장을 유지하며 독자들을 가르치는 입장에 서 있는 저자이지만, 사도행전에서 누가는 미래에 관심의 무게를 두기

보다는 '현재'에 보다 많은 관심을 갖고 있음이 돋보인다.[61] 이와 더불어 사도행전에서 하나님의 나라에 관한 문제는 그것이 임할 '시간' 보다는 거기에 참여할 대상인 '사람' 에게 더 관심을 모은다는 것이다.[62] 물론 사도행전에서도 미래의 종말을 암시하는 부분이 있긴 하지만, 시간보다는 대상에 더 무게를 둔다는 것은 사도행전에서 종말의 미래적 차원이 급격하게 감소하는 이유를 충분히 설명해준다고 하겠다.[63] 이러한 현재와 대상에 대해서는 계속되는 논의에서 분명해 질 것이다.

욜 3:1~5를 인용하는 행 2:17~21에서 '성령의 부음'은 이스라엘과 관계있다(2:14, 17, 22, 24, 29f., 39). 70인역의 욜 3~4장에서, '성령의 부음'은 이스라엘을 회복하기 위한 하나의 선물과 밀접하게 연관된다.[64] 또한 쿰란 문서에 보면, '성령의 부음'은 종말보다 앞선 시대에 발생하는 사건이다.[65] 물론 오순절에 유대-그리스도인들(Jewish Christians)이 그것을 동일하게 보았을 것이 분명하고, 그 약속이 이방인들을 포함하여 만민(萬民)들에게 임할 것으로 이해했을 것이지만, 누가가 사도행전에서 이스라엘의 회복을 먼저 지칭한 것만은 사실이다. 부활 이후 40일 동안 예수는 제자들에게 하나님의 나라에 대해서 언급한다(행 1:3~5). 동시에 제자들은 그 나라가 이스라엘에 속한 것이라는 사실을 인정한다. '주여, 이스라엘에(τω Ισρaηλ) 그 나라를 회복하심이 이 때입니까?'(1:6).

여기서 이스라엘은 분명히 하나의 민족(주의)적인 용어로 쓰인 것이 분명하다.[66] 사도들은 항상 그 나라와 관계 있다. 눅 22:28~30에서 예수는 아버지가 그에게 준 나라를 사도들에게 위임한다. 그 나라는 이스라엘에게 우선 약속된 나라이다. 이것은 눅 24:13~27에서 더 분명해진다. 예수 이야기를 세밀하게 묘사하는 누가의 내러티브에서 제자들은 예수의 고난 후에 이스라엘의 해방자로서 그에 대한 신뢰를 철저히 상실했다(24:21). 그러나 예수는 그가 영광에 들어가기 전에 메시아의 고난에 대한 예언자들의 증거를 제시하며 그들의 의심을 제압한다(24:25~27). 결과적으로 부활한 예수는 다시 다윗의 왕위에 임명된다(행2:30).

행 2:30은 다윗을 예언자로[67] 지칭하는 시 16편에서 다윗이 노래한 부분을 25~28절까지 인용하며 하나님의 약속의 신실성에 대하여 강한 어조로 표현하고 있다. 이처럼 메시아적인 언급들은 쿰란 문서에서도 명백히 드러나는 것으로 여기서 그 평행을 찾을 수 있다.[68] 바렛은 "시편에서 다윗이 자신을 지칭하지 않은 것이기 때문에 그는 다른 사람을 언급하는 것이어야 하지만, 하나님이 약속한 사람이 그에게서 나와서 그의 왕위를 차지해야 한다고 말해야만 하는가" 라고 질문한다.[69] 이 문제 제기에 대해서 바렛은 본문에서 언어적 문제가 지적될 수 있지만, 논지는 분명하다고 보며, 다윗은 예언자로서 미래에 어떤 일이 일어날 것을 알았다고 주장한다.[70]

그렇다면 이제 우리의 주된 문제는 예수가 그 나라를 이스라엘에게 회복할 것인지에 관한 것이 아니라 '때'에 관한 것이다. 사도들의 질문(1:6)에 대해서, 예수는 그 나라가 이스라엘을 향한 것임을 부인하지 않는다. 그들은 아버지와 성령의 약속을 받고(1:5, 8), 증인들이 될 것이다(1:8). 이것은 그 자체로 이스라엘의 회복으로 확장되는 종말론적 과정이다.

지적한 것처럼, '성령의 부음'은 이스라엘이 회복되는 과정에서 중요한 부분을 차지한다. 그 회복은 현재 성취되는 약속들의 중요한 부분이기도 하다. 이스라엘의 구속은 예수와 세례 요한의 출생 예고와 출생을 묘사하는 내러티브들(눅1:32ff., 54, 68ff.; 2:11, 38)에서 언급되며, 그것은 사도행전에서 성취된다. 즉 부활을 통해서 예수는 다윗의 위에 오른다(행 2:30~36). 이러한 구도를 가지고 있는 누가의 내러티브는 하나님의 백성들에게 주어진 거룩한 약속들의 성취임을 분명히 드러낸다. 그 성취는 예수의 생애로부터 시작해서 교회의 선포에 지속적으로 영향을 미치며 이스라엘의 회복과 관계 있다.[71]

바울은 '하나님이 예수를 일으켜 우리 자녀들에게 이 약속을 이루게 했다'라고 말한다(행 13:32f.). 이것은 비시디아 안디옥의 회당에서 이스라엘 사람들과 하나님을 경외하는 사람들에게 행한 바울의 설교에서 선언되는 것으로 철저히 이스라엘과 관계가 있다. 또한 바울은 이스라엘의 역사를 일목요연하게 요약하고 있다(행 13:16~41). 여기서 예수는 역사의 한 부분으로서 이스라엘의 구원자로 등장하게 된다(13:17~25). 하나님은 '이스라엘 백성의 하나님'이고, 그 '조상들'은 이스라엘 사람들이다(13:17). 누가는 이스라엘의 역사를 통해서 이루어지는 성취를 말하지만, 이스라엘의 회복은 마지막 날(들)에 일어날 것이다.[72]

행 1:6 이하는 그 나라가 회복될 시간에 대해서 언급하지 않지만, '성령의 부음'은 며칠 후에 발생한다. 성령의 선물은 선포를 위한 전제이기 때문에, 교회의 선포는 종말론적 과정의 일부가 된다. 종말이 얼마나 가까운지 또는 멀리 있는지에 대한 누가의 언급은 없지만, 우리는 그것의 완성을 언급할 수 있다(행 1:4, 8). 그러나 누가가 임박한 재림을 지적하는 표현들을 담고 있는 것은 파루시아를 무한대로 연기된 것으로 보지 않음을 암시하는 것이 확실해 보인다(눅 3:7, 9; 9:27; 10:9, 11; 18:7~8; 21:32, 36).[73]

누가는 종말이 이미 성취되었다고 말할 수 있다. 예수의 선포, 그의 부활과 승천, 그리고 성령의 내림이 제시하는 것처럼 종말의 날들은 그에게 역사의 한 부분이 된다. 어떤 약속들은 곧 성취될 것이다. 그것은 완성으로서의 파루시아이다. 누가는 예수가 다시 올 것에 대해서 4회 언급한다(행 1:11; 3:19~20; 10:42; 17:31). 그러나 그것이 연기되었기 때문에, 누가는 여기서 확정된 시간을 언급하지는 않는다. 그럼에도 불구하고 파루시아의 완성은 멀리 있지 않다. 누가가 작품을 쓸 때, 복음은 대부분의 유대인들에게 심지어 흩어진 유대인들에게도 전파되어, 파루시아는 멀리 있는 것이 아니었다. 그것은 여전히 임박한 것이다.

행 3:11~26에서 연설을 듣는 청중들은 예루살렘에 있는 모든 백성들인 이스라엘 사람들이다(행 3:9, 11). 신체 장애자를 고치는 장면(3:6~10)은 회복의 시간이 가까웠음을 보여주는 하나의 상징이다. 하나님의 백성들이 이스라엘을 위한 메시아를 죽였기 때문에, 그 백성의 회개는 절대적으로 필요하다. 즉 이스라엘이 그들의 죄를 청산하는 것이 무엇보다도 중요하다는 것이다. 그후 유쾌하게 되는 날이 주님으로부터 임할 것이다(3:19).

이것은 이스라엘을 위해 하나님이 임명한 예수 곧 메시아가 다시 옴으로 드러날 결과가 된다. 예수는 지금 천상에 있다. 천상의 시간은 '모든 것의 회복'을 의미한다(3:21). 본질상 묵시적 언어인,[74] '유쾌하게 되는 날'(3:20)은 '만유의 회복'을 의미한다(3:21). 회복을 의미하는 아포카타스타시스(ἀποκατάστασις)가 신약성서 가운데 오직 이 곳에서만 발견되지만, 누가는 행 1:6에서 이스라엘 나라의 회복을 위해서 '원래 상태로 회복하다'라는 의미의 아포카디스타노(ἀποκαθίστανω)를 사용한다. 우리는 여기서 동일한 세 가지의 의미를 발견한다.[75]

첫째, 청중들은 예루살렘에 모였던 이스라엘 백성들이다. 그들은 예언자들의 자손들이며 이스라엘과 맺은 하나님의 계약 가운데 있다(3:25).

둘째, 행동하는 하나님은 이스라엘의 하나님이다(3:13ff.).

셋째, 모세와 모든 예언자들은 마지막 때의 날들과 무엇이 일어날 것인가에 대해서 예언했다(3:21~26).

또한 행1:10~11에서 '왜 하늘을 쳐다보고 서 있느냐?' 라는 천사들의 말은 분명한 종말론적 분위기를 드러내며 파루시아의 이미지를 제공한다. 교회가 선포할 말씀이 계속 확장될 것을 알고 있는 누가는 마지막이 멀지 않다고 말한다(행6:7; 12:24). 그러나 파루시아의 확정된 시간은 언급되지 않는다. 교회가 부활을 선포할 때 종말은 시작되었고, 완성에 근접하고 있음을 암시한다. 그러므로 누가는 사도행전에서 이러한 긴장을 통해서 그리스도인들에게 경각심을 주고 있는 것이다. 동시에 그는 사도행전의 전체 주제인 "우리 중에 이루어진 사실"(눅 1:1)로서 예수의 부활 이후 설립된 교회의 존재 이유에 대해서 말한다.

교회는 선교를 통해서 먼저 유대인들과 그 다음으로 이방인들의 구원을 위해 존재한다. 교회는 유대인들에게 하나님의 구원을 수용하도록 촉구한다. 여기서 유대인의 궁극적인 구원의 문제는 별개이다. 왜냐하면 유대인 문제는 이미 지적했듯이 쉽게 해결할 수 있는 논제가 아니기 때문이다. 다만 유대인들이 예수를 구원자로 받아들이지 않을 때 그들에게 결코 구원은 없다는 것은 명백하다(행14:2).[76]

그러나 누가의 관심에서 유대인들이 언제나 우위를 점하는 것만은 확실해 보인다. 즉 이스라엘은 누가의 관심에서 놓칠 수 없는 아킬레스건이나 다름없다. 누가는 시종 일관 유대인과 이스라엘에 대한 끈을 놓지 않는다. 이것만 봐도 유대교에 대한 누가의 애착을 볼 수 있는데, 당시의 교회는 유대인들에 대한 선교를 지속적으로 수행했어야 하는 증언 공동체였고, 누가는 이 점을 결코 놓을 수 없었다는 것이다. 그렇다면 우리는 누가가 진정으로 목적하는 바가 독자들의 현재적 삶과 그 안에서 파생되는 갈등의 상황에서 종말론의 논지를 주도적으로 견지하여 누가의 공동체를 향한 훈도(訓導)를 제공한 것으로 이해할 수 있을 것이다.

나가는 말

누가는 그리스도인들의 공동체 외부를 향한 복음 선포와 더불어 공동체 내부의 갈등을 해소하도록 촉구하려고 '권고의 종말론'을 전개한다. 누가가 종말론을 다룰 때, 토론의 중심은 우선 어떤 일이 발생할지 전망하거나 이것에 대한 교훈을 제공하는 것이 아니라, 하나님의 나라에 참여할 특권에 대한 것임이 드러났다. 여기서 분명하게 밝혀지는 것은 누가가 유대인들에게 우선권을 준다는 것이다.

예수의 파루시아와 그것이 가져올 완성된 하나님 나라에 대한 비전은 우선적으로 이스라엘과 관련된다. 그러므로 우리는 이스라엘의 우위를 인정할 수밖에 없다. 그러므로 공동체의 갈등(유대인들과 비-유대인들 사이의)은 이것으로 해소될 기반이 마련된 것이다.

그러나 유대인들의 문제는 결코 용이한 문제가 아니다. 여기서 한 가지 의문이 제기된다. 하나님의 계획과 구원에 대한 의지가 유대인들을 지향하는데, 왜 그들은 그리스도를 수용하지 않느냐는 것이다. 그래서 누가의 종말론 문제는 자연적으로 '유대교'(Judaism)에 대한 문제로 이동하게 된다. 그러나 여기서 우리는 이 문제를 다음 연구의 중요한 주제로 남겨 놓기로 하고, 사도행전을 중심으로 살핀 누가의 종말론의 특징을 세 가지로 요약하므로 본 논문을 끝맺으려고 한다.

1. 누가의 종말론 주제는 우선적으로 그것을 읽는 독자들의 믿음을 확증하는 기능을 수행한다. 사도행전은 종말론과 관련된 여러 요소, 즉 하나님의 나라, 예수의 승천과 그의 파루시아를 결합하여 전체 내러티브를 구성한다. 사도행전의 내러티브는 예수의 다시 오심과 초대 교회의 선교가 가져올 종말론의 내용들을 가지고 초대 교회의 선교와 현실적 위기 속에서 신앙을 견지하는 모습을 설명해준다.
2. 이 주제는 독자들이 복음의 증인들로서 그들의 사명을 수행하도록 용기를 제공한다. 그러므로 사도행전에서 드러나는 누가의 종말론은 '권고의 종말론'이라고 명명할 수 있다. 예수의 출현은 곧 하나님의 나라의 실현을 의미하고, 그것의 완성으로 다시 올 그의 파루시아는 이제 근접하고 있다. 바로 이 긴장이 독자들로 하여금 누가 공동체가 현재 당면한 문제를 해결하는데 매진할 것을 촉구하는 동인이 되었을 것이다.
3. 이 주제는 독자들이 그들의 믿음을 당시의 상황에서 직면하게 될 여러 반대에도 불구하고 담대하게 변호하게 만든다. 이것은 예수와 초대교회가 직면했던 대적자들의 반대를 분명하게 제시해준다. 유대 전쟁과 복음 전도에 대한 유대인들의 반대에 접한 초대 교회는 확고한 신앙의 지조를 가지고 유대인을 향하여 복음을 전했고, 바로 거기서 종말의 현재를 감지할 수 있었다. 하나님의 구원 계획은 인간이 잠정적으로

조절할 수 있는 것이 아니라 이스라엘과 맺은 계약의 결과로 성취된다. 이렇게 누가는 '권고의 종말론'을 전개하여 역사(현실)와 신앙의 화해를 기대하고 있었다.

7장

종교 갈등시대의 선교와 해석학

사도행전의 반 유대교 문제를 중심으로

7장
종교 갈등시대의 삶과 해석학
사도행전의 반 셈족주의와 반 유대교 문제를 중심으로

요약

사도행전은 신약성서 가운데서 유대인들과 관련된 내용을 가장 많이 담고 있다. 이처럼 유대인/ 유대교 문제는 사도행전 해석에서 결코 배제될 수 없다. 학자들은 유대교 문제가 단순하게 묘사되지 않으므로 누가의 유대교에 대한 입장이 반 유대적인지 친 유대적인지 아니면 둘을 통합한 입장인지 끊임없이 논의하고 있다.

이런 현실만을 고려해도, 사도행전에서의 기독교와 유대교의 갈등 구조는 엄연히 존재하는 것으로 평가된다. 그러나 여기서 해결할 논쟁점은 너무나 많다. 우리는 유대인들의 정체성에 대한 문제를 시작으로 반 유대교/ 반 셈족주의에 대한 정의 그리고 내러티브의 흐름이 제안하는 논조를 토론할 것이다.

그렇다면 사도행전에서 누가로 대변되는 초기 교회의 유대교에 대한 입장은 무엇이었을까? 학자들이 제시하는 모든 제안들은 우리의 구미에 딱 맞는 것은 아니다.

특히 한국 교회의 현실에서 평가할 때 신약성서학의 입장에서의 발언은 대단히 신중해야 할 필요가 있다. 작금의 현실에서 볼 때, 신약학자의 언급은 한국교회를 흔들어 놓을 수 있다는 측면에서도 그 의미를 결코 무시할 수 없다. 물론 구더기 무서워서 장을 안 담을 순 없지 않겠지만, 그렇다고 해서 세계 신약학계의 최근의 입장을 추종하지 않는다고 해서 꼭 무시할 일도 아니다. 그러므로 본 연구는 홀로코스트(Holocaust)를 경험하면서 기독교의 유대교에 대한 입장이 부정적이며 공격적이었다고 보는 옹호적 태도를 지양하고, 누가의 본래적인 의도가 무엇이었는지 본문의 진행을 따라서 평가할 것이다.

즉 친 유대적인 입장을 고수하는 견해를 충분히 논의하고 나서, 그 주장에 대해서 사도행전의 전개를 따라서 비판할 것이다. 누가는 유대교에 대해서 무조건적으로 비난하거나 거부하지 않았다. 이것은 누가 문서의 전개에서 뚜렷이 드러나는 예루살렘 지향성에서도 확실히 드러나고 있다. 그렇다고 해서 누가 문서에서 유대교의 모습이 그렇게 긍정적인 것이냐 하면 그것도 아니다. 여기에 우리의 논쟁의 묘미가 있으며 동시에 곤란한 측면, 해석학적 문제가 도사리고 있는 것이다.

그러므로 유대교에 대한 초기 교회의 선교적인 측면이 어떻게 해명될 수 있는지 의문점이 생긴다. 유대교에 대해서 부정적인 이미지를 제시하면서 그들에게 교회의 가르침을 설득력 있게 제시할 수 있겠는가 말이다. 초기 교회는 어떤 방식으로 그들의 삶의 중심에 자리잡을 선교(유대인 수용 문제/ 바꿔서 말하면, 기독교의 유대교와의 밀월 관계)를 지속시켰을까?

이런 측면에서 초기 교회의 선교는 오히려 유대교와의 바른 관계 설정 작업이었을 것이다. 여기에 대해서 본 연구자는 선교 전략이 오히려 그들을 부정적인 모습으로 그려내고 있다는 것을 논증할 것이며, 이와 동시에 원 독자의 입장에서도 누가의 문학적인 전개가 반 유대적인 것이었음이 분명하고 명쾌했을 것이라는 사실도 밝혀질 것으로 기대한다.

즉 유대교는 기독교의 입장에서 볼 때 무엇인가 충족되어야 할 그룹이라는 것이다. 그것을 교회의 가르침으로 충당해야만 한다는 것이고, 이렇게 설득하는 작업이 누가의 선교였다는 것이다.

들어가는 말

바울이 아테네의 사람들에게 '범사에 종교성이 많다'(행 17:22)고 말한 것은 고대 그리스에만 해당되지 않는다. 세계의 모든 인간들은 실로 많은 종교를 믿는 가운데서 살아간다. 종교는 인간을 자유롭게 만들고 해방시키는 기능을 자처하고 있어 많은 관심의 대상이 된다. 물론 여기에는 사이비적 요소를 감추고 그럴싸한 사상과 이념을 내세워 혹세무민(惑世誣民)하는 경향을 띠고 있는 종교들도 많은 것이 현실이다.

현대인들의 삶 속에서 가장 뚜렷하게 나타나는 종교의 부정적인 성향은 진리나 가치에 대한 추구보다는 금전이나 권력으로 인한 한탕주의가 아닌가 생각된다. 물질적인 탐닉을 선호하는 현대인들을 향하여 종교는 어떤 입장을 견지해야 할 것인가? 물론 답변은 자명한데, 진리와 참된 가치를 가르쳐야 하고 그것으로 역사를 변혁시키는 것이다.

종교 간의 갈등으로 인해서 수많은 사람들이 살상되는 현장을 목격할 때 정말 황당하다 못해 자괴감이 드는 게 사실이다. 인류의 역사를 통해서 거듭되고 있는 힌두교와 이슬람의 갈등이 그렇고, 기독교와 이슬람의 싸움이 그러하며, 지금도 계속되고 있는 이스라엘과 팔레스틴의 갈등이 이런 범주에 속한다. 어째서 종교의 이름으로 서로 싸우고 헐뜯고 죽이는가? 이런 상황을 어떻게 극복하고, 이 문제에 대한 확실한 해법을 어떻게 제시할 것인가는 우리 시대가 안고 있는 엄청난 현실적 과제이다.

우리나라의 경우도 예외는 아니다. 불교와 기독교, 개신교와 천주교의 보이지 않는 긴장과 우위성의 확보를 위한 갈등이 바로 우리가 목도하는 현실이다. 그러나 우리의 연구가 관심을 갖는 사항은 이런 종교학적 차원이 아니다. 초기 기독교의 토양인 유대교와 기독교의 결별이 우리가 주목할 수 있는 갈등의 상황이다. 교회사는 수많은 이단들이 발흥하여 예수의 가르침을 따르는 교회를 향하여 다양한 공격을 가해 왔다. 그러나 유대교와 초기 기독교의 갈등은 신약성서가 가장 관심 있게 다루는 현실이다.

그러므로 본 연구자는 신약성서에서 가장 반 유대적인 입장을 드러내는 사도행전을 중심으로 유대교와 초기 기독교의 관계를 심층적으로 분석하여 갈등의 문제를 분해하고 그것을 통해서 신약성서가 제시하는 갈등의 해결책을 알아보려고 한다. 즉 본 연구의 목적은 유대교와 초기 기독교의 갈등 상황에서 선교와 그에 일치하는 해석학이 어떤 것인지를 알아보는 것이다.

신약성서 연구에서 유대교 문제의 출현

성서의 세계에서 볼 때, 유대교와 기독교는 대표적 두 세력들이고, 신약성서를 해석하는데 유대교에 관심을 갖는 이유는 신약성서가 구약성서의 사상을 고스란히 담고 있으며, 신약성서의 대부분의 인물들이 모두 유대적인 배경을 갖고 있기 때문이다. 즉 1세기의 상황에 대한 바른 인식이 신약성서를 연구하는데 많은 유익을 제공할 수 있다. 이런 맥락에서 우리는 사도행전을 해석하기 위한 기본 작업으로 유대교에 대한 문제와 더불어 부상하는 반 셈족주의(anti－Semitism)와 반 유대교(anti－Judaism)에 대한 논의부터 시작하려고 한다.[1]

반 셈족주의나 반 유대교에 관한 주제는 신약성서의 연구 분야에서 관심을 끌지 못했으며, 최근 들어 수용된 논제이다. 그러나 이 주제의 중요성은 보편화되지 않았고, 특히 현재 한국에서는 그리 중요하게 다루어지지 않고 있다.[2] 물론 이 문제를 중요하게 다루는 사전들도 출판되었지만, 권위 있는 전문 서적을 살펴볼 때, 신약성서의 '반 유대적 논조'에 대한 주제를 취급하는 항목들이 중요한 사전에서도 누락되어 있음을 확인할 수 있다.[3]

이런 사실은 이 주제가 개괄적으로 다루어졌음을 암시하면서, 이 주제가 중요하게 취급되어야 하는 것을 강조해준다. 최근 발표되는 논문이나 저서들을 보면, 우리가 다루게 될 주제가 기독교와 유대교 사이의 관계에서 생기는 핵심 질문이라는 사실을 증명한다. 그래서 우리는 현재까지 연구된 내용을 살필 것이며, 사도행전의 해석을 위하여 이 주제가 요긴한지에 대하여 예비적인 관찰을 시도할 것이다.

먼저 우리가 짐작할 수 있듯이, 신약성서의 저자들이 알고 있는 유대인들과 유대교는 초기 교회를 유대화하려고 위협을 가했고, 스스로 자기 정체성의 수립을 위하여 노력하는 그리스도인들에 대항했다. 이런 흔적은 신약성서의 여러 곳에서 발견될 뿐 아니라 역사적인 상황에서 살펴볼 때도 타당성이 있다.

그러나 홀로코스트이후 유대교에 대한 옹호적인 입장이 강세를 보이게 된 것은 역사적으로 볼 때 약자를 보호하자는 취지로써 자연스런 결과로 이해된다. 이런 파장은 신약학 분야에도 영향을 미치게 되어서, 결과적으로 반 셈족주의는 악한 것이며 기독교의 문서에는 그런 사상이 존재하지 않는다고 믿게 되는 현상까지 생기게 되었다.[4] 그럼에도 불구하고 지난 세기의 후반기 동안 학자들이 이 문제를 더 심도 있게 파고들면서 반 유대교 문제에 대하여 많은 논의가 시작되었다. 특히 류터(Reuther)는 이전에 표명된 입장이 문제를 너무 경시한 것이라고 주장했다.[5] 반 유대적 입장이 단지 초기 교회에서만 표명된 것은 아니다. 오히려 그러한 입장은 기독교에 뿌리를 내린 것이며, 예수를 메시아로 선포한 교회에게는 당연한 결과이다.

그녀는 '예수가 메시아' 라는 선포와 동시에 '유대인들은 모두 저주받았다'라는 말을 하지 않을 수 있느냐고 반문했다. 바움(Baum)도 류터의 영향으로 자신이 예전에 주장한 타협적 입장을 버리고 '기독교의 선포를 포기하지 않으면서도 기독교적 메시지에서 반 유대적 사상을 배제하는 것이 가능한 일인가?'라고 질문했다.[6] 초기 기독교 연구에 많은 공적을 세운 유대교 학자 샌드멜(Sandmel)은 류터의 입장을 받아들이면서 자신의 입장을 가미했다: "기독교 신학에서 유대교를 배제하는 부정적인 태도에 대해 류터가 과장된 주장을 하지 않았다고 본다."[7]

결과적으로 신약학자들이 제기한 이러한 문제들을 무시할 수 없는 실정이다. 이 문제에 얽힌 불편하고도 심각한 측면은 수세기 동안 어떤 다른 본문보다도 반 셈족주의적 논쟁을 지탱시킨 두 본문들에서 발견된다.[8] 그래서 우리가 직면한 문제는 이러한 반 유대적인 입장들이 그것들을 생성케 한 본문들과 분리될 수 없는가에 대한 것이다. 즉 반 셈족주의는 신약성서의 필수적인 요소인가에 관한 물음이다.

'반 셈족주의'와 '반 유대교'의 용어 문제

우선 용어를 정리하는 것이 본 토론을 위해서 중요하다. '반 셈족주의'(Anti－Semitism)라는 용어가 신약성서 해석에 적합한 것인지 궁금하다. 이 용어는 19세기 이후 그리고 나치주의에서 절정에 이르게 된 종족과 민족주의에 대한 사상들을 종합한 결정체이다. 19세기까지 유대인들에 대한 적대적인 입장의 주된 이유는 종교와 연관된 것이었다.

그러므로 우리가 논의할 연구에서 '반 유대교' 또는 '반 유대적'이라는 용어가 더 적절해 보인다. 문제는 '유대적' 이란 용어가 민족, 관습 또는 종교 가운데 어떤 것을 가리키는 것인지 불투명하다. 그것이 만약 '모든 유대적인 것들에 대한 편견 혹은 적대심' 이라는 뜻을 내포한다면 문화, 종교 또는 인종적 차원에서의 생소함에 대한 구체적인 편견을 의미하기 때문에 이해하는데 수월하다. 그러나 문제는 특정 신앙이나 관습에 대한 반발이 문제가 된다면 이해에 난점이 있다. 예를 들어, 바울은 대부분의 유대인들이 가지고 있는 율법에 대한 전통적인 입장을 반대하므로 '반 유대적' 이라고 불릴 수 있는지 의문을 가질 수 있기 때문이다.

'반 유대교'라는 용어에도 유사한 문제가 대두된다. 그것은 문제를 종교적인 차원에 국한시킨다는 점, 즉 유대교의 유효성에 대한 부정이라는 측면에서 장점이 있다. 그런데 문제는 이러한 표현이 '유대교'를 하나의 실체로 정의하면서 모든 구성원들이 그 가치관을 공유하고 '외부'와 대조되는 것을 암시한다. 여기서 또한 바울 서신이 '반 유대교'의 사례들을 나타내는 것인가에 대한 질문을 가질 수 있다.[9]

더불어 살펴야 할 문제는 '유대인들의 정체성'에 대한 것이다. '유대인'은 인종적이거나 종교적인 정체를 말하는가? 만약 후자라면 문제는 단순히 '유대교'의 정의로 넘어가게 된다. '유대교는 무엇인가?'는 제 2성전기와 초기 기독교를 연구하는 학자들에게 매우 중요한 문제이다. 이러한 근본적인 문제는 본 연구에서 매우 중요하다. '유대교'라는 표현이 논의의 중심이 되고 그 범위가 오락가락하고 그 정체가 변하는 용어이자 사상이라면, '반 유대교'라는 용어에 무슨 의미를 부여할 수 있을까라는 의문이 바로 그것이다.

그 용법 자체가 논쟁이 되고 오락가락하고 발전되는 것이라면 그것이 어떻게 유효하다고 주장할 수 있는가? 이것은 '반 유대적'이라는 표현과도 마찬가지이다. '유대적'이라는 표현이 종교적 정체성을 나타내는 한 표현이라면, 그 정체성을 문제 삼고 논쟁을 벌이는 사람들을 '반 유대적'으로 분류할 수 있는가? 본 연구자는 이러한 세부적인 비판을 인식하면서도, 유대교를 반박하거나 유대인들에 대해 적대감을 나타내는 사도행전의 본문들이 제기하는 예리한 문제들을 무마시키거나 약화시킬 수는 없다는 점을 강조할 것이다.

물론 사도행전의 반 유대교 또는 반 유대적 논조 심지어 반 셈족주의에 얽힌 문제는 단순한 언어의 유희로 해결될 수 없겠지만, 초기 교회의 삶의 현실을 심도 있게 묘사하는 누가 역시 그 시대와 긴밀하게 호흡하고 있다는 사실을 놓쳐서는 안 될 것이다.

'유대인들'은 누구인가?

'유대인들'(οἱ Ἰουδαῖοι)에 관한 논의는 두 가지 이유로 사도행전에서 상당한 관심을 끈다. 첫째는 통계와 관련되는데, 사도행전에서 Ἰουδαῖος가 나타나는 빈도는 요한복음서를 제외한 신약성서의 다른 문서들의 빈도를 훨씬 능가한다.[10] 신약성서에서 가장 높은 빈도를 차지하면서, 대부분 복수형으로 쓰인다. 그러므로 이 용어는 누가가 '유대인들'을 보는 구체적인 입장을 평가하는 중요한 근거가 될 수 있다.

둘째로 더 중요한 이유는 사도행전에서 반복해서 나오는 '유대인들'에 대한 부정적인 묘사이다. 그리고 사도행전에서는 전도 여행을 하는 바울을 추적하고 곤경에 빠뜨리는 방해자들은 지속적으로 '유대인들'로 언급한다(9:23; 13:45, 50; 17:5; 18:12, 14; 20:3; 21:12). 그리고 바울 자신도 그의 대적자들과 비판자들을 '유대인들' 로 부른다(20:19; 25:10; 26:2, 21; 28:19).[11]

여기서 야기되는 가장 큰 문제는 비난의 총괄적인 특징이다. '유대인들' 은 모두 지속적으로 예수와 바울의 선교 활동에 적대적인 것으로 묘사된다. 사도행전의 맥락이 디아스포라든 예루살렘이든 간에 묘사된 내용의 포괄적인 특징이 시선을 끈다.

'유대인들'에 대한 이러한 무차별적인 비판은 이에 동등한 무차별적인 '반 유대교' 또는 '반 유대적' 혐의를 입증해 준다. 그러나 대부분의 용어들처럼, '유대인들' 이라는 용어도 다양한 의미를 갖고 있다. 일반적으로 이것은 외부인이 유대 지역에 거주하는 사람들을 지적할 때 사용된다. 그러나 헬라 시대에 유대는 하나의 성전 국가로서 정치적인 기능을 수행했기 때문에, Ἰουδαίος는 종교, 지리 그리고 인종적 의미를 갖는다. 하스모니아 왕조시기 유대의 정치적 권위의 확장과 디아스포라가 점점 더 늘어나는 추세로 인해서 그 용어는 유대나 확장된 성전 국가 출신에게 사용될 수 있었고 그들의 종교관은 예루살렘 성전에 초점을 맞추었다.

그러므로 유대인들은 일반적으로 인종적 출신과 종교적 관행으로부터 돌출적인 집단을 의미하는 것이었고, 이들은 분명히 다른 사람들과 구분되었다. 이 집단에 대한 정확한 언급은 이들을 바라보고 구분했던 집단들에 의해 각각 다른 의미를 가졌다.[12]

이러한 내용들은 사도행전의 '유대인들'에 대한 용법을 어느 정도 설명해준다. 실제로 누가가 사용하는 패턴은 요세푸스와 매우 유사하다.[13] 누가는 때때로 '유대인들'을 안디옥, 데살로니가 또는 소아시아 출신으로 구분하면서 정확한 정보를 제공하기도 하지만(행 14:19; 17;13; 21:27; 24:18), 문맥에서 더 세부적인 설명이 필요치 않는다면 그는 단순하게 '유대인들' 만을 언급한다. 많은 인종들이 살고 있는 도시에서 사건이 발생하고 거기에 유대인들이 연루된다면, 그 사건에 '유대인들'이 연루됐다고 언급하면 그만이다. 바꿔 말하면, 그 경우 '유대인들'은 도시의 다른 인종들과 기독교 선교사들과 구분되면서 하나의 민족적인 표시로써 기능한다.

그래서 사도행전의 마지막 장면에서 바울 자신이 '유대인들'로부터 차별 당하는 듯한 모습에 너무 큰 의미를 부여해서는 안 된다고 주장할 수 있을 것이다. 요세푸스도 알렉산더와 알렉산드라가 '유대인들'을 대적했다고 말하면서(BJ. 1.107) 자기 자신을 '유대인들'과 구분하여 말할 수 있었다(BJ. 3.130, 136, 142; Vitae 113, 416).

그러나 한 가지 더 중요한, 그래서 결코 무시할 수 없는 요소가 있다. 그것은 종교 그리고 종교와 관련된 특정한 주장들이 유대인 정체성의 기반이라는 것이다. 이러한 종교적인 주장은 몇 가지의 논쟁을 제기했기 때문에, 어떤 사람들을 Ἰουδαίοι라고 묘사한 것은 이 호칭에 종교적인 의미를 붙이는 것이라고 생각했다. 애쉬턴(J. Ashton)은 요세푸스에게서 두 사례를 발견한다.[14] 또한 배교자 티베리우스 알렉산더(Ant. 20.100)에 대해서도 '유대인'이라는 표현을 사용하지 않는다. 동시에 Ἰουδαίος라는 용어는 국적과는 상관없이 오직 종교적인 의미에서 사용될 수 있었다는 사례들이 남아있다.[15]

포로기 이후와 마카비 시대가 유대인의 정체성에 심각한 위기를 가져왔고, 그 다음으로 유대인들이 경험한 가장 큰 문제는 70년에 발생한 예루살렘 성전 파괴와 그 이후의 사건들이다. 사도행전의 저작 시기가 그 때일 것이기 때문에 여기서 Ἰουδαίοι가 많이 등장할 것이라고 추측할 수 있다. 그리고 그것이 하나의 자체 명칭을 가리킴으로써 광범위한 문맥에 대한 정보를 제공해준다고 추측할 수도 있다.

또 하나의 중요한 요소는 Ἰουδαίος가 한 유대인이 자기 자신을 구분하는 데 있어 사용하는 단 하나만의 단어가 아니었다는 점이다. 분명히 Ἰουδαίος는 대다수의 유대인들에게 있어 스스로를 가리키기 위한 가장 자연스러운 용어가 아니었다. 쿤(K. G. Kuhn)은 중간기 시대에 이스라엘(Ἰσραηλ)은 백성이 스스로를 지칭하기 위해 가장 선호했던 명칭인 반면,[16] Ἰουδαίος는 다른 이들이 그들을 부르는 명칭이었다고 말한다.[17] 바꿔 말하면 '유대인'은 유대인들을 다른 인종들과 종교 집단들로부터 구별하는 데 사용된 명칭이다. 그러나 '이스라엘/ 이스라엘인'은 하나님의 선택과 계약의 맥락에서 스스로를 가리키기 위한 명칭이었다. 그러므로 '유대인'이란 표현은 항상 외부적인 관점과 관련이 있다. 반면에 '이스라엘'(인)은 훨씬 더 내부적인 명칭이었다.[18]

그렇다면 예수를 메시아로 믿는 초기의 유대인이 제 2성전기라는 광범위한 범위 내에서 '유대인'이라는 명칭을 다른 이들에게 양도하고 '이스라엘(인)'이라는 명칭에 집착했을 수 있다. 바꿔 말하면 Ἰουδαίος는 유대인의 정체성을 본질적으로 드러내는 데 사용되었다기보다 오히려 매우 표면적(외부적)인 구분을 짓는 데 사용되었을 수 있다. 그와 반대로 이스라엘(인)은 가장 가치 있게 유지되는 것이자 유대인의 정체성을 정확하게 가리키는 용어로 볼 수 있다. 우리는 이것을 바울 문서에서 확인할 수 있

다.[19]

위에서 논의한 사항을 한 마디로 정리한다면, 사도행전이 특정 집단을 '유대인들'로 구분하는 것은 유대인들 전체를 놓고 하는 말이 아닌 것으로 간주되어야 하고 또한 화자가 유대인 전체로부터 거리를 두는 것으로도 간주되지 말아야 할 것이라는 결론을 도출해낼 수 있다.

그러나 과연 이런 해석이 가능한 것인지가 문제이다. 사도행전에서 οἱ Ιουδαίοι의 사용과 기능은 그 본문에서 반 셈족주의나 반 유대적 경향과 같은 광범위한 문제의 일부일 뿐이라고 보려는 의견도 있고, 이방인 누가가 기록한 것이기 때문에 '외부인'의 입장을 가장 많이 드러냈을 것이라고 가정할 수 있다. 그렇다면 이 예측이 반 셈족주의 또는 반 유대교에 대한 혐의가 가장 잘 드러난다고 평가받는 사도행전의 본문에서도 일치하는지 살펴보자.

사도행전의 반 셈족주의에 대한 숙고

사도행전의 반 셈족주의에 대한 최근의 논의는 샌더스(Sanders)가 주도하기 시작했다.[20] 그가 쓴 저서의 머리말에는 유대교에 대한 비판이 새로운 것이 아니라고 언급된다.[21] 유사하게도 샌드멜(Sandmel)은 '흔히 미묘하고 고상한 반 셈족주의'가 누가복음서에 있는 것처럼, 사도행전에는 '반 셈족주의가 공공연하고 직접적으로 드러난다'고 말한다.

사도행전에서 '유대인들'은 악역을 맡았고 그 역은 말로 할 수 없을 만큼 악하다.[22] 그리고 벡(Beck)에 의하면, 사도행전은 신약성서에서 가장 반 유대적인 성격을 띤 자료이다.[23] 그러나 가장 심도 있게 전개되는 내용은 샌더스의 것이다. 우리는 본 논의를 위해서 샌더스의 입장을 중점적으로 분석할 것이다.

위에서 지적한 것처럼, 사도행전의 반 셈족주의나 반 유대교에 대해서는 많은 반론이 있을 수 있다.[24] 이처럼 합치점을 도출하기란 결코 쉬워 보이지 않는다. 그렇지만 우리는 '종교 갈등시대의 삶과 해석학'이라는 주제에 접근하기 위하여 사도행전에 담긴 갈등 상황을 그대로 드러낼 것이다. 즉 기독교와 유대교의 갈등이 드러난다면 그것을 있는 그대로 읽겠다는 말이다. 유대교에 대한 이미지가 긍정적이면 긍정적으로, 부정적이면 부정적으로 읽어보면서 저자의 궁극적인 의도를 살펴볼 것이다.

샌더스의 논지가 갖는 핵심 사항 —

이제 샌더스의 논지를 전체적으로 평가하면서 사도행전에서의 유대교와 기독교의 갈등 상황을 분석해 보도록 하자. 샌더스의 주장의 가장 중요한 요소는 '유대인들'에 대한 그의 연구이다. 한 마디로 샌더스는 '유대인들'에 대한 누가의 연설과 누가 — 행전의 내러티브에서 표명된 입장을 구분한다. '사도행전의 연설들을 통하여 나타나는 증거는… 유대인들이 전반적으로 하나님의 뜻과 구원에 불순종하고 그들이 예수를 살해한 자들이라는 것이다.'

그는 이러한 관점을 '광범위한 비판'으로 설명하면서 '이것에 의해 유대인들은 생래적이며 그리고 전적으로 난폭하고 하나님의 뜻과 목적에 대적하는 사람들'로 지적한다.[25] 이러한 결론을 뒷받침해주는 본문은 사도행전 2장 36절, 4장 10절, 5장 30절, 10장 39절과 18장 6절(유대인들은 예수를 죽게 한 장본인이다) 그리고 20장 19절, 22장 5절과 28장 19절, 26절이다 (교회의 선교에 대한 유대인들의 적대심).

이와 더불어 사도행전의 내러티브에 대한 분석에서 샌더스는 복음을 받아들이는 유대인들에 대한 긍정적인 언급들을 포함해서(특히 21:20) 훨씬 더 많은 증거들을 찾아내지만, 결과는 '유대인들'을 점점 더 나쁘게 묘사하려는 매우 잘 고안된 전개임을 발견한다.[26] 즉 유대인들에게는 아무런 희망이 보이지 않는 점을 강조하는 것 같다. 이러한 희망 없음의 절정은 바울의 재판 내러티브이다(21:11, 30, 36; 22:22, 30; 23:12; 25:24; 26:2, 21).[27] 결국 마지막까지 남는 적대자들은 유대인들뿐이다. 결과적으로 유대인들의 기독교에 대한 적대감은 보편적이며 그들만이 갖는 고유한 것이다.[28] 이전에 무슨 일이 벌어졌더라도 최종적인 절정(28:26~28)은 누가가 유대인들이 실패한 것으로 보았다는 것을 보여준다.[29]

샌더스의 논의가 갖는 비판적 요소 —

샌더스의 주장은 매우 설득력이 있지만 그가 주장하는 것에 무게를 실어줄 만한 증거들을 찾는 것은 우리의 과제로 남는다. 유대인들에 대한 부정적인 언급에 대해서 이미 서두에서 관심이 표명되었다. 그러나 이 논지는 누가에 대한 샌더스의 핵심 제안이기 때문에 심도 있는 분석이 요구된다.

1) 유대인들에 대한 중도적인 입장

우선 누가는 유대인들에 대하여 부정적인 언급들과 함께 중도적으로 그려낸다 : '유대인들의 회당(들)'(13:5; 14:1; 17:1, 10; 17:17; 18:19), '유대인들과 헬라인들'(14;1; 18:4; 19;10, 17; 20:21), '유대인들 중 높은 사람들' (25:2),

'유대인들의 율법'(25:8), '유대인들의 관습'(26:3), 로마의 '유대인들 중 높은 사람들'(28:17). 이것들은 모두 일반적인 언급이고, 예를 들어 고린도에서 발견된 파편(συναγωγὴ Ἑβραίων, 유대인들의 회당)[30]과 '유대인들과 헬라인들'이라는 바울의 관례적인 사용(롬 1:16; 2:9~10; 3:9 등) 또는 '족장들의 관습'이나 '유대인들의 관례'에 대한 요세푸스의 관례적인 언급(*Ant.* 15.268)과 평행을 이루는 것들이다.

여기서 주목할 점은 이런 용법이 좀더 부정적인 언급들과 혼재되어 있다는 것이다. 그러므로 학자들은 사도행전을 해석할 때 이러한 누가의 전략적인 측면을 놓치지 말아야 한다고 강조한다. 물론 해석자가 주목할 아주 중요한 사항이지만 본 연구는 이런 지적이 누가의 본문에서 그 타당성을 입증할 수 있는지 평가할 것이다.

2) 유대인들에 대한 긍정적인 묘사

우리는 사도행전에서 유대인들에 대한 긍정적인 언급을 많이 발견한다.[31] 특히 바울의 설교를 긍정적으로 수용하는 유대인들(13:43; 14;1; 21:20; 28:24), 고넬료와 같은 사람을 칭찬하는 유대인들(10:22-'온 유대 민족')과 아나니아(22:12-'모든 유대인들이 그 곳에 살더라') 그리고 바울 스스로 자신이 유대인 출신임을 반복하는 것(21:39와 22:3-'나는 유대인이다', 16:20; 18:2, 24) 등이 여기에 해당된다.

그리고 이러한 긍정적인 언급이 바울의 재판 내러티브의 시작부터 끝까지 이어지기 때문에 유대인들에 대한 다른 언급들을 포괄적으로 비판한다고 보는 것은 잘못되었다고 볼 수 있고, 재판의 마지막 부분에서 드러난 것처럼 1인칭 복수 '우리 조상'과 '우리 열두 지파'를 반복한 것은 자신의 백성과 바울 자신을 함께 분류하는 바울의 확신으로 자연스럽게 이해될 수 있다. 그러므로 유대인들에 대한 샌더스의 부정적인 취급이 과연 타당한가에 대해서 의구심을 가질 수 있다. 그러나 여기서 주목할 사항은 우리가 사도행전의 전체 플롯을 고려하지 않을 때, 유대인들을 포괄적으로 비판하려는 의도를 갖고 있지 않은 것으로 볼 수 있다는 점이다.

3) 유대인들에 대한 다양한 언급

이제 '유대인들' 에 대한 부정적인 언급에 관해 샌더스가 누가의 용법에 영향을 미칠만한 다양한 요인들을 충분히 검토했는지를 살펴보자. 우리는 이미 '유대인들'이 문맥에서 이미 알려진 유대인 무리들을 가리키기 위해 사용됨으로써 중도적인 언급들이라고 말한바 있다. 또한 '유대인들'이 실제로 언급되는 사건에 연루된 것도 보았다.[32] 특정 장소나 지역에서 다수의 유대인들이 동일한 입장을 드러낼 때와 그 태도가 유대적인 것으로 분명히 판명될 때, 이러한 태도를 고수한 자들은 '유대인들'이라는 명칭에 우선권을 갖게 되었다. 그러므로 바울에 대한 '유대교'의 반발은 자연스러운 것이다(특히 21:20- 유대 그리스도인들을 포함해서).

또한 우리는 감정적인 효과를 고조시키기 위해 사용된 수사학적 요소, 특히 예수의 죽음에 책임이 있는 예루살렘의 청중들에 대한 비판(2:23, 36; 3:15; 4:10; 5:30), 7장 51~53절의 예언자적 고발, 그리고 18장 6절의 중간 부분('너희 피가 너희 머리로 돌아갈 것이오!')을 잘 고려해야 할 것이다.

또한 중요한 것은 누가가 특정한 묘사(14:2~이고니온의 '믿지 않는 유대인들'; 14:19- 이고니온과 안디옥의 유대인들; 16:3- 그 곳에 있었던 유대인들; 17:13- 데살로니가의 유대인들; 21:11- 예루살렘의 유대인들; 21:27과 24:18~소아시아의 유대인들; 22:12~그 곳에 살던 유대인들; 25:7- 예루살렘으로부터 온 유대인들)로부터 덜 특정적으로 묘사된 '유대인들' 그리고 사도행전의 마지막 부분(21:21; 25:10; 26:2~4, 7, 21)에서 관사 없이 Ἰουδαίοι 를 자유롭게 더 많이 쓰고 있다는 점이다. 이러한 증거는 '유대인들' 에 대해 점점 더 커지는 적대감에 대한 것이라고 보는 관점을 약화시킨다. 이러한 사항들은 바울을 죽이고자 하는 '유대인들'의 음모인 23장 12절에 무게를 실어주는 주된 요인이다. 만약 누가가 진정으로 '유대인들'을 포괄적으로 비판하고자 했다면, 그가 그들을 묘사할 때 '이 음모를 꾸민 40명도 넘는 자들'이라는 표현을 사용한 것은 석연치 않은 점이 있다.

샌더스의 견해에 대한 옹호점 —

샌더스의 주장은 많은 학자들의 비판의 대상이 되었다. 사실 유대인들이 세계를 주름잡는 현실에서 그들에게 부정적인 평가를 내린다는 것은 자살행위(?)나 다름없을 것이다. 물론 학자적인 양심을 신뢰해야 하겠지만 말이다. 샌더스의 주장에 대해서 설득력 있게 비판한 던은 샌더스가 누가의 의도를 확대 해석했다고 꼬집는다.[33] 우리가 사도행전의 표현을 통해서 살펴볼 때, 누가가 '유대인들' 을 막무가내로 흠잡으려고 한 것은 단연코 아닌 것 같다.

실제로 바울은 사도행전 28장에서 '조상의 규모'(ἔθος πατρῷος, 17절), '나의 백성'(ἔθνος μου, 19절), '이스라엘의 소망' (ἐλπίς τού Ἰσραὴλ, 20절)에 대해 긍정적으로 언급하고, 로마의 유대인들은 매우 개방적이고 바울과 그의 사역에 대해 다른 유대인들로부터 전해들은 바가 없다(21~22절). 한 부류의 유대인들은 바울과 대화를 통해서 설득되는데(23~24절), 이것은 여러 의미를 가질 수 있을 것이다. 바울의 메시지를 완전하게 받아들였다는 것이나 미완료 시제에 중점을 둔다면 로마에 살던 많은 유대인들이 바울의 설교를 받아들이려고 했다는 의미일 것이고, 결과적으로 이것은 유대인들에 대한 부정적인 묘사가 결코 아니라는 것이다.

또한 바울의 메시지에 설득되거나 아니면 믿지 않는 유대인들에 대한 묘사는 사도행전에서 자주 나오는 주제이다(13:43~5; 14:1~2; 17:4~5, 10~14; 18:4~8). 그런데 여기서 주목할만한 것은 누가가 그들이 흩어질 때와 바울의 마지막 말이 있은 후에 두 부류로 구분한다는 것이다(25절). 이것은 곧 바울의 마지막 언급이 어떠한 영향을 미쳤더라도 그것은 유대인들 전체를 가리키는 것은 아니라는 의미일 것이다. 이것은 이방인들에게 바울이 최종적으로 돌아섰다는 것이 이전처럼 최종적인 것은 아니라는 가능성을 내포하는 듯 싶다(13:46~8; 18:6; 22:21; 26:17~18).

그렇지만 문제는 내러티브의 최종 목적과 연관지어야 할 것이다. 누가가 사도행전을 기록한 의도가 유대인들을 저주하고 그들이 구원의 영역에서 배제된 것을 선언하는 것은 아닐지라도, 그들의 행동에 대한 부정적인 모습을 통해서 예수를 통한 초기 기독교의 사역에 동참할 것을 촉구하는 것이 아닌가? 이것이 우리가 주목할 대목이다. 분명히 바울이 '자신에게 오는 모든 이들에게' 복음을 전했다는 28장 30~31절이 내포하는 의미에 '모두' 는 적어도 바울로부터 이미 '설득(되거나)된' 유대인들과 이방인들을 포함할 것이다. 그래서 학자들은 샌더스가 '유대인들' 에 대해 사도행전에서 나오는 증거를 하나의 연결된 고리로써 읽어버림으로 그 내용을 단순화시켰다고 비판한다.[34]

그러나 우리가 위에서 살펴본 바와 같이, 그 고리를 다른 요소들과 내용들에 비추어 보았다면 더 나은 방법으로 설명할 수 있었을지 모른다.[35] 그러나 바울이 꾸준히 자신의 정체에 대해 '나는 유대인이다'(21:39; 22:3)

라고 말한다고 해서, 독자가 유대인들에 대한 부정적인 묘사를 반드시 긍정적으로 해석할 필요는 없을 것이다. 위의 지적처럼 유대인들에 대한 긍정적인 모습으로 인해서 샌더스가 '모든 유대인들은 적어도 동일하게 사악하다'고 주장하는 것이 과격하다고 평가할 수 있어도, 우리는 누가의 내러티브의 맥락에서 유대인들은 결코 아름답거나 모방할 집단이 아닌 것만은 명백하다고 말할 수 있다.

보론 —

우리는 앞에서 샌더스의 입장을 살펴보았다. 여기서는 앞에서 논의하지 못한 부분을 보충적으로 살펴보려고 한다. 샌더스는 그의 책 제1장에서 '누가—행전의 유대인 지도자들은 예수와 교회의 원수들'이라고 지적한다. 이것은 누가가 예수의 십자가 처형의 책임을 분명히 '대제사장들과 통치자들'에게 전가한다는 내용을 끌어내는 것이다.

누가가 예수의 죽음의 책임을 성전 당국자들과 연결시키고 강조하는 것은 분명하다(눅 23:25~26, 24:20). 그러나 주목할만한 점은 누가가 글을 쓰던 당시에 대표적인 종교 지도자들인 바리새인들을 그 가운데 포함시키지 않는다는 것이다.[36] 즉 샌더스는 성전 당국자들의 책임에 바리새인들을 제외시키고 있다. 이 점에 대해서 우리는 바리새인들의 입장이 결코 긍정적으로 나타나지 않는다는 점을 지적할 수 있다.

누가복음서 7장 36절 이하에서 예수를 초청하는 장본인은 바리새인이다. 그러나 그의 환대는 거기서는 돋보일지 몰라도, 바로 이전(30절)과 39절의 행동으로 통해서 의연한 모습으로 보이지 않는다. 이런 상황은 11장 37절 이하에서도 동일하게 나타난다. 샌더스가 이와 같은 장면을 호의적인 바리새인의 상으로 제시할지라도 내러티브의 전개를 살펴볼 때 그것은 전혀 맞지 않는다.[37] 사도행전에서 바리새인들에 대한 가장 대표적인 사례는 5장 34절에 등장하는 가말리엘일텐데, 그는 전통적으로 기독교에 유익한 역할을 한 장본인으로 해석되었다. 그러나 우리는 그가 결코 긍정적인 모습이 아니라 수구적이면서 아울러 현실에 너무 집착하는 유약한 유대인의 표상이 아닌지 의구심을 갖게된다. 그 점은 실패한 테러리스트 드다와 유다를 예시하면서 혹시나 하는 그의 양동작전(陽動作戰)에서 선명하게 드러난다.[38]

샌더스는 제2장에서 누가가 예루살렘을 '하나님을 향한 적대감으로 구분되는…', '도시에 대한 악한 묘사… 주로 하나님과 그의 뜻에 대적하는 장소', '사단의 수도!'로 묘사한다고 말한다.[39] 이 지적에 대해서 던은 샌더스가 예루살렘의 부정적인 측면을 너무 확대해서 해석했다고 비판한다.[40] 누가 – 행전의 예루살렘에 대한 부정적인 묘사는 두 가지 이유로 설명되는데, 하나는 예루살렘이 예수의 처형 장소이고, 또 하나는 예수에 대한 적대적인 계획이 생산되는 장소이다. 물론 던이 비판하듯이, 샌더스는 누가가 예루살렘과 성전에 부여하는 긍정적인 역할을 무시한 채 한 쪽으로만 이해하는 경향이 있다.[41]

그러나 누가가 성전을 언급하고 예루살렘 중심성을 끝까지 유지하는 것은 유대인이나 유대교에 대한 긍정적 묘사라기보다는 예수 운동이 바로 유대교의 소망과 연속성을 갖는 사실을 암시하는 구원사적 의도 때문이다. 스데반 사건 이후에 예루살렘에 남아서(행 8:1) 거기서부터 확장되는 선교 활동을 지시하는 사도들을 묘사하는(8:14; 11:22) 장면도 역시 이런 구원사적인 맥락에서 이해될 부분이지 유대교에 대한 긍정적인 묘사라고 볼 수 없다. 그러므로 샌더스가 조금 과격하게 표현하는 것은 사실일지라도, 그의 논지의 맥락은 사도행전의 내러티브에서 볼 때 타당하다고 봐야 한다. 누가 문서에 나오는 예루살렘은 과거에는 메시아 예수도 죽인 도시지만, 사도행전에서는 지금 전도자 바울을 거짓 고소하는 곳이다.

요약하면 샌더스는 자신의 주장을 확대한 것이 아니다. 그는 자신의 논지를 주장하는 데 있어 편파성을 보였을지 몰라도 무모하게 반 유대교를 창작해내지는 않았음이 명백하다. 샌더스가 누가의 유대교와 유대인들에 대한 긍정적인 요소들에 관심을 두지 않은 이유는 오히려 내러티브의 맥락에 집중했기 때문으로 이해해야 할 것이다.

누가는 분명히 어떻게 기독교가 점점 더 이방적인 특성을 갖게 되었는지를 보여주고 다양한 지역에 있던 유대인들은 이러한 목적을 이루는데 실패한다는 것을 보여주려고 애를 썼다. 다른 이들과 마찬가지로 누가는 많은 유대인들이 메시아를 배척한다는 사실을 이해하기가 힘들었을 것이다. 그러므로 누가의 반 셈족주의에 대한 샌더스의 주장은 내러티브의 맥락과 일치하는 바른 독서의 결과로 평가된다.

사도행전이 제시하는 초기 기독교의 삶과 해석학

사도행전이 제시하는 유대교와 갈등 상황에 있는 초기 기독교의 삶과 해석학을 찾아내기는 쉽지 않다. 위에서 살펴보았듯이, 유대교와 기독교는 출발부터 갈등 관계에 놓여 있다. 세례 요한으로부터 시작되는 누가복음서의 출발부터 무언가 비밀스런 요소가 없진 않지만, 그것은 오히려 구속사의 연속성을 설명하기 위한 것으로 보면 좋을 것이다.

둘 사이의 갈등과 긴장 그리고 위기는 초기 기독교의 인물들과의 관련성을 통해서 드러난다. 예수가 그렇고, 베드로가 그러하며 바울의 사역에서 그 도가 극에 다다른다. 예수의 사역에서 유대교의 입장은 여러 번 난처한 처지에 빠져버리고, 베드로의 오순절 이후의 최초 사역인 성전 미문(3:1~10)에서의 유대교에 대한 선전포고는 그 상징성에서 타의 추종을 불허할 정도다.[42] 그러므로 독자들은 반 유대교라는 하나의 주제만으로 사도행전을 전부 해석하려는 용맹성을 버려야 할 것이다. 사도행전에는 누가복음서에서 시작된 하나님의 구원사의 숨결이 묻어있고, 그 전체의 의미를 통해서만 바르게 해명될 수 있기 때문이다.

이런 전체적인 맥락을 통해서 우리는 유대교 문제를 어떻게 해결하려고 했는지 누가의 해법을 찾을 수 있을 것으로 기대한다. 특히 유대교와의 갈등을 해결하려는 의지는 예루살렘의 사도회의에서 찾아볼 수 있다. 물론 이 회의는 예루살렘 교회와 안디옥을 중심으로 하는 이방 교회 사이의 이견을 극복하려는 것이었지만, 그 후면에는 다분히 유대교와의 문제를 해결할 수 있다는 강한 의지가 숨어있다. 그러므로 우리는 사도회의가 유대교와의 갈등을 해결하려는 초기 기독교의 해석학적 고민이라는 점을 기억해야 한다.

사도회의의 역사적 의의[43]

사도행전의 앞 부분은 초기 기독교에 대한 다양한 그림을 제공해준다. 오순절의 성령강림으로 시작한 교회는 공동체의 충만한 생활과 더불어 험악한 모습(특히 아나니아와 삽비라)을 보여준다. 스데반의 순교와 바울의 회심, 그리고 베드로와 고넬료의 조우로 이어지는 구도는 갈등과 변화를 경험하는 초기 교회의 진상을 제시하며 이방인 선교라는 거대한 비전을 암시한다. 특히 바울의 제1차 선교여행을 통해서 많은 기적이 발생하면서 이와 더불어 수 많은 회심자들이 생기게 된다.

이런 선교적인 노력으로 이방인들이 중심이 된 기독교 공동체가 생기게 되는데(행 13:44~50; 14:19 이하), 이방인들을 향한 이러한 힘찬 전진은 초기 교회에 하나의 해석학적 문제를 제기했다 : '율법을 어떻게 해석할 것인가?' 사도행전은 바울의 제1차 선교여행 이후 이 문제를 논의하게 될 사도회의에 대해서 알려준다. 예루살렘에서 개최된 사도회의에 대한 바른 이해는 지금까지의 바울의 선교여행에 대한 정확한 진단이면서 앞으로 두 차례 계속될 그의 선교여행을 향한 나침반 역할을 하게 된다. 결과적으로 사도회의가 함축하는 다양한 신학적 의미를 정확히 파악하는 것은 우리의 토론을 위해서 대단히 중요하다.

사도회의의 발단과 진행 과정 —

앞서 언급된 것처럼, 이방선교의 활발한 전개는 사도회의를 소집하게 하는 직접적인 원인을 제공한다. 이방인들이 교회의 일원이 되는 것과 그들이 유대교의 율법을 필수적으로 받아들여야 하는가에 대한 궁금증은 이방인들과 유대인들 사이에서 갈등의 요인으로 작용하게 되었다(행 15:1; 갈 2:4). 실제로 이방 기독교는 율법 문제로부터 훨씬 더 자유로웠다. 그러나 유대 그리스도인들과 이방 그리스도인들이 혼합되는 상황은 자연적으로 신학적인 문제를 제기하게 되었고, 결과적으로 교회의 분열을 조장하는 하나의 원인이 될 소지를 안게 되었다.

이방인의 사도로 부름받은 바울은 이러한 갈등 상황에서 자신이 펼치는 이방인 선교의 정당성을 확보해야 하는 쉽지 않은 처지에 놓이게 되는데, 이런 위기에 선 바울은 율법에서의 자유를 구속사의 차원에서 이해하려고 힘썼다. 그는 하나님이 모든 인류에게 믿음 이외에는 아무 조건도 요구하지 않는 구원을 선물로 제공했음을 단언적으로 선포했다.

즉 율법의 효력이 첨부되는 그리스도의 사역은 그야말로 공허하다는 것이다. 그렇다면 이런 정당성을 위해서 바울이 내세우는 조건은 무엇인가? 그것은 자신이 하나님의 계시를 받았다는 것이고, 이것이 율법을 주장하는 전통주의자들로부터 바울을 우뚝 서게 하는 진정한 원동력이 되었다. 그래서 갈라디아서 2장에서 확인되듯이, 바울은 사도회의를 통해서 그의 이방인 선교를 공적으로 인정받게 된다.

이제부터 초기 기독교의 역사에서 이처럼 중요한 사도회의의 전말을 살펴보자. 15장 1~2절에서 추론할 수 있는 문제의 발단은 유대로부터 온 형제들의 '할례 없는 구원은 없다'는 주장 때문이다. 이것은 기독교에 입교하는 이방인들에게 어느 정도로 율법을 요구할 것인가에 대한 문제와 직결된다. 이 문제를 해결하기 위한 방법으로 안디옥 교회는 바울과 바나바를 예루살렘 교회에 파송한다. 이것은 예루살렘 교회가 안디옥 교회보다 막강한 위치에 있다는 사실을 단적으로 보여준다. 물론 이런 관계를 극복하려는 모습은 모교회인 예루살렘 교회를 돕는 안디옥 교회의 노력에서 이미 암시되기도 했다(11:27~30).

이 회의는 예루살렘에 도착한 안디옥 교회의 대표인 바울과 바나바 그리고 예루살렘 교회의 사도들과 장로들이 서로 협의하기 위해서 모임을 갖는 것으로 시작된다(15:6). 이렇게 개회된 회의에서 베드로가 가장 먼저 발언한다. 15장 7~10절에서 베드로는 고넬료의 회심 사건을 회상하듯이 말한다 : "형제들아 너희도 알거니와 하나님이 이방인들로 내 입에서 복음의 말씀을 들어 믿게 하시려고 오래 전부터 너희 가운데서 나를 택하시고 또 마음을 아시는 하나님이 우리에게와 같이 저희에게도 성령을 주어 증거하시고 믿음으로 저희 마음을 깨끗이 하사 저희나 우리나 분간치 아니하셨느니라."

여기서 돋보이는 발언은 '너희도 알거니와… 이방인들로'와 '오래 전부터'라는 베드로의 표현이다. 이렇게 말할 수 있는 이유는 사도행전을 읽어 온 독자가 알 수 있듯이, 이방인 선교는 하나님의 필연(divine necessity)이라는 사실이다.[44] 즉 사도들에 의해서 행해지는 모든 행동은 하나님의 말씀이 그 모든 것의 원동력임을 증언한다.[45] 베드로와 이방인 고넬료의 만남은 바울의 회심과 맞먹는 베드로의 회심 사건으로 명명될 수 있기 때문이다.[46]

10절에서의 베드로의 직설적인 표현은 이방인 선교에 대한 당위성을 확보하기 위한 당연한 순서로 "우리 조상과 우리도 능히 메지 못하던 멍에를 제자들의 목에 두려느냐"는 것에서 확인된다. 베드로가 이렇게 말한 다음 야고보의 발언이 곧바로 이어지는데(13절), 여기서 예수의 동생인 야고보가 초대 교회에서 출중한 역할을 수행하는 모습(12:17; 21:18~19)으로 나타난다.

베드로의 연설과 동일하게 야고보의 연설 역시 이방인 선교의 정당성을 확인해준다. 17절에서 야고보는 '남은 사람들과 내 이름으로 일컬음을 받는 모든 이방인들'을 언급함으로써 하나님의 백성의 통합적 성격을 강하게 드러낸다. 이런 야고보의 입장은 19절 이하에서 다시 한번 더 분명해진다. 이방인들 가운데서 하나님에게로 돌아오는 자들을 괴롭게 말라는 야고보의 권고는 사도회의의 주된 이슈가 무엇인지를 재차 강조해준다.

이처럼 베드로와 야고보의 입장은 이방인들이 기독교로 입교할 때 과연 그들에게 어느 정도까지 율법을 적용해야하는 가에 대한 답변에 해당된다. 15장 1절에서 이러한 율법에 관한 적용 문제가 할례와 긴밀하게 연결된 사항이라는 점은 이미 확인되었다. 그러므로 이방인들이 할례를 받아야 하는가 아니면 받지 않아도 되는가에 대한 물음이 주요 초점이 된다.

사도회의의 결론 —

사도회의에 대한 결론적인 입장은 15장 22~29절에 잘 정리되어 있다. 유대교의 뿌리를 고수한 예루살렘 중심의 기독교는 이제 더 이상 그 위치를 유지하지 못한다. 이방인 교회의 중심성이 서서히 그 모습을 드러내기 시작했기 때문이다. 물론 20절과 29절에 언급된 것처럼, 몇 개의 단서 조항("우상의 더러운 것과 음행과 목매어 죽인 것과 피를 멀리 하라")으로 인해서 유대교의 입김이 강하게 작용했다고 평가하는 것은 편파적인 이해로 보인다. 왜냐하면 이방인들의 의견이 거의 전적으로 받아들여졌다고 해석될 수 있기 때문이다.

즉 이방인들에게 할례를 부가하지 않는 대신 유대교의 전통적인 의식에 대해서는 더 이상 손대지 않는 선에서 그들의 타협책이 마련된 것으로 보인다.[47] 15장 31절에서 안디옥 교회의 성도들은 사도회의의 이러한 결론을 받아들이면서 기뻐했으며, 16장 4절에서 바울은 소아시아의 여러 성을 방문하면서 사도회의에서 사도들과 장로들이 작정한 규례를 지키게 했다고 기록하고 있는데, 여기서 다시 한번 사도회의의 결론은 이방인들에게 또 다른 규율을 부과함으로 제어하려는 의도가 아니었음을 천명해준다.

사도회의가 주는 교훈 —
우리가 사도회의가 제공하는 교훈을 발견하기 위해서는 사도행전 3장에서 발생한 베드로와 요한의 치유 사역을 다시 한번 주목할 필요가 있다. 이 사건은 유대교의 한계와 초기 기독교의 잠재적 성취에 대한 확실한 예고가 된다. 이 사건의 신학적 의미를 자세히 살펴보자.

베드로와 요한의 치유 행위(행 3:1~10)가 발생하는 곳이 성전이라는 사실에서 명쾌하게 드러나는 것처럼, 유대교의 굳건한 신학적 뿌리와 대면한 신생 기독교의 어설픈(?) 주장은 일전(一戰)을 치를 수밖에 없는 불가피한 상황임에 틀림없다. 성전이라는 거룩한 장소와 앉은뱅이라는 청결하지 못한 인간 군상의 대조가 바로 그런 측면을 제시하기에 충분하다. 예수의 치유 사역을 통해서 장애인들이 고침을 받았던 것처럼, 예수는 치유의 주요한 동인(動因)이 된다. 그 앉은뱅이가 건강을 회복하자, 바로 걷고, 뛰고, 하나님을 찬미하면서 그들과 함께 성전에 들어간다(3:8). 즉 죄인으로 취급된 장애인이 경계선을 넘어설 수 있는 것은 이방인 선교의 가능성을 암시하는 가장 확실한 사례가 된다. 그러므로 이 장애인의 치유 사건은 유대교의 경계선 확보에 하나의 도전장을 내민 경우로 볼 수 있다.

이렇게 유대교와 초기 기독교의 대면을 하나의 갈등과 위기로 설명하는 사도행전의 보고는 관례적인 규범을 완전한 것으로 이해하는 유대교를 향해서 하나의 신학적 반성을 촉구하고 있다. 각성을 촉구하는 이러한 과정은 사도행전을 통해서 계속 이어진다. 특히 바울의 제1차 선교여행과 이어지는 제2, 3차 선교여행의 과정에서 생길 경계선을 허무는 과정은 이방인 선교라는 하나님의 의지가 구체적으로 표명하는 상징으로 이해된다. 이런 교훈을 사도회의는 사도행전의 독자들에게 제공하고 있다.

나가는 말

누가 문서에 대한 반 셈족적이고 반 유대적인 해석에는 많은 도전이 있음을 확인할 수 있었다. 그러나 1세기의 유대교에 대하여 모두가 일치하는 견해가 없는 마당에서 샌더스를 비롯한 반 유대적인 입장을 고수하는 학자들에 대한 일방적 비판은 무리라고 판단된다. 왜냐하면 독자 앞에 있는 엄연한 사실인 본문이 바로 반 유대적이고 반 셈족적인 논조를 제시해 주기 때문이다.

그러므로 유대교에 대한 샌더스의 부정적인 견해는 일방적으로 비판당할 이유가 없다. 텍스트/ 내러티브의 세계를 통해서 저자 누가는 분명히 유대교에 대하여 비판적인 입장을 고수하고 있고, 심지어 독자가 긍정적으로 읽을 수 있는 본문에서조차도 부정적으로 해석할 수 있는 여지를 남겨 놓음으로 저자의 궁극적인 저작 의도를 조심스럽게 찾아내도록 망(網)을 짜 놓은 것 같다. 이것을 통해서 독자는 당시의 유대교와 기독교의 갈등의 골이 오히려 클 수 있다는 잠재적인 가능성을 감지할 수 있지 않을까 생각된다.

그렇다면 사도행전의 저자는 이런 갈등 상황에서 어떤 해석학적 대안을 제공해주는가? 그것은 사도행전의 면면에 드러나고 있고, 나아가 15장의 예루살렘에서 개최된 사도회의의 결론이 그것을 반증하고 있다. 또한 바울을 비롯한 많은 초기 기독교의 지도자들이 물론 유대적인 배경에서 자랐고 살아왔을지라도, 이러한 유대적인 배경 또한 유대교를 극복하기 위한 누가의 문학적 복선(伏線)으로 이해해야 할 것이다. 왜냐하면 내러티브의 전체적인 흐름이 바로 유대교에 대한 끊임없는 반성을 촉구하고 있기 때문이다.

그렇다면 초기 기독교의 선교 패턴은 무엇인가? 기독교의 복음을 고수할 때 유대교의 전통이나 관습은 어떻게 거부할 수 있는가? 과연 이것이 가능했을까? 물론 위에서도 지적되었듯이, 누가는 기독교만의 세계관에 묶여있지 않고, 유대교에 대한 개방성을 유지하고 있다. 그래서 독자들은 내러티브에서 유대교에 대한 긍정적인 이미지들을 발견할 수 있다. 만일 그렇더라도 사도행전은 예수의 이름이라든지 예수의 명령에 따라서 하나님의 구원사가 펼쳐지고 있음을 한번도 놓치지 않고 있다. 사도행전에서의 내러티브의 진행은 아무도 부정할 수 없듯이, 부활한 그리스도의 명령인 사도행전 1장 8절을 따르고 있다.

물론 우리가 살아가는 세계는 종교 다원화된 사회이고 이것을 거부할 때, 기독교는 가장 폐쇄적인 종교로 지탄을 받을 것이다. 이제 기독교는 선택의 기로에 서 있다 : 텍스트의 의미와 다원화 사회의 왕성한 일원이라는 현실적 모색 이 양자가 바로 그것이다. 물론 사도행전에 그려진 초기 기독교의 모습은 다원화된 사회가 아니다. 그러므로 교회는 텍스트에 대한 바른 해석과 이해에 근거해서 교회와 그리스도인이 적용 가능한 비망록(agenda)을 마련해야 할 것이다.

8장

신약성서에서 치유와 구원의 상관관계

8장

신약성서에서 치유와 구원의 상관관계

들어가는 말

본 논문의 목적은 신약성서의 치유 개념을 통해서 드러나는 구원의 의미에 대하여 고찰하는 것이다. 실제로 예수의 사역과 초기 기독교 공동체의 사역에서 치유가 중대한 의미를 가짐에도 불구하고 제대로 평가되지 못했다.[1] 이러한 인식에서 치유의 개념이 논의될 때, 필자는 특히 신약성서에서 묘사되는 치유 과정을 살펴보는 것이 옳다고 판단한다.

왜냐하면 치유의 과정에 대한 산뜻한 인식으로부터 분석할 때, 신약성서의 치유 개념이 보다 분명해질 것이기 때문이다. 또한 본 논문에서는 그레꼬—로마 사회의 이방 제의와 예수와 초기 기독교 공동체의 치유 내용에 대한 차이점을 자세히 평가할 것이다.

신약성서에서 예수와 초기 기독교 공동체가 펼치는 치유 활동의 궁극적인 목표는 인간의 소외되고 훼손된 하나님의 형상(*Imago Dei*)의 실제적인 회복일 텐데,[2] 이것은 이방 제의가 현실적인 치유만을 강조하는 것과 비교할 때 상당한 차이를 보이는 요소이다. 이제 신약성서에서 치유를 포함하는 본문들을 분석하며 본 연구를 시작하려고 한다.

신약성서의 치유 사례

예수와 그를 따르는 초기 기독교 공동체는 병자를 치유할 때 어떤 과정을 거쳤을까 자못 궁금하다. 예수와 그의 제자들 그리고 초기 기독교 공동체의 지도자들, 특히 바울 같은 인물은 치유의 도구를 활용하기도 했다. 예수는 여러 가지의 방식으로 병자를 고치는데, 말씀, 손을 대는 것, 말씀과 손대심을 동시 사용, 또는 침의 사용을 통해서 치유 사역이 이루어진다.

또한 예수는 아주 특별한 경우에 해당하는 것으로 절단 방법을 제시하는데, 마태복음서 5장 29~30절에서 눈을 제거하는 것으로 개인이 온전하게 회복되는 것을 강조하기도 한다. 이러한 치유 과정에 대한 연구는 신적인 치유만을 강조하는 성서이해의 한계성을 뛰어넘어 해석학적 지평 확대의 의미도 포함한다.

복음서의 치유 : 도구적 차원 —

우리의 전제인 신약성서에서 치유 기적이 행해질 때 치유의 과정이 엄연히 존재한다는 인식은 다음에서 찾을 수 있다. 첫째 경우는 마가복음서 6장 13절과 8장 23절로써, 예수의 제자들이 기름을 바르며 병자들을 치유하는데 이는 오늘날의 의약품 사용으로 간주될 수 있다. 이 과정에서 예수가 한 시각 장애인을 고칠 때 눈에 침을 뱉고 안수한다.

두 번째 경우는 누가복음서 10장 34절인데, 여기서 사마리아인이 강도 만난 사람의 상처에 기름(ἔλαιον)[3]과 포도주(οἶνος)를 부으며 치유하는 과정이 묘사되고 있다. 그러나 이것은 치유 행동을 매개로한 선한 행위를 강조한 것이지 치유 자체와 보다 밀접하게 관련된 사항이 아니기에 논의의 범위를 넘어간다고 하겠다.

신약성서에서 예수의 치유 행위가 묘사될 때 물품이 구체적으로 사용되는 것이 발견되는데, 예를 들면, '이 말씀을 하시고 땅에 침(πτύσμα)을 뱉어 진흙(πηλός)을 이겨 그의 눈에 바르시고'(요 9:6)라는 구절이다. 이 구절은 예수의 치유 과정에서 '진흙'이라는 의학적 처방이 적용되는 장면으로 공관복음서만이 아니라 요한복음서에도 나온다. 여기서 추론할 수 있는 것은 예수의 치유에는 치유를 위한 준비와 과정이 있었다는 점이다. 그러므로 예수의 치유에 대해서 언급할 때 우리는 이러한 과정을 주목해야 한다.[4]

사도행전의 치유 : 변증적 차원 —

사도행전은 신학적 관점으로 치유를 해석할 때 흔히 다루게 되는 본문이다. 사도행전에는 7개의 치유 사례가 나온다. 베드로와 요한이 성전 미문의 걸을 수 없는 장애인(3:1~11)을 고치는 경우와 룻다의 애니아(9:34)와 죽은 다비다를 베드로가 살려내는 사건(9:38), 그리고 바울의 네 가지 경우의 치유 사건 등이 있다. : 1. 루스드라의 장애인(14:9) 2. 빌립보의 여종(16:18) 3. 유두고(20:9) 4. 추장의 아버지(28:8).

사도행전의 치유 사건은 기적적인 요소를 담고 있다.[5] 먼저 성전 미문에서의 치유 기적은 예수의 이름(6, 16절)이 치유의 근거가 된다.[6] 승천한 이후부터 예수의 존재는 그의 이름으로 기억된다. 이 사건은 유대교의 맥락에서 치유되지 못한 보행 장애인이 예수의 이름으로 치유되었음을 강조하려는 의도를 지닌다. 이것은 복음서에서 예수가 병자를 고친 이유가 질병 자체를 고치는 것이 아니라 자기가 누구인지를 밝히려는 것이었다는 점과 동일한 의도를 지닌다고 볼 수 있다. 6절에서 '일어나 걸으라'(ἔγειρε καὶ περιπάτει)는 베드로의 선언에 이 장애인은 그다지 솔깃하게 듣지 않는다.

그러나 독자들은 나사렛 예수 그리스도의 이름으로 걸으라는 베드로의 선언에 예수의 치유 사역을 통해서 수많은 장애인들이 고침을 받은 것을 이미 인지하고 있는 독자들이기 때문에 이 장애인이 걸을 수 있게 회복될 것을 직감할 수 있다. 그들에게 예수는 치유의 중요한 동인이다. 당시에 불완전하고 부정하고 불결한 존재로 치부되던 그 장애인이 철저하게 배제된 성전의 경계선을 넘어 중심부로 진입하게 되는데, 바로 그런 의미에서 그는 치유를 통하여 온전한 회복에 이르게 된다.[7]

둘째로 분석할 본문은 8년째 중풍으로 고생하는 룻다의 애니아(9:34)와 죽은 다비다가 살아나는 기적이다. 여기서 예수 그리스도가 애니아를 낫게 했다는 베드로의 강조와 그가 기도하여 다비다를 살려내는 사건은 모두 이방 선교를 앞둔 초기 기독교 공동체의 개방된 모습을 알리는 기능을 한다. 여기서 주목할 것은 애니아에 대해서는 언급이 없지만, 다비다의 경우는 가난한 과부들을 위해서 겉옷과 다른 의복을 제공한 선행과 구제를 실천한 후원자라는 명성을 얻었음을 언급한다는 점이다(9:36, 39). 이 두 사건은 예수의 이름이 갖는 능력과 그리스도의 능력을 절대적으로 믿었던 베드로를 통해서 발생할 수 있었다.

셋째로 바울을 통하여 발생하는 모든 치유 기적은 선교 여정에서 생긴 기적들의 연속적인 발생을 암시적으로 알려준다. 루스드라에서 나면서부터 걸어보지 못한 장애인을 고칠 때 우리는 바울의 태도에 관심을 가져야 한다. 바울은 '그에게 구원받을만한 믿음이 있다' 고 언급하고 있다(14:9). 이것은 복음서에서 예수가 병자를 고칠 때 흔히 언급한 문구이다. 여기서 바울은 예수의 모범을 닮는 사도로 나타난다. 그런데 여기서 바울과 바나바가 신의 이름인 헤르메스(Hermes)와 제우스(Zeus)로 칭송되는 특별한 사건이 발생한다. 더구나 특이한 점은 이런 기회가 오히려 두 사도가 복음을 증거할 수 있는 또 다른 기회가 되고, 그 결과 그들은 사람들에게 하나님에게로 돌아올 것을 촉구한다는 것이다.

이와 함께 바울이 귀신들린 빌립보의 여종(16:18)을 고치는 사건은 예수 그리스도의 이름을 높였던 복음서와 동일한 경우에 해당한다. 귀신들린 여종이 바울 일행을 좇아와서 '지극히 높은 하나님의 종들' 이라고 외치는 소리는 바울의 선교를 방해하기 보다는 오히려 그가 하나님의 사도임을 강조하는 기능을 한다. 다음으로 바울의 설교를 듣다가 3층 누각에서 떨어져 죽은 유두고(20:9)를 살리는 사건 역시 예수의 이름을 위하여 증인의 사명을 수행하는 바울을 통해서 하나님의 역사 즉 부활의 현실이 실제로 드러남을 밝힌다. 여기서는 치유와 관련된 특별한 언급이 없다. 마지막으로 멜리데 섬의 대표자(πρῶτος) 보블리오의 아버지(28:8)를 바울이 고치는 치유 사건이 나온다.[8] 이 사건 역시 땅 끝까지 복음이 전달될 때 기적적인 역사가 드러날 뿐만 아니라 기도의 능력을 통해서 예수가 실천한 모범을 적극적으로 수행하는 사도의 모습을 알려준다.

우리가 사도행전의 치유 기적들을 통해서 확인할 수 있는 내용은 모든 치유 사건이 증인으로서 복음을 전달할 때 유익한 도구로 사용된다는 것이고, 치유 기적이야말로 언제나 치유라는 단일한 목적을 지향하지 않는다는 사실이 여기서도 잘 드러나고 있다. 즉 사도행전의 기록 목적인 1장 8절의 땅 끝까지 이르러 예수의 증인이 되라는 부활한 예수의 명령을 실현시키는데 일조한다고 볼 수 있다. 그러므로 치유 행위 또는 기적은 예수의 증인으로 책임 있는 사명을 완수하기 위한 필수적인 과정이다. 사도행전의 치유는 이런 차원에서 이해되고 평가되어야 한다.

야고보서의 치유 : 통합적 차원 —

야고보서에는 믿음으로 말미암는 구원이라는 사상이 없다. 그래서 루터가 '지푸라기와 같은 서신' 이라고까지 비판한 것은 익히 알려진 사실이다.[9] 그러나 학자들은 본서가 이미 구원을 경험한 신앙 공동체가 그리스도인의 성숙한 삶을 실천해야 한다는 점을 강조하고 있다고 설명한다. 이런 주장은 직제와 조직을 갖춘 초기 기독교 공동체의 양상에서 확인된다. 물론 야고보서가 교회의 구조나 직제에 관심을 구체적으로 표명하지 않으므로 장로에 대하여 명시적으로 언급하기가 불가능하겠지만, 치유와 관련해서 장로가 수행하는 직무가 묘사된 점은 이러한 직제가 형성되었을 만한 교회의 모습을 암시한다.[10]

분명한 암시는 '너희 중에 병든 자가 있느냐 그는 교회의 장로들(πρεσβύτεροι)을 청할 것이요 그들은 주의 이름으로 기름을 바르며(ἀλείψαντες ἐλαίῳ) 그를 위하여 기도할지니라' (약 5:14)는 조언에서 확인된다. 즉 질병으로 고통 받는 그리스도인에게는 장로가 직접 방문해서 기름을 바르고 기도해 줄 것을 조언한다. 여기서의 병자는 병색이 짙어 장로

들에게 찾아갈 수조차 없는 상태에 처해 있을 것이다.[11]

본문에서의 기름, 즉 올리브유는 치유하는 과정에 반드시 필요한 도구이다. 기름을 바르며 치유하는 행위는 예수가 여러 재료를 사용한 것과 유사하게 실천하는 초기 기독교 공동체의 모습을 반영한다. 물론 지나칠 수 없는 것은 장로들이 기름이라는 수단을 사용해서 병들어 고통 받는 성도들을 섬긴다는 점이다. 이것은 육체의 질병에 대한 배려 깊은 치유 행위를 말한다. 그러나 본문의 맥락상 기름을 바르는 것은 또한 영적 치유의 차원에서 이해할 수 있다.[12]

기름을 바르면서 치유하는 행위는 질병의 치유를 위한 행위로 보이지만, 그것 자체만으로 목적이 전부 달성되었다고 볼 수 없을 것이다. 기름을 바르는 행위는 질병의 치유를 포함하면서 영적인 차원을 놓치지 않는다. 장로들이 기름을 바르며 치유하는 행위는 그들의 환자에 대한 관심과 목회적 친밀화가 형성되고 있음을 지시한다. 나아가 이것은 하나님이 기름이라는 수단을 통해서 환자의 더 깊은 내면에 도사리고 있는 고통의 원인을 해결한다는 신학적인 의미를 부여한다. 결과적으로 장로가 기름을 바르는 행위에서 고대 시대에 갖는 의학적 의미와 더불어 신학적 의미를 동시에 찾아내는 통찰이 필요하다.[13]

예수의 치유

신약성서에는 치유 기적과 더불어 치유가 진행되는 과정이 기록된다. 그렇다면 치유 기적과 물품이나 수단을 통한 치유의 결과가 지향하는 것은 무엇인가? 이 점이 바르게 해명되면 우리가 탐구하는 치유의 의미 또한 더 분명해질 것이다. 우리가 신약성서에서 치유를 논의할 때 예수의 치유 활동을 제쳐놓는다는 것은 해당 자료가 방대하다는 점만 보더라도 금물일 것이다.[14]

예수는 하나님의 나라에 대한 복음을 선포하기 위해서 치유 활동을 펼쳤다(마 4:23; 9:35). 예수의 사역에서 그만큼 치유에 대한 언급이 다수를 차지한다면, 그의 치유 기적이 복음을 증거하기 위한 하나의 과정이었으며, 곧 그러한 치유 기적이 복음의 확장을 위한 상징적 행위였음이 증명될 수 있다. 그렇다면 신약성서의 치유 활동이 단지 치유나 기적이라는 협의적 차원에서만 해석될 수 없는 일이다. 이와 더불어 전인적 치유, 즉 구원에 대한 과제는 치유에 관한 이러한 통전적 이해와 직접 연결된다고 하겠다.

예수의 통전적 치유 —

예수는 치유를 통해서 현실의 문제(즉 질병의 치유)를 해결할 뿐 아니라 영적인 치유를 통해서 본질적인 문제, 즉 전인 치유(wholistic healing)에 깊이 관여한다. 이것은 현재적 차원에만 관심을 갖는 그레꼬-로마 사회의 이교들이나 치유자들의 치유 행위와는 판이하게 다르다. 명예와 수치를 가장 고귀하게 여긴 당시의 관점에서 볼 때 장애인은 그야말로 별 볼일 없는 구차한 신분이다.[15] 그래서 장애인은 수치스런 존재로 취급될 수밖에 없었다.

이런 상황에서 볼 때 예수의 치유가 갖는 포괄성은 너무나 자명하다. 당시에는 인간의 온전한 상태가 결여된 것을 수치로 간주했다.[16] 그러나 예수의 치유 행위는 수치스런 존재로 주변 그룹에 속하는 장애인들을 중심으로 전개된다. 여러 장애(시각, 청각, 언어, 지체 등)로 인해서 고통 받는 사람들을 고쳐주었다는 사실은 구휼(救恤) 수준의 시도가 아니었다.

예수는 수치당하는 사람들과 친밀한 관계를 형성하여 치유하는데, 이것은 유대 사회에 팽배했던 정결법을 위반하면서까지 소외자들을 치유해준 '복지의 적극적인 실천가'로 그를 평가하게 한다. 그래서 예수는 신학적으로 이해할 대상이기도하면서 '세리와 죄인의 친구'라든지 '먹기를 탐하고 포도주를 즐기는 자'(눅 7:34; 마 11:19)라는 표현에서와 같이 구체적이며 현실적인 차원에서도 이해되어야만 할 존재이다. 그러므로 현실적인 차원을 아우르는 동시에 영적인 차원에서의 구원을 등한시하는 해석은 신약성서의 치유를 해석할 때 경계해야 할 사항이다. 여기서 언급되는 영적인 차원에서의 구원은 단연 예수의 정체와 그것이 포함한 하나님의 나라에 대한 인식과 연관된다.

예수의 치유의 목적 —

위에서 지적되었듯이, 치유 행동이 갖는 물리적인 변화나 회복의 특성은 무시될 수 없다. 즉 치유의 1차적 관심은 육체의 회복이다. 그렇지만 신약성서에 기록된 모든 치유 기적의 궁극적 지향점은 하나님의 나라를 드러내는 것이고, 하나님의 나라의 본질을 보다 실체적으로 증명하는 것이다. 여기서 하나님의 나라는 예수의 치유를 통해서 드러나는데, 치유 기적을 경험한 사람은 육체의 온전함을 넘어서 영적인 구원을 얻는다.

바로 이것이 예수의 치유가 함의한 구원이다. 이 점을 보다 분명히 해명하기 위해서 시각 장애인의 기적 내러티브(막 8:22~26)를 분석하고, 치유 기적이 '믿음'과 '예수의 정체 폭로'와 깊은 연관성이 있음을 살펴보려고 한다.

1) 예수의 치유와 구원의 실체

예수의 치유 기적이 갖는 의미를 살펴보면 먼저 '보다/봄'에 대한 관점이 강조됨을 알 수 있다. 이 점은 마가복음서 8장에서 보다 분명히 드러나는데, 예수가 벳새다에서 한 명의 시각 장애인을 치유하는 장면(막 8:22~26)이 바로 그것이다. 이 기사는 치유의 과정을 담고 있는 사건들 가운데서 가장 흥미 있는 장면으로 평가된다.[17]

사람들은 시각 장애인을 예수에게 데리고 와서 무엇인가로 만져주기를 간청한다.[18] 예수는 침을 뱉으며 시각 장애인의 눈에 바르고 안수한다. 그러나 "무엇이 보이느냐?"(Εἴ τι βλέπεις;)는, 예수의 치유 사역에서 한 번도 사용된 적이 없는 뜻밖의 질문이 나온다.[19] 아직 이 사람의 시력은 회복되지 않은 것이 분명하다. 그가 사람들이 보인다거나 나무 같은 것들이 걸어가는 것을 본다고 답하기 때문이다(24절). 그러자 예수는 다시 그의 눈에 안수한다. 이 때 이 사람의 눈이 온전히 회복되어 만물(ἅπαντα, 25절)을 보게 된다. 그의 시력의 회복은 그를 온전한 인격체로 변화시킨다. 여기서 마가복음서의 저자는 제자들의 영적 무감각에 대한 어떤 변화를 의도하고 있음이 분명하다. 더구나 그 소경이 눈이 회복되었다는 사실은 이 점을 극명하게 제시한다.[20] 점점 더 성숙해지고 메시아에 대한 분명한 고백, 즉 만물을 보게 되는 수준까지 말이다.[21] 이러한 측면은 이적 설화들이 우선적으로 하나님의 대리자로서 예수의 능력과 권위를 인증할 목적을 갖고 있는 것에서 확인된다.[22]

이 시각 장애인은 혼자는 통행이 부자연스러웠지만, 이제는 혼자가 되어도 문제가 전혀 없다. 현대 기독교 공동체가 궁극적으로 추구하는 단계가 바로 이와 같을 것이다. 그가 과거에는 영적으로도 신체적으로도 의존적일 수밖에 없었다.

그러나 이제 그는 온전한 개인으로 더 이상 타인에게 의존하지 않고 스스로 살아갈 수 있게 되었다. 이와 함께 2회에 걸쳐 반복적으로 예수가 손을 대는 행동은 그의 치유 사역이 계속되고 있음을 지시한다(23, 25절). 25절에 쓰인 두 손(τὰς χεῖρας)은 이례적일 뿐 아니라 예수의 행동이 두 손을 사용할 만큼 치유를 통해서 적극적으로 표현됨을 나타낸다.

2) 치유의 근거, 믿음[23]

치유 사건에 대한 현대인들의 주된 관심은 대부분의 경우 병자가 치유 받은 병원이나 치유의 결과, 혹은 어느 전문의가 고쳐주었는가에 모아진다. 즉 병자가 치유되었다는 사실 자체가 관심의 초점이다. 그러나 예수의 치유 사건의 경우는 차원이 조금 다르다. 예수는 병자들을 치유하고 난 이후 '가라 네 믿음이 너를 구원하였다'("Υπαγε, ἡ πίστις σου σέσωκεν σε. cf. 막 5:34; 9:24; 10:52; 눅 7:50; 8:48; 17:19; 18:42)고 말하는데, 이 언급은 그의 치유 기적에서 믿음이 얼마나 중요한지를 강조하는 것이다. 스탠턴도 이러한 특징을 '공관복음서에서 하나님에 대한 개인의 신앙이 예수의 응답을 얻어낸 데 비해서, 그레꼬-로마의 글에서는 기적적인 사건이 믿음으로 연결된다'고 파악한다.[24]

여기서 치유와 구원의 치밀한 상관성이 지적되어야 한다.[25] 예수의 치유 사건에서 믿음과 치유가 긴밀하게 관련되어 있음을 강조하는 사례들은 얼마든지 많이 있다. 신약성서에서 치유가 언급되는 맥락은 영적인 관점과 밀접하다. 그래서 그닐카는 치유는 하나님의 나라를 선포하는 말씀과 연결되고, 이 선포에 이적을 종속시킨다고 지적하면서, 치유는 하나님 나라 복음의 맥락 속에서 바라볼 때라야 올바르게 그 진가가 인식될 수 있다고 말한다.[26] 이 점은 아래서 그레꼬-로마 세계의 치유를 분석할 때 더 자세히 살펴볼 것이다. 치유의 행위가 단순하게 육체의 질병을 고치는 목적에 머물고 더 나아가서 전인적 회복이라는 전체성을 인정하지 않는 한 신약성서의 치유에 대한 바른 이해에 도달할 수 없다.[27] [28]

예수가 시각 장애인에게 '내가 능히 이 일 할 줄을 믿느냐'(마 9:28~29)고 묻고, 10명의 나병환자를 고치고 난 후 사마리아인인 한 사람이 와서 예수에게 감사를 표하자 '일어나 가라 네 믿음이 너를 구원하였느니라'(눅 17:19)고 말한다. 12년 동안 혈루증을 앓아 온 여자를 고치는 장면에서도 '딸아 네 믿음이 너를 구원하였으니 평안히 가라 네 병에서 놓여 건강할지어다'(막 5:34)라고 격려한다. 또 예수가 시각 장애인 바디매오에게 '네 믿음이 너를 구원하였느니라'(막 10:52a)고 말하자 그가 곧 보게 되어 그 길로 예수를 따르게 된다.

이처럼 예수의 치유 사건은 믿음을 궁극적으로 강조하는 맥락에서 이해되어야하고, 믿음과 긴밀한 관계에서 그 본래의 의미를 분석하고 탐구해야 한다. 이 점을 놓치면 예수의 치유가 갖는 의미를 제대로 파악하기 어렵다. 그렇다고 해서 믿음을 강조하는 것이 전통적으로 해석되는 치유의 본질적 속성인 신체의 질병이나 불완전함을 회복시키는 물리적인 현상을 무시하거나 제한하는 것은 결코 아니다.[29] 믿음에 대한 강조는 병자를 고치려고 애쓰는 동료나 친구들에게서도 확인된다.[30] 예를 들면, 로마의 백부장의 하인을 고치는 장면에서 예수는 백부장에게 '내가 진실로 너희에게 이르노니 이스라엘 중 아무에게서도 이만한 믿음을 보지 못하였노라'(막 8:10; 눅 7:9)고 말하여 치유와 믿음의 관련성을 암시한다.

그러므로 이렇게 믿음을 강조하고 격려하는 복음서의 맥락은 결과적으로 질병의 치유나 회복이 예수를 그리스도로 고백하고 받아들이는 믿음의 능동적인 행위가 밑받침이 되어야 함을 강조하면서 동시에 예수를 그리스도로 고백하는 것이야말로 깨어진 하나님의 형상이 실제로 회복되는 것이며 동시에 그것이 치유의 본질임을 확인시켜준다. 전인적 치유가 갖는 신앙 고백적 차원이 무시될 때 기독교의 이상은 일반 가치와 별반 차이를 볼 수 없을 것이고, 또한 기독교 정신의 궁극적 지향점에 대한 가치 갈등에 봉착하고 말 것이다.[31] 그러므로 신체적 차원과 영적인 차원 두 가지는 고루 염두에 둘 기독교의 가치이다.

3) 예수의 치유와 그의 폭로된 정체

복음서에 기록된 치유 사건을 통해서 확인된 내용은 단순히 치유만을 언급하지 않는다는 점이다. 치유 기적의 관점에서, 이것은 결코 단순하지 않다. 왜냐하면 치유 사건의 기록이 단순히 사건의 나열을 의도한 것이 아니듯이, 다른 의도와 목적을 가지고 있기 때문이다. 즉 치유 장면이 기록될 때마다 예수의 신분이 구체적으로 드러난다. 카스퍼는 이 점을 정확히 지적하여 '기적은 "이 사람은 누구인가…"라는 질문을 제기하게 한다' 고 말한다.[32]

병자의 외침을 통해서 예수의 칭호가 노골적으로 드러나는 것은 치유 사건의 의도가 예수의 신적 권위를 드러내는 것으로 보인다. 이런 사실은 마태복음서의 경우에서는 주님(κύριος, 17:15), 다윗의 자손(υἱὸς Δαυίδ,

9:27), 마가복음서와 누가복음서에서는 다윗의 자손 예수(υἱὸς Δαυίδ Ἰησοῦς, 막 10:47; 눅 18:38), 누가복음서에서는 예수 선생님(Ἰησοῦ ἐπιστάτα, 17:13)으로 확인된다. 또한 누가복음서(4:40~41)에서 독특한 장면이 나오는데, 귀신의 소리를 통해서 예수의 정체가 선포되고 있다. 예수가 온갖 질병으로 고생하는 사람들을 '손'으로 고칠 때 귀신이 여러 사람에게서 나오면서 예수를 '하나님의 아들'(υἱὸς τοῦ θεοῦ)이라고 외친다. 이것 역시 치유 사건과 관련되어 예수의 정체가 드러나는 경우에 해당한다.

이처럼 치유 기적이 예수의 신분을 드러내는 기능을 수행하는 것을 확인할 수 있는데, 치유 행동을 통해서 예수가 신적 권위를 갖고 있는 것으로 선포된다. 그러므로 복음서의 치유 기적/ 행동은 모두가 '예수가 누구인가'에 대해서 답변하는 목적에서 기록되고 있다. 즉 단순히 치유나 치유 행위 자체를 묘사하거나 기록하려는 것보다는 예수의 하나님 나라 선포가 갖는 본질을 강조하고 선포하려는 의도를 드러내는 측면이 강하다. 하나님의 구원 역사의 중심에는 예수라는 하나님의 아들, 그리스도가 존재하고 그를 통해서 하나님은 인간의 모든 문제에 관여하고 있음이 강조된다. 그러므로 신약성서에서 치유는 치유 자체에 한정되지 않는 포괄적인 의도를 함축하며, 그것의 궁극적 초점은 '예수의 정체'를 폭로하는데 있다.

전 세계와 우주를 지배하는 하나님이 예수를 통해서 인간에게 관심을 갖고 있다는 사실은 무엇을 의미하는가? 인간은 하나님의 배려와 관심의 대상이며, 치유의 대상이라는 것이다. 이것은 두 가지 측면에서 의미를 갖는다. 하나는 인간의 삶이라는 역사적인 차원이고, 다른 하나는 하나님이 인간에게 관심을 갖는다는 신학적인 차원이다.[33] 이것은 단순한 봉사와 배려의 차원이 아니라 그것을 넘어서서 궁극적으로 인간의 본질적인 문제로서의 회복에 관심을 두기 때문이다.

예수의 치유와 사회적 의미 —

지금까지 우리는 예수의 치유가 갖는 성서 신학적 의미를 분석했다. 여기서 드러난 점은 예수의 치유 행위가 육체의 차원을 넘어 영적 차원으로까지 확장된다는 것이었다. 즉 예수는 육체의 문제를 현실의 차원으로만 보지 않고, 영적 차원과 일치하는 것으로 이해했다. 이처럼 예수의 관심은 전인적 관점으로 인간을 평가하는 것인데, 결과적으로 이와 같은 평가는 그가 펼치는 치유 행위가 사회적 의미를 가지도록 만든다. 인간이 하나님의 형상으로 삶의 의미가 회복되어 사회의 온전한 구성원으로 복귀하는 것이야말로 예수의 치유가 궁극적으로 지향하는 바이다.[34]

그러므로 사회적 의미가 결여된 예수의 치유에 대한 해석은 불완전한 것이다. 예수는 사회 병리적 현상을 치유하고 하나님의 나라를 확장하는 데 힘썼다. 신약성서의 많은 사례들이 치유 이후의 사회적 회복을 언급하는데, 장애인들이 치유 받아 온전하게 되어 사회와 공동체의 일원으로 당당히 서게 하는 것에서 확인된다. 예를 들어, 치유 받은 장애인이 제사장에게 가서 자기가 깨끗하게 된 것을 보여주는 행위 자체가 그 기능을 수행하는 것이다.[35]

그러므로 신약성서에서 치유는 가장 소외된 주변인에게 치유와 적응까지 책임지는 것을 함의한다. 후천성 면역 결핍증(AIDS) 환자들처럼 사회적으로 편견의 대상인 사람들의 경우, 사회에서 뿐만 아니라 교회 내부에서도 부정한 질병으로 취급되고 있다. 그러나 그들이 정상적인 생활을 할 수 있음에도 불구하고 이러한 사회적인 냉대와 편견 때문에 그들의 생활은 더욱 어려워질 수밖에 없다. 그들의 문제를 외면하면서 예수의 치유의 본질적 의미를 이해하기는 지극히 어렵지 않겠는가?

신약성서 시대 역시 유대교의 전통과 규례가 적용되는 사회였고, 초기 기독교 공동체 또한 유대교와 긴밀한 관련성을 갖고 있었기 때문에, 당시의 사람들은 여전히 질병이나 신체적인 장애를 죄의 대가로 간주하고 있었다. 그렇지만 신약성서는 예수의 하나님의 나라 선포와 사도들의 복음 사역과 치유 활동이 장애에 대해서 깊은 배려와 관심을 드러내고 있음을 알려준다. 즉 신약성서는 장애인을 존중하고 장애를 하나님의 섭리로 수용하며, 장애인을 자선과 복음 증거의 대상으로 본다. 물론 장애인이나 그들을 치유하는 장면에 대한 신약성서의 서술은 상당히 많은데, 네 명의 복음서 저자들은 공히 예수가 시각 장애인, 보행 장애인, 그리고 다른 병자들을 치유해주었다고 입을 모은다.[36]

신약성서에서 장애인은 예수의 관심이 집중되는 대상이다. 예수는 많은 장애인들을 치유해주며, 동시에 그들이 공동체의 일원으로 당당히 살아가게 돕는다. 당시에는 제사장이 현재의 의사의 역할과 기능을 수행했는데, 병을 치유하고 난 이후 제사장에게 보내는 예수의 행동(마 8:4; 막 1:44; 눅 5:14)은 바로 장애인의 신분으로 취급되던 사람이 이제는 해방되어 공동체로 복귀할 수 있음을 선언하는 것이다.

이스라엘 사람들로부터 주변인, 즉 제의적으로 전락한 장애인들에게 관심을 드러내는 동시에 그들의 본래적인 삶의 터전으로 완전히 참여하게 돕는 것이 바로 예수의 치유 사역에서 발생한다. 즉 이것은 인간의 신분이

역전되는 의미를 갖는다.[37] 이러한 예수의 치유 행위는 생명의 귀한 담지자로 장애인을 바라보는 예수의 관점을 극명하게 보여준다.

제사장에게 가서 깨끗해진 상태를 보여줌으로 증거를 삼는 행위는 레위기 14장의 율법 조항에 해당된다. 그러므로 제사장에게 보내는 예수의 지침은 제사장 제도의 권위를 인정하는 것으로 볼 수 있다.[38] 오늘날의 전문의들과 같이, 유대교의 제사장들은 병자의 치유 상태가 온전한지 그렇지 않은지를 결정하는 역할을 수행했다. 그러나 이러한 철저한 유대교의 정결법의 규율이 적용되는 사회에서 예수는 유대인들의 비난에도 불구하고 안식일에 병자를 치유하며(마 12:9~13), 회당에서 18년 동안 귀신들려 앓으며 꼬부라져 조금도 펴지 못하는 여성을 치유하고(눅 13:10~13), 베데스다 연못에서 38년 된 장애인을 치유하는 동시에(요 5:2), 그리고 날 때부터 소경된 사람을 치유한다(요 9:1~14). 이러한 장면들은 모두 예수가 종교적 의식보다 인간의 모든 생명을 귀하게 여겼음을 드러낸다.

또한 장애인들은 하나님의 나라에서 차지할 몫을 가지고 있는 귀한 존재이다. 누가복음서에서는 큰 잔치를 차려놓고 비장애인을 초청했으나 여러 핑계를 대며 참석하지 않자 초청자는 종들을 불러서 가난한 사람들과 장애인들과 시각 장애인들과 거동이 불편한자들을 잔치에 초청한다(눅 14:15~24). 이런 장애인들은 종말론적인 성전(聖戰)이나 종말론적인 잔치에 참여할 수 없는 사람들이었다.[39] 그러나 예수는 장애인들의 친구로 그들을 옹호하는 입장에 서 있다. 예수의 비유에서 장애인들은 사회의 주변부에 속한 비정상적인 존재가 아니라 하나님 나라의 당당한 구성원으로 선언되고 있다.

예수는 신체의 질병이나 장애 문제를 하나님의 섭리를 드러내는 하나의 수단으로 해석하면서 장애인들의 존재 의미를 적극적으로 옹호한다. 장애를 하나님의 섭리로 보는 예수의 입장은 요한복음서 9장 1~13절에서 발견된다. 제자들이 장애가 누구의 죄의 결과인지에 대해서 궁금해 할 때, 예수는 장애인들의 입장을 적극적으로 대변해준다. 예수에 의하면, 장애는 죄와 관련된 것이 아니라 하나님의 행하는 일을 드러내고자 하는 의지의 표명이다. 이처럼 예수는 장애인들의 정체성 회복에 힘을 실어 준다.

위에서 살펴본 바와 같이, 예수의 치유 행동은 하나님의 형상을 회복하여 창조시의 모습을 지닌 회복된 인간으로 변화되는 길을 열어놓았다. 이렇게 예수의 치유는 질병은 물론이거니와 동시에 사회적인 완전 복귀와 전인적인 회복을 지향하고 있다. 그러므로 성서적 믿음 역시 이와 같은 사회적인 통합성을 가지고 실천해야 한다.

그레꼬-로마 세계의 치유[40]

신약성서는 그레꼬-로마적 관점에서 읽는 것이 매우 유용한데,[41] 특히 치유 개념을 이해하기 위해서도 1세기 지중해 사회의 상황을 알아보는 것이 좋다. 왜냐하면 신약성서는 이 시기에 기록되었고, 거기 등장하는 사람들의 삶의 터전이 그레꼬-로마 사회였기 때문이다. 그러나 당시의 관례적인 치유 개념을 확인해보면 신약성서가 담고 있는 치유 개념이 그 당시와 얼마나 많은 차이를 보이고 있는지 금방이라도 알 수 있다. 현재적인 관심만을 고수하는 당시의 치유 개념과 신약성서의 치유 개념의 차별성을 판별하는 것은 성서에서의 치유 개념을 확립하는 데 유용하다. 이러한 차이를 인식하며 이교 사상의 치유 개념을 살펴보자.

고대의 이방 종교들은 기독교가 강조하는 영생이나 구원과는 거의 관련이 없었다. 대부분의 고대인들이 찾았던 '구원'은 질병이나 재난 아니면 이생의 죽음으로부터의 구원이었고, 많은 이교도들이 요구했던 '구속'은 죄의 굴레로부터의 구속이 아니라 노예 제도와 같은 사회적 억압에서의 자유였다. 이처럼 이방 종교에서 구원자 또는 구원은 건강이나 이 세상의 문제들과 관련이 있었다.[42] 따라서 질병의 치유 역시 구원의 한 차원에서 이해될 수 있었다. 그러나 이러한 치유 개념은 성서가 함의하는 포괄적인 치유 개념과는 판이하게 다른 것이다. 즉 고대인들이 생각하는 구원은 치유, 축복 같은 현세적인 내용만을 포함한다. 이방 제의에서 불멸을 향한 확신과 같은 증거는 예상외로 찾아내기 어렵고[43] 심지어 그것을 추구했다는 흔적조차 찾기 힘들다.

이처럼 고대인들에게 구원은 오직 현세적일 뿐이었다. 우리가 고대의 구원개념을 이해하기 위해서 쏘조(σῴζω, 구원하다, 회복하다, 고치다, 건강해지다), 쏘테르(σωτήρ, 구원자), 쏘테리온(σωτήριον), 쏘테리아(σωτηρία, 기독교에서의 구원을 의미할 때 사용됨)와 같은 말이나 이시스(Isis)나 미트라스(Mithras) 종교 같은 동방 제의에서 사용된 방식을 보여주는 증거들을 살펴보는 것이 유익하다.

이시스는 임박한 죽음을 예언하고 새 생명을 부여하는 권한이 있다고 한다.[44] 버켓(W. Burkett)이 지적한 것과 같이 이것은 새로운 생명을 제공하지만 이 세상에서의 생명이며 다른 종류의 것이 아니라 사물을 지속시키는 것으로 되돌리는 것이며 대체하는 대신 연장하는 것을 의미한다.[45] 이시스는 또한 치유를 해 준다고 인식되었고 그러한 상황에서 이시스가 건강의 여신 히게이아(Hygeia)로 여겨짐에 따라 쏘테리아(σωτηρια)는 건강에 해당하는 말이었다.

이밖에도 이시스를 추종하는 사람들은 그녀가 자신들을 수많은 위험에서 구원해줄 것으로 확신했다. 미터(Meter)의 추종자들은 그녀를 포로에서 구원할 자라고 부른다. 미트라스(Mithras)는 묘비에서 물에서 구원하는 것으로 칭송받는다. 쏘테리아(σωτηρια)는 또한 일반적으로 치유의 신인 아스클레피우스(Asklepius)를 가리키는 말이었다. 어떤 면에서 고대 세계에서 기독교의 가장 강력한 경쟁자는 점차 증가하는 황제숭배였는데, 그것은 황제를 로마 제국에 평화와 안전과 번영을 가져다주는 자라고 선포했다. 미터, 이시스와 미트라스의 신전에서 우리는 종종 황제숭배의 서약을 발견한다. 특히 시저는 곡식과 돈과 땅과 일거리를 나누어주고 그의 군사적인 업적 때문에 구원자로 여겨진다.[46]

키케로(Cicero) 같은 사람들은 엘레우시스(Eleusis)에서는 '어떻게 기쁘게 살고 어떻게 더 나은 희망을 가지고 죽는 것'을 알려주기 때문에 특히 엘레우시스 제의(Eleusinian mysteries)가 내세에 유익하다고 생각했다.[47] 이 신비 제의는 좀더 철학적으로 기울기 때문에 영적인 높은 경지를 보였으며, 그것은 로마 황제들, 아테네의 귀족들, 심지어 자유민과 노예들에게 이르기까지 모든 사회 계층에 의해 열렬히 추구되었다.[48] 그러나 심지어 그 경우에도 초점은 분명히 미래보다는 현실에서 어떻게 살 것인가에 달려 있었다. 그리고 내세는 말하자면 이생의 보상이나 대체물이 아니라 연장으로 여겨진다. 이방 종교는 내세에 천국을 얻기 위해서 지금 이곳에서 고행이나 슬픔을 당한다는 개념이 전혀 없거나 거의 없다.[49] 이교도들은 안전하고 건강하고 부자로 살기를 희망하면서 이 세상에서 더 나은 삶을 살려는 입장을 가지고 신들이나 여신들에게 도움을 구했다.

알려진 것처럼, 신비 제의 가운데서 심지어 가장 극적인 타우로볼리움(taurobolium, 황소의 피에 목욕하는 것)도 어떤 내세의 통행을 보장하는 것이 아니라 이 세상에서의 권력, 정력, 풍성한 생활을 주고 앞으로 닥칠지 모르는 모든 악으로부터 보호해주는 것을 의미한다. 그러나 그 혜택은 오직 20년 동안만 효력이 있었고,[50] 입회자는 단지 20년 동안만의 효력을 위해서 서약했을 뿐이다. 오르픽(Orphic)[51] 찬가에서도 발견되는 것처럼, 심지어 디오니수스(Dionysiac) 제전에서도 제사들과 의식에서 드려지는 기도의 목적은 건강과 부의 세속적인 형태로써 구원(σωτηρία)을 제공하는 것이거나 아니면 바다에서의 안전한 여행, 풍년과 지금 이곳에서의 행복하고 즐거운 삶을 위한 것이었다.[52]

위에서 언급한 이러한 제의들 중의 일부는 죽음의 공포와 생명과 건강이 점차로 쇠퇴하는 것에 대한 공포를 극복하기 위한 것으로 보이는데, 그러한 일반적인 인간의 두려움을 극복하는 것도 결국은 이 세상에서의 혜택이다. 대다수의 이교도들이 내세에서 가장 많이 찾는 것은 그들의 영혼이나 정신을 위한 고통, 슬픔, 걱정, 혼란이 없는 평화였다.[53] 이시스의 신비 제의 중에서 적어도 하나의 중요한 기능은 사람들에게 그러한 결과를 확신시켜주는 것 같이 보인다. 이교도들은 또한 자기 조상들의 안식과 평화를 확실하게 하기 위해서 다양한 형태의 마술이나 주술에 의존하고 있었다(cf. 고전 15:29). 그러한 제의들은 심지어 내세에 대한 약속에 있어서도 실제적인 필요를 채워주고 있었다. 입회자에게는 마침내 '나는 악으로부터 벗어났고 더 나은 것을 발견했다'고 선언되었다. 따라서 현실에서 기분이 더 좋아지는 것이 성공적인 제의의 즉각적인 체험이었음에 틀림없다.[54]

신약성서의 치유와 구원

신약성서는 치유를 통하여 하나님의 형상으로의 인간의 온전한 회복을 꿈꾼다. 이러한 원대한 비전을 성취하기 위해서 가장 먼저 거쳐야 할 과정이 치유일 것이다. 이처럼 치유는 인간의 모든 문제를 해결하기 위해서 가장 시급하게 취급될 과제이다.

하나님의 형상으로의 인간의 전적인 회복은 치유의 과정을 필두로 해서 회복된 인간의 사회적 통합을 목적으로 한다. 이러한 치유의 포괄적 특성이 신약성서가 담고 있는 치유 개념이다. 예수가 다룬 치유 사건들은 모두 이러한 전체성의 특징을 갖고 있다. 영과 혼과 육으로 형성된 인간에 대한 전체적인 관심이 바로 예수의 치유 행위에서 드러나고 있다. 즉 예수가 치유하는 것은 질병의 치유만이 아니었다. 육체의 치유를 넘어 사회적이고 영적인 차원으로의 확장이 바로 예수가 실현하고 지향한 치유이다.

이러한 관점에 근거해서 우리는 신약성서의 치유 개념을 파악하기 위하여 신약성서 속에 드러난 치유에 대한 여러 유형을 분석했다. 신약성서의 치유 개념은 육체적 치유의 차원을 넘어 영적 차원으로 확장되는 특징을 갖는다. 즉 당시의 그레꼬-로마 제의의 치유 개념과는 전적으로 다른 성격을 띠면서, 복음 선포의 근거를 마련하려는 데 1차적인 목적이 있음을 확인했다. 치유를 통해서 우선적으로 예수가 드러내려고 의도한 것은 하나님의 통치(하나님의 나라)였다. 이것이 치유가 갖는 신학적인 차원이다. 치유는 단순한 질병의 해결이 아니라 하나님과의 자유로운 소통이다. 예수는 바로 이 점을 의도한 것이다.

신약성서의 모든 치유 사건은, 현대인들이 생각하는 것처럼, 불가능한 것의 해결이라는 기적적인 차원에만 머물지 않는다. 한 단계 더 나아가 인간의 영혼을 구원하는 것과 더불어 사회적인 차원에서 소외자가 중심부로 복귀하는 것을 목적으로 삼는다. 그러므로 인간의 영혼을 구원하는 데 관심이 집중될 때, 육체적 질병의 치유는 필수적일지라도, 성서적 맥락에서 치유의 강조가 현실적으로 질병을 고치는 것에만 머물 수는 없다. 실제로 예수와 그를 따르는 초기 기독교 공동체의 모든 사역은 질병의 해결만을 위해서 노력한 것이 아니라 육체적인 고통과 소외된 현실에 묶여있는 인간들을 한계의 사슬로부터 자유롭게 풀어주고, 궁극적으로 해방시키는 역할을 수행했다.

이렇게 사회 통합적이고 포괄적인 특징을 강조한다고 해서, 기적적인 치유(신유)를 거부할만한 성서적 근거는 없다. 성서의 모든 치유 사건은 기적적인 차원을 포함하기 때문이다. 그러나 치유에 대해서 신약성서가 강조하는 보다 심층적인 차원을 읽어내는 것이야말로 훨씬 더 중요하다. 치유를 시행할 때 보조적인 도구나 수단을 사용했기에 기적이 아니라거나 또는 그것들을 사용하지 않았기 때문에 기적적인 치유라고 주장하는 것은 성서적 맥락에서 다시 한번 짚어볼 문제이다. 신약성서에서는 치유의 과정과 치유의 수단이 하나님의 의도를 드러내는 데 적극적으로 활용되고 있고, 나아가 예수의 정체를 정확히 드러내는 데 초점을 맞추고 있다. 예수의 치유 사역이 현실적인 장애를 해결하는 적극적인 대안이었음을 무시할 수 없다. 그렇지만 치유의 목적이 이방 제의들처럼 현실적인 문제에만 집중되어 있지 않았다는 사실은 분명해 보인다.

나가는 말

위에서 강조한 대로, 기독교가 궁극적으로 목표로 삼는 주제는 하나님의 형상으로의 인간의 온전한 회복이다. 이것은 신약성서가 강조하는 요소이면서 예수가 하나님의 나라를 선포하는 가운데 드러난 하나님의 명백한 의지이기도 하다. 이와 같이 기독교는 포괄적인 개념의 인간 이해를 의도한다. 또한 우리가 살펴본 것처럼, 기독교의 실천은 인간의 치유와 구원에 대한 관심 역시 성서적 교훈과 일치해야 하는데, 이러한 측면을 강조하기 위해서 본 논문은 그레꼬-로마 사회의 치유 개념도 분석했다.

당시의 치유는 일방적으로 현재적이고 축복 지향적인 특징을 갖는다. 그들에게 영혼의 미래적 구원이나 죄와 같은 신앙적 차원의 자유 같은 개념은 발견되지 않았다. 그러므로 치유 개념을 분석할 때 치유의 현재적 측면만을 강조하거나 부각시킨다면 이방 제의의 주장과 동일한 입장이 된다는 점을 인식하는 것이 매우 중요한 것이다. 이와 동시에 현실적인 차원에 집중하는 것은 처음부터 성서의 교훈에서 이탈될 수 있음을 인식해야 한다. 기독교의 터전이 서 있어야 할 굳건한 기초는 성서이기 때문이다.

참고 문헌

Chapter 1

1) Cf. E. S. Malbon/E. V. McKnight(eds.), *The New Literary Criticism and the New Testament*, JSNTSS 109, Sheffield: Sheffield Academic Press, 1994, 1~26.

2) H. J. Cadbury, 'Roman Law and the Trial of Paul' , in K. Lake/H.J. Cadbury(eds.), vol. 5, Additional Notes to the Commentary in F. Jackson/K. Lake(eds.), *The Beginnings of Christianity*, Part 1, The Acts of the Apostles, London: MacMillan and Co., 1933, 327.

3) J. B. Green, *The Gospel of Luke*, NICNT Grand Rapids: Eerdmans, 1997, 13~14. 여기서 텍스트의 유형은 그린의 이해가 많은 도움이 되었다.

4) 간텍스트성에 대해서는 다음을 참고할 수 있다. J. Hollander, *The Figure of Echo : A Mode of Allusion in Milton and After*, Berkeley: University of California Press, 1981; J. Culler, *Structuralist Poetics : Structuralism, Linguistics and the Study of Literature*, Ithaca: Cornell University Press, 1975; M. Riffaterre, 'Intertextual Representation: On Mimesis as Interpretive Discourse' , *Critical Inquiry* 11(1984) 141~162.

5) C. Baldick, *The Concise Oxford Dictionary of Literary Terms*, Oxford: Oxford

University Press, 1990, 112.

6) 이명섭 편, 「세계 문학비평 용어사전」, 서울: 을유문화사, 1985, 470.

7) M. P. Bonz, *The Past as Legacy: Luke – Acts and Ancient Epic*, Minneapolis: Fortress, 2000.

8) Cf. H. J. Cadbury, *The Making of Luke-Acts*, London: SPCK, 10.

9) L. C. A. Alexander, 'The preface to Acts and the historians', in B. Witherington III(ed.), *History, Literature and Society in the Book of Acts*, Cambridge: Cambridge University Press, 1996, 78~79.

10) B. Witherington III, *The Acts of the Apostles: A Socio-Rhetorical Commentary*, Grand Rapids: Eerdmans, 1998, 6.

11) D. E. Aune, *The New Testament in Its Literary Environment*, Cambridge: James Clarke & Co., 1987, 117~118.

12) Cf. L. T. Johnson, *The Gospel of Luke*, Sacra Pagina 3, Collegeville: Liturgical Press, 1991, 14.

13) W. L. Liefeld, *Interpreting the Book of Acts*, Grand Rapids: Baker, 1995, 39; Cf. A. J. Matill, Jr., 'The Jesus-Paul Parallels and the Purpose of Luke-Acts: H.H. Evans Reconsidered', *NovT* 17(1975) 15~46; R.F. O' Toole, 'Parallels Between Jesus and His Disciples in Luke-Acts: A Further Study', *BZ* 27(1983) 195~212; D.P. Moessner, " The Christ Must Suffer': New Light on the Jesus-Peter, Stephen, Paul Parallels in Luke-Acts,' *NovT* 28(1986) 220~256.

14) L. T. Johnson(1991) 22.

15) J. B. Green, *The Gospel of Luke*, NICNT Grand Rapids: Eerdmans, 1997, 10.

16) Cf. M. C. Parsons/R.I. Pervo, *Rethinking the Unity of Luke and Acts*, Minneapolis: Fortress, 1993.

17) 필자는 이전에 사도행전의 바울 재판 내러티브를 반 유대적 읽기를 통해서 분석했는데, 다음을 참고할 수 있다. 윤철원, 「신약성서의 그레꼬-로마적 읽기」, 서울: 한들출판사, 2000, 265~316.

18) Cf. 김명수, 「원시그리스도교 예수 연구」, 서울: 한국신학연구소, 1999, 104~105. 성

전은 원래 기능적으로 경제력, 정치 권력, 그리고 이데올로기의 중심축을 형성했다.

19) 물론 성전이라고 해서 싸잡아서 모든 게 다 거룩하다고 할 수는 없을 것이다. 왜냐하면 예루살렘의 주요 수입원은 제의(祭儀)를 매개로 하는 수입이 주류를 형성했기 때문이다.

20) Cf. J. Jeremias(한국신학연구소 번역실 역), 「예수시대의 예루살렘」, 서울: 한국신학연구소, 1988, 161. 이 문(Gate Beautiful)은 일명 니가노르 문(Nicanor Gate)이라고도 불리며, 이방인의 뜰을 지나서 여성들의 뜰로 들어갈 때 통과하게 되는 문이다.

21) 제의적 정결은 고대 유대교의 중요한 특징 가운데 하나이다. 'Tahor 즉, '제의적으로 정결한' 사람이나 물건은 하나님에게 다가가기 위하여 성전의 내부에 들어가기에 적합했다. Tah-may 즉, '제의적으로 부정결한' 사람이나 물건은 하나님에게 가까이 갈 수 없었음으로 성전 내부에도 들어가지 못했다. 이후에 랍비들은 Tahor와 Tah-may의 성서적 용어들을 그들이 선호하는 용어 즉, kosher란 용어로 대체했다.

22) Cf. J. Stambaugh/D.L. Balch(윤철원 역), 「초기 기독교의 사회 세계」, 서울: 한국신학연구소, 2000, 143.

23) Cf. J. B. Green, 'Internal repetition in Luke-Acts: contemporary narratology and Lucan historiography,' in B. Witherington III(ed.), *History, Literature and Society in the Book of Acts*, Cambridge: Cambridge University Press, 1996, 283~299; F.S. Spencer, *Acts*, Sheffield: Sheffield Academic Press, 1997, 46~47.

24) J. B. Green(1997) 646.

25) 윤철원, 「누가복음서 다시 읽기: 내러티브의 구조와 세계」, 서울: 이레서원, 2001, 367.

26) J. Nolland, *Luke 9:21~18:34*, WBC 35B, Texas: Word Books, 1993, 897.

27) Cf. B. M. Metzger(나채운 역), 「신약성서개론」, 서울: 대한기독교출판사, 1983, 37~40. 탈무드에 나타나는 일곱 종류의 바리새인들을 열거한다. 1. 잠시 대기형(wait-little Pharisee: 선행을 기피할 구실을 찾는다), 2. 멍든 상처형/유혈형(bruised or bleeding Pharisee: 여자를 보지 않으려고 눈을 감고 가다가 벽에 부딪쳐 멍이 들거나 피를 흘린다), 3. 어깨 으쓱형(shoulder Pharisee: 모든 사람들이 볼 수 있는 곳에서 보라는 듯이 어깨를 으쓱대며 선행을 하는 사람들), 4. 곱사등형(hump-

backed Pharisee: 거짓으로 겸손한 체하면서 허리를 깍듯이 굽히고 걷는 자들), 5. 계산형(ever-reckoning Pharisee: 자기의 악행을 상쇄시킬 만큼의 선행만 하기 위해늘 계산을 맞추는 사람들), 6. 하나님 경외형(God-fearing Pharisee: 하나님을 경외하고 두려워하는 바리새인들), 7. 하나님 사랑형/천생형(God-loving or born Pharisee: 이들은 아브라함의 참 아들이고 진정한 바리새인들이다).

28) 김명수(1999) 105. 예수 시대의 성전정화 운동, 곧 탈(脫) 성전 운동으로는 쿰란 운동, 바리새운동, 젤롯당 운동, 세례 요한의 회개 운동 등이 있다.

29) Cf. J. Jeremias(1988) 185.

30) 윤철원(2001) 402.

31) J. Nolland, *Luke 18:35~24:53*, WBC 35C, Texas: Word Books, 1993, 935.

32) E. P. Sanders(이정희 역), 「예수운동과 하나님 나라」, 천안: 한국신학연구소, 1997, 138.

33) E. P. Sanders(1997) 138.

34) G. H. Twelftree, 'Scribes,' in J. B. Green/S. McKnight/I. H. Marshall(eds.), *Dictionary of Jesus and the Gospels: A Compendium of Contemporary Biblical Scholarship*, Downers Grove: IVP, 1992, 732~735.

35) J. Jeremias(1988), 158~159. 예레미아스는 탈무드의 기록에 근거해서 율법학자의 부인이 다수로 언급되는 경우가 한번도 없다는 사실은 그들이 일부일처제를 높이 평가한 데서 연유한 것이 아니라 가난한 처지에서 연유한 것이라고 그들의 빈한함에 대해서 잘 설명한다. 그들이 얼마나 가난한지에 대한 설명은 아래의 사례에서 확증된다. 랍비 가말리엘 2세의 두 제자들은 지중해의 물방울 수를 헤아릴 수 있을 만큼 매우 박식했지만, 이들에게는 먹을 음식과 입을 옷이 없었고, 유명한 율법 학자 랍비 아키바와 그의 부인은 겨울철에 짚을 덮고 잠을 자야 했다고 한다. 또한 랍비 예후다는 단 한 벌의 외투만을 가지고 있었고, 그 부인이 집밖으로 나갈 때면 부인과 그는 외투를 번갈아 입어야 했다고 한다.

36) J. Jeremias(1988) 158.

37) Cf. F. F. Bruce, *The Book of Acts*: *Revised*, NICNT, Grand Rapids: Eerdmans, 1988, 77~8. 코넬리우스 아 라피데(Cornelius a Lapide)의 기록은 본문의 새로운 이

해를 위해서 통찰을 제공해준다. 토마스 아퀴나스(Thomas Aquinas)가 교황 이노센트 2세(Innocent II)를 방문해서 대화하는 내용이다: 교황이 엄청난 양의 돈을 세면서, 토마스, 당신이 보는 것처럼, 교회는 더 이상 '은과 금은 내게 없다' 고 말할 필요가 없어요. 이에 아퀴나스가 대답하기를, '맞습니다, 교황 성하(聖下), 그러나 교회는 이제 일어나 걸으라고 말할 수도 없습니다' 라고 답했다고 한다.

38) Cf. J.D. Quinn, 'The Last Volume of Luke: the Relation of Luke-Acts to the Pastoral Epistles,' in C. Talbert(ed.), *Perspectives on Luke-Acts*, Edinburgh: T. & T. Clark, 1978, 62~75; S.G. Wilson, *Luke and the Pastoral Epistles*, London: SPCK, 1979; M. Davies(윤철원 역), 「목회서신」, 서울: 이레서원, 2000, 154~156.

39) Cf. R. Barthes(김명복 역), 「텍스트의 즐거움」, 교양총서 31, 서울: 연세대학교 출판부, 1990.

40) A.C. Thiselton, *New Horizons in Hermeneutics: The Theory and Practice of Transforming Biblical Reading*, London: Collins, 1992. 씨슬톤은 성서가 기록되던 당시의 지평과 현재 독자가 서 있는 지평의 이해가 본문 해석의 중요한 지점으로 이해한다. 또한 성서학과 조직신학의 두 지평의 융합을 새로운 과제로 제안하는 입장은 다음을 참고하라. J.B. Green/M. Turner(eds.), *Between Two Horizons: Spanning New Testament Studies & Systematic Theology*, Grand Rapids: Eerdmans, 2000.

Chapter 2

1) 필자는 환경에 대한 관심과 문제의식을 신약성서에서 발견하곤 했다. 윤철원, '환경과 복음 그리고 그리스도인,' in 기독교환경운동연대(편), 「녹색의 눈으로 읽는 성서」(서울: 대한기독교서회, 2002), 145~164.

2) Cf. 장회익 외 9인 지음/ 한국교회환경연구소 엮음, 「생태적 삶을 추구하는 영성」(서울: 내일을 여는 책, 2000); 이현주 외 10인 지음, 「자연과 인간의 아름다운 만남」(서울: 한국교회환경연구소, 2001).

3) R. B. Hays(유승원 역),「신약의 윤리적 비전」(서울: IVP, 2002), 308.

4) K. C. Abraham(정연복 역), '생태계의 위기에 대한 신학적 응답,' 「기독교사상」 465(1997), 216~234; R. Gibellini(심광섭 역), '생태신학의 최근 흐름,' 「기독교사상」 480(1998), 100~110; 강사문, '생태 신학적 사고를 지향하며,' 「교회와 신학」 37(1999, 여름), 152~190; 전현식, '에코페미니즘, 군사주의, 악 그리고 생태 정의의 지구 생명 공동체,' 「한국기독교신학 논총」26(2002) 413~44.

5) 생태학에 대해서는 다음을 참고하라. R. P. McIntosh(김지홍 역), 「생태학의 배경: 개념과 이론」(서울: 아르케, 1999), 21~25; S. I. Dodson 외 7인(노태호 외 3인역), 「생태학: 인간과 자연」(서울: 아카데미서적, 2000), 2. 학자들은 생태학의 관심 분야가 확대되면서 생태학의 정의도 난무하게 되었다고 인식한다. 여기서 분명해지는 것은 생태학의 범주가 생태학자나 생물학자에게만 한정되지 않는다는 점만은 분명해 보인다. 생태학은 지리와 환경뿐만 아니라 사회, 문화 등 사람의 의식주를 포괄하는 광범위한 분야를 지칭한다.

6) R. A. Burridge, *Four Gospels, One Jesus?*(London: SPCK, 1994), 99~129. 여기서 저자는 누가의 예수를 무거운 짐을 나르는 짐꾼으로 표현한다. 사실 예수의 사역은 이 세계의 무거운 짐을 지고 살아가는 죄인들, 세리들, 여성들, 가난한 자들, 병자

들을 포용하고 있다.

7) Cf. J. R. Levison/P. Pope — Levison, ‘Global Perspectives on New Testament Interpretation,’ in J. B. Green, *Hearing The New Testament*(Grand Rapids:Eerdmans, 1995), 329~348.

8) H. Snyder, *Liberating the Church:The Ecology of Church and Kingdom*(Downers Grove: Inter —Varsity Press, 1983), 45~51.

9) W. Berry, *Home Economics*(San Francisco: North Point Press, 1987), 44.

10) H. Snyder(1983) 51.

11) J. Jeremias(김경희 역), 「예수의 선포」(왜관: 분도출판사, 1999), 142~157, 282~316.

12) N. Perrin, *Jesus and the Language of the Kingdom*(London: SCM, 1976); W. B Tatum, *In Quest of Jesus*(London: SCM, 1982), 123~131.

13) F. S. Spencer, Acts(Sheffield: Sheffield Academic Press, 1997), 32~33.

14) Cf. 소기천, ‘예수의 환경 친화적 가르침,’ in 기독교환경운동연대(편), 「녹색의 눈으로 읽는 성서」(서울: 대한기독교서회, 2002), 134.

15) W. B. Tatum(1982), 129~131.

16) Bruce Birch, “Nature, Humanity, and Biblical Theology: Observations Toward a Relational Theology of Nature,” in Wesley Granberg — Michaelson(ed.), *Ecology and Life: Accepting our Environmental Responsibility*(Waco: Word, 1988), 148~50.

17) D. G. Horrell(윤철원 역), 「바울읽기」(서울: 미스바, 2003), 111~118.

18) A. Schweitzer, *The Mysticism of Paul the Apostle*, 2nd ed.(London: A & C Black, 1953), 3; E. P. Sanders, *Paul: The Law and the Jewish People*(London: SCM, 1983), 47~48; *Contra* N. T. Wright, *What Saint Paul Really Said*(Oxford: Lion, 1997), 119.

19) W. Foerster, ‘εἰρήνη’, *TDNT* II, 411.

20) Cf. 윤철원, ‘사도행전을 중심으로 한 누가의 종말론 해석’, 「기독교사상논단」 창간호(서울: 대한기독교서회, 1999), 49.

21) C. H. Dodd, *The Parables of the Kingdom*(New York: Scribner' s sons, 1961), 29~30.

22) Cf. R. B. Hays(2002) 39~296. 여기서 저자는 신약문서를 총체적으로 분석하여, 윤리적 모범을 그리스도인들이 하나님의 나라와 그리스도에 참여하고 순종하는 것에서 발견한다.

23) J. D. G. Dunn(박문재 역), 「바울신학」(서울: 크리스챤 다이제스트, 2003), 623~636.

24) 장애인에 대한 예수의 인식과 자세에 대해서는 다음을 참고하라. 박경미, '한국인의 장애인 인식 개선을 위한 종교적, 문화적, 성서적 연구,' 「한국기독교신학논총」 18(2000) 61~107.

25) J. B. Green, *The Theology of the Gospel of Luke*(Cambridge: Cambridge Univ. Press, 1995), 76~101.

26) F. Alt(손성현 역), 「생태주의자 예수」(서울: 나무 심는 사람, 2003). 신약학자는 아니지만, 필자는 예수의 운동과 행동을 '영적인 생태학' 으로 규정하면서, 그것을 적극적으로 실천했다고 주장한다.

27) 바울서신에 대한 생태학적 읽기의 시도는 다음을 참고하라. 조경철, '사도 바울의 서신들이 주는 생태 신학적 메시지,' in 기독교환경운동연대(편), 「녹색의 눈으로 읽는 성서」(서울: 대한기독교서회, 2002), 165~182.

28) 윤철원(2002) 152.

29) Cf. J. Stambaugh/ D. Balch(윤철원 역), 「초기 기독교의 사회 세계」(서울: 한국신학연구소, 2000), 128. 미문이라는 이름은 고린도의 동(bronze)이 금과 은의 가치 이상이었기 때문에 명명된 것이라고 한다.

30) L. T. Johnson, *The Acts of the Apostles*(Collegeville: Liturgical Press, 1992), 64~65.

31) E. Schürer, *The history of the Jewish people in the age of Jesus Christ*, Vol. II(Edinburgh: T & T Clark, 1979), 83.

32) Cf. E. Lohse(박창건 역), 「신약성서배경사」(서울: 대한기독교출판사, 1984), 129.

33) Cf. B. J. Malina(심상법 역), 「신약의 세계: 문화인류학적 통찰」(서울: 솔로몬, 1999), 249~256, 구별된 것을 인식하기 위한 사회적 경계선에 대해서는 특히 254를

보라.

34) Cf. J. J. Pilch/ B. J. Malina(이달 역), 「성서언어의 사회적 의미」(서울: 한국장로교출판사, 1998), 168. 사람이 가진 질환(illness)은 병리학적 의미를 가지며, 사회적으로 경시되는 상태에 대한 사회적이고 문화적인 입장을 표명하는 포괄적 개념으로 정리된다.

35) 간략하게 살펴보자. (1) 바리새인과 세리의 이야기(18:9~14)는 예수가 성전에서 두 사람의 기도를 자세히 대조하는 것이다. 한 바리새인은 자신의 기도를 '나는 소득의 십일조를 드린다' 고 하면서 자신이 성전을 경제적으로 후원하다는 것과 자신은 멸시받는 세리가 멀리 떨어져서 겸손하게 하나님의 자비를 구하는 사람들과는 사회적이고 도덕적으로 구별된다는 점을 자랑하는 수단으로 사용한다. 바리새인으로 대표되는 성전의 당국자들은 스스로를 과장하고, 가난한 다른 사람들을 돌아볼 이스라엘의 계약적 의무를 무시하는 자들인데, 예수는 세리의 기도를 인정하고 의롭다고 선언하여 그를 편들고 있다. (2) 19장의 마지막 부분에서 예수는 성전에서 장사하는 상인들을 축출, 성전의 경제적 기초를 직접 공격한다(눅 19:45). 예수는 예언자들을 인용하며, 성전이 기도하는 집(이사야)으로 하나님에 의하여 세워졌지만 현재의 상황은 강도들의 굴혈(예레미아)이 되었고, 가난한 자들과 힘없는 자들의 필요를 돌아보기는커녕 오히려 그들의 젖을 짜내는 물질적 기회주의자들의 안식처가 되었음을 탄식한다(19:46). (3) 20장은 예수가 '그들은 과부의 가산을 삼키며 외식으로 길게 기도하는 자' 라고 함으로써 성전 지도자들이 가난한 자들의 돈을 횡령하고 기도를 비웃는 것을 다시 책망하는 것으로 끝난다(20:47). 곧 이어서 성전 연보궤가 가난한 과부가 가지고 있던 전부인 두 동전을 삼키는 적절한 예가 제시된다(21:1~4). 예수가 평가할 때 비극적인 것은 아름다운 성전(21:5)은 이와 같은 희생자들의 극도의 궁핍을 대가로 건축되었다는 것이다.

36) C. K Barrett, *The Acts of the Apostles*, ICC, Vol. I.(Edinburgh: T & T Clark, 1994), 96. 물론 유대교 공동체에서 여자들과 예수의 모친 마리아와 같은 여성들(행 1:14)을 이 120의 수에 합산했을지는 불확실하다.

37) Cf. 차정식, '예수의 반(反)헬레니즘과 탈식민성,' 「한국기독교논총」24(2002), 128~130.

38) J. A. Fitzmyer, *The Acts of the Apostles*, AB 31(New York: Doubleday, 1998), 228. 물론 제비뽑기가 민주적인 투표를 지시하는 것이라기보다는 신적 선택이 포함되었음을 확증하는 것이다.

39) E. Haenchen(이선희, 박경미 역), 「사도행전(I)」(서울: 한국신학연구소, 1987), 266.

40) 우리는 본문에서 히브리파와 헬라파와 관련된 언어와 역사적인 정보를 얻을 수 있는 방법을 알아낼 수 없다. 다만 추론하도록 방치되는 느낌만을 얻게 된다. 자세한 설명에 대해서는 다음을 참고할 것. C. C. Hill, *Hellenists and Hebrews: Reappraising Division within the Earliest Church*(Minneapolis: Fortress, 1992). 여기서 저자는 일률적으로 히브리파와 헬라파에 대해서 분류하는 오류를 지적하면서 초기 기독교의 복잡성을 설명한다.

41) M. Davies(윤철원 역), 「목회서신」(서울: 이레서원, 2000), 114.

42) M. Davies(2000) 114.

43) 윤철원, '사도행전의 성령에 대한 정치적 해석의 가능성,' in 조경철 엮음,「성서와 성령」, 박창건교수 은퇴기념 논문집」(서울:대한기독교서회, 2002), 118~122.

44) 구약성서의 여러 문서들은 유다와 사마리아 사이의 갈등 관계를 해명하기 위한 것들이 있다. 슈미트(W. H. Schmidt)는 그 가운데서도 역대기 역사서들의 기록 목적을 "더 이상 정통 신앙을 가지고 있다고 여길 수 없는 사마리아인들, 즉 북왕국 이스라엘의 후손들(대하 13:5 이하; 19:2; 25:7; 30:6 이하; 스 4:1 이하; 또한 느 2:19~20 등)과의 분리가 이 작품의 중심 동기일까?" 조심스럽게 진단하고 있다. 이에 대해서는 W. H. Schmidt(차준희, 채홍식 공역), 「구약성서 입문 I」(서울: 대한기독교서회, 2000), 238~39를 보라.

45) Cf. J. A. Fitzmyer, *The Acts of the Apostles*, Anchor Bible Commentary 31(New York: Doubleday, 1998), 374.

46) F. F. Bruce, *The Acts of the Apostles*(Grand Rapids: Eerdmans, 1990), 196.

47) F. S. Spencer(1997) 86.

48) F. S. Spencer(1997) 87.

49) C. K. Barrett(1994) 398.

50) F. S. Spencer(1997) 87~8.

51) 본문은 신약성서의 본문에서 가장 많은 주석가들이 논쟁한 내용인데, 그 토론의 주된 저서들에 대해서는 다음을 참고하라. J. Fitzmyer(1998) 613~617.

52) S. E. Johnson, *Paul the Apostle and His Cities*(Wilmington: Michael Glazier, Inc., 1987), 85~93.

53) M. Dibelius, *Studies in the Acts of the Apostles*(London: SCM, 1956), 79; 데모스테네스(Demosthenes, *Philippi i*.10)는 '마케도니아의 필립 왕이 권좌에 올라 위협이 임박했을 때도 역시 아테네 사람들은 여기 저기 옮겨 다니며 어떤 새로운 소식이 있는지 질문했다' 고 비판한다.

54) 아레오바고에 대해서는 다음을 보라. R. Pesch, *Die Apostelgeschichte*(Apg 13~28) V/2, EKK(Zürich: Benziger, 1986), 135. 페쉬는 아레오바고를 지역적으로는 아크로폴리스의 북서쪽에 위치한 돌산으로 아레스(Ares)의 좁은 언덕이며, 공식적으로는 제국시대의 아테네에서 가장 중요한 공적인 기구라고 한다.

55) 다마리라는 여성에 대한 해석은 다음을 보라. Ivoni Richter Reimer, *Women in the Acts of the Apostles : A Feminist Liberation Perspective*(Minneapolis: Fortress, 1995), 246~247.

56) Josephus, *Against Apion* ii. 12. 아테네 사람들은 헬라인들 가운데서 가장 종교성이 강한 자들이며, 라케데모니아인(Lacedemonians)은 헬라인들 가운데서 가장 용감한 자들이 아닌가요?; Sophocles, *Oedipus at Colonus* 260. 그들은 아테네 사람들은 신들에 대하여 가장 경건한 자들이라고 말한다.

57) Cf. 윤철원, 「신약성서의 그레꼬 — 로마적 읽기」(서울: 한들출판사, 2000), 51~75.

58) Cf. 김영진, '역사와 환경,' in 기독교환경운동연대(편), 「녹색의 눈으로 읽는 성서」(서울: 대한기독교서회, 2002), 51~68. 여기서 김영진 박사는 이스라엘의 역사 속에서 전쟁과 왕국의 형성 과정 그리고 성전 건축이라는 미명 아래서 훼손된 환경을 우리의 기억으로 끄집어내고 있다.

Chapter 3

1) 마가[요한]이라고 명명할 수밖에 없는 현실적 한계를 언급해야 하겠다. 우리는 그를 관례적으로 마가라고 부른다. 그렇지만 원문상(12:12, Ἰωάννου τοῦ ἐπικαλουμένου Μάρκου) '마가고 불리는 사람이 바로 요한' 인데, 그렇다면 우리는 복음서 또는 서신 기록자인 요한과 혼동될 수 있다. 그러므로 본 글에서도 관례상 사용되는 호칭을 그대로 쓰려고 한다.
2) 이러한 특징은 특히 구조주의(Structuralism)에서 발견되는데, 본문의 표층 구조(surface structure)의 의미를 지배하고 결정하는 심층 구조(deep structure)를 연구한다. 이 심층 구조에 대한 탐구는 심층 구조 내부의 통괄적 기호를 규명하는 일로서, 이것은 구조적 구분을 반영하는 대립 쌍에 기초한 기호의 형태를 분석하는 일을 의미한다. 성서 연구에 있어서 대립 쌍의 규명을 통한 구조주의적 연구는 주로 정결/ 불결, 내면/ 외면, 소외/ 중심, 남자/ 여자, 내재/ 초월, 하늘/ 땅, 빛/ 어둠, 물/ 땅, 인간/ 하나님, 생명/ 죽음 등과 같은 것들을 중심으로 표층 구조의 의미를 가능케 하는 불변의 내적 패턴을 관찰하는 일을 말한다(D. Patte, *What is Structural Exegesis?* Philadelphia: Fortress, 1976).
3) 어떻게 수백 명의 설교자가 동일하게 설교를 한단 말인가?(텍스트의 이해와 접근성의 문제) 이것은 텍스트 해석에 뭔가 문제가 있다는 점을 명료하게 드러내주는 하나의 현상일 것이다.
4) 유상현, 「바울의 제 1차 선교여행」, 서울: 대한기독교서회, 2002, 61~63.
5) 독자와 수사학 그리고 인물 묘사에 대한 최근의 연구는 J. A. Darr, *On Character Building: The Reader and the Rhetoric of Characterization in Luke – Acts*, Louisville: Westminster/John Knox Press, 1992를 참고할 수 있다.
6) B. R. Gaventa, *Acts*, Nashville: Abingdon, 2003, 56~58.

7) 윤철원, '코텍스트(Co-text)로 누가-행전 읽기,' 「신학과 선교」 27(2002), 부천: 서울신학대학교, 219~240.

8) 윤철원, '애송이, 마가 요한, 그리고 바울과 바나바의 결별,' 「기독교사상」 548(2004, 8월호), 124~134.

9) *Contra* I. R. Reimer, *Women in the Acts of the Apostels: A Feminist Liberation Perspective*, Minneapolis: Fortress, 1995, 240~243. 여기서 라이머는 여성 신학적 관점에서 마리아를 해석하므로, 많은 수가 모일 정도로 규모가 있는 집이나 대문 등에 관해서 보다는 오히려 공동체의 내부에 속한 여성 노예 로데에 보다 더 많은 관심을 표명한다. cf. M.I. Finley(지동식 역), 「서양고대 경제」, 대우학술총서 번역 64, 서울: 민음사, 1993, 15~16에서 언급한 바와 같이, 가정(οἶκος/οἰκία)은 재산과 관련되며 누가-행전에서도 동일하지만, 이와 동시에 선교와 가르침, 그리고 예수와 그의 제자들이 사역을 행하는 데 있어서도 중요한 역할을 수행한다.

10) B. Witherington III, *Women and the Genesis of Christianity*, Cambridge: Cambridge University Press, 1990, 88~112; L.F. Massey, *Women and the New Testament*, Jefferson: McFarland, 1989, 7~27.

11) D. A. Fiensy, 'The Composition of the Jerusalem Church,' *The Book of Acts in Its First Century Setting*, vol. 4, Grand Rapids: Eerdmans, 1995, 213~236.

12) Cf. G. Theissen, *The Social Setting of Pauline Christianity*, Edinburgh: T&T Clark, 1982, 69; W.A. Meeks, *The First Urban Christians*, New Haven: Yale University Press, 1983, 73.

13) E. Haenchen(이선희, 박경미 역), 「사도행전(I)」, 서울: 한국신학연구소, 1987, 566. 베드로가 밖에서 계속해서 문을 두드리는 장면은 극도로 긴장된 순간이다. "사람들은 이웃들이 알아차리고 도망자를 붙잡기 전에 베드로를 안으로 들일 것인가?"

14) *Code of Justinian* 9. 4. 4. 로마의 법은 간수들이 죄수들을 제대로 관리하지 못해서 놓쳤을 경우에 사형에 처할 수 있었다.

15) B. Witherington III, *The Acts of the Apostles: A Socio-Rhetorical Commentary*, Grand Rapids: Eerdmans, 1998, 386, n.95. 이러한 묘사는 헬라파(Hellenist)의 일곱 지도자들의 명단 가운데 하나로 등장하는 빌립(행 6:5)이나 스데반을 처형하기 위

해서 돌을 던질 때 증인들이 자신들의 옷을 사울이라는 청년의 발 앞에 두었다고 기록된 7장 58절과 유사하다.

16) E. Haenchen(1987) 543. 물론 이러한 언급은 역사적으로 시기 설정을 하려는 의도보다는 예언의 성취를 말하는 데 일차적인 의도가 있다.

17) C. K. Barrett, *Acts*, vol. 1, ICC, Edinburgh: T&T Clark, 1994, 599; E. Haenchen(1987) 545. 누가는 독자에게 안디옥의 초기 이방 기독교 공동체가 얼마나 긴밀하게 모교회와 연결되어 있었는지를 보여준다.

18) B. R. Gaventa(2003) 187.

19) J. A. Fitzmyer, *The Acts of the Apostles*, ABC 31, New York: Doubleday, 1998, 493.

20) E. Haenchen(1987) 550.

21) H. Balz/G. Schneider(eds.), *Exegetical Dictionary of the New Testament*, vol. 3. Grand Rapids: Eerdmans, 1993, 288. 행 12:25; 15:37, 38 갈 2:1에서 συμπαραλαμβάνω는 사람을 목적어로 받아서 사용되고 있다. 위의 모든 경우에서는 바울(과 바나바)의 선교 여행의 협력자를 지시한다.

22) H. B. Swete, *The Gospel According to St Mark*, London: Macmillan, 1927, xvi.

23) M. Hengel, *Between Jesus and Paul*, London: SCM, 1983, 108.

24) 온건한 독자반응 비평을 위해서는 W. Iser, *The Implied Reader: Patterns of Communication in Prose Fiction from Bunyan to Beckett*, Baltimore: Johns Hopkins University Press, 1974, U. Eco, *The Role of the Reader: Explanation in the Semiotics of Texts*, AS, London: Hutchinson, 1981을 참고할 수 있고, 보다 급진적인 견해는 다음을 보라. S. Fish, *Is There a Text in This Class? The Authority of Interpretive Communities*, Cambridge: Harvard University Press, 1980.

25) 이러한 읽기는 개신교회의 전통적인 성서 이해에 전제하며, 이런 해석학적 입장은 구속사적인 신학적 입장과 성서의 권위를 인정하는 작업이 선행할 때 가능할 것이다.

26) K. H. Rengstorf, 'ὑπηρέτης', in G. Friedrich(ed.), *Theological Dictionary of the New Testament*, Grand Rapids: Eerdmans, vol. viii. 1972, 530~544.

27) *History* 3.635. 111.

28) *Politicus* 289c

29) *On Joseph* 241.

30) *Ant*. 15.287.

31) F. J. Foakes Jackson/K. Lake(eds.) *The Beginnings of Christianity*, part I, The Acts of the Apostles, vol. iv. London: Macmillan, 1933, 142, σύντροπος는 왕궁에서 왕자들에 함께 양육된 같은 또래의 젊은이들에게 부여된 존칭이며, 장년이 되어서도 이 호칭은 유지되었다. 그렇지만 마카비 1서 1:6과 마카비 2서 9:29를 예로 들어서 가까운 친구나 왕궁에서의 친구 정도로 해석해야 한다는 지적도 있다[C. K. Barrett(1994) 604; B. Witherington III(1998) 392, n.127].

32) C. K. Barrett(1994) 612.

33) B. Witherington III(1998) 395.34)

34) F. J. Foakes Jackson/K. Lake(1933) 147~148.

35) Epictetus, *Discourse* 4.1.53. 누군가와의 입장 차이로 떠나는 것을 의미한다.

36) B. R. Gaventa(2003) 197.

37) 유상현(2002) 63; cf. F.F. Bruce, *The Acts of the Apostles: Greek Text with Introduction and Commentary*, Grand Rapids: Eerdmans, 1990, 300. 여기서 브루스는 마가[요한]이 그의 삼촌이 바울보다 낮은 위치를 차지한 것에 대해서 분개했을 수도 있었을 것이라는 점을 조심스럽게 드러낸다.

38) C. S. C. Williams, *The Acts of the Apostles*, London: A. & C. Black, 1964, 160; J. D. G. Dunn, *The Acts of the Apostles*, Valley Forge: TPI, 1996, 178~179.

39) 유상현(2002) 61. 여기서 유 교수는 험한 코스를 잡게 된 이유를 그들이 미리 계획된 선교 여정의 구상과 연관되었다고 제안한다.

40) B. Witherington III(1998) 404.

41) J. Jervell(윤철원 역), 「사도행전 신학」, 서울: 한들출판사, 2000, 105~107. 여기서 예르벨은 아주 색다른 주장을 펴고 있는데, 율법과 이방인 선교의 상관성에 대해서 자세히 살펴보라.

42) F. S. Spencer, *Acts*, Sheffield: Sheffield Academic Press, 1997, 158.

43) cf. 윤철원, '오네시모를 위한 변호: 빌레몬서,' 「기독교사상」 547(2004, 7월호), 124~134

Chapter 4

1) Cf. W. H. Shepherd, Jr., *The Narrative Function of the Holy Spirit as a Character in Luke-Acts*, SBLDS 147, Atlanta: Scholars Press, 1994, 90~7.

2) 바우르의 작품에 대해서는 다음을 보라. W.W. Gasque, *A History of the Interpretation of the Acts of the Apostles*, Peabody: Hendrickson, 1989; E. Haenchen, *The Acts of the Apostles. A Commentary*, Philadelphia: Westminster Press, 1971, 15~24; H. Harris, *The Tübingen School. A Historical and Theological Investigation of the School of F. C. Baur*, Grand Rapids: Baker, 1990. 튜빙겐 학파에는 슈트라우스(D. F. Strauss)와 리츨(A. Ritschl)이 포함된다.

3) J. B. Tyson, Luke, *Judaism, and the Scholars: Critical Approaches to Luke-Acts*, Columbia: Univ. of South Carolina, 1999, 27.

4) F. C. Baur, *Historisch-Kritische Untersuchung zum Neuen Testament*, Stuttgart: Friedrich Frommann, 1963, 462.

5) Paul J. Achtemeier, *The Quest for Unity in the New Testament Church: A Study in Paul and Acts*, Philadelphia: Fortress Press, 1987.

6) Cf. 누가 — 행전 또는 적어도 사도행전은 역사적인 작품이라는 것이 널리 받아들여지고 있다; 서문, 연설, 극적인 장면 그리고 하나님의 섭리의 모티브 같은 요소들은 헬라 문화의 역사서의 규범을 반영하는 것이다. 아우니(D.E. Aune, *The New Testament in Its Literary Environment*, Cambridge: James Clarke & Co., 1987, 116~57)는 누가 — 행전을 하나의 특정한 그룹의 근원과 역사와 관련된 것으로써 누가—행전을 '일반적인 역사' (general history)로 분류하는 반면, 플뤼마허(E. Plümacher, 'Neues Testament und hellenistische Form. Zur literarischen Gattung der lukanischen Schriften,' *Theologia Viatorum* 14(1977~78) 109~23)와 팔머(D.

W. Palmer, 'Acts and the Ancient Historical Monograph,' in B. W. Winter/ A. D. Clarke(eds.), *Acts in Its Ancient Setting*, BAFCS vol. Grand Rapids: Eerdmans, 1993, 1~29)는 행전을 하나의 '역사 논문' (historical monograph)으로 그리고 스털링(E. Sterling, *Historiography and Self — Definition: Josephos, Luke — Acts and Apologetic Historiography*, Leiden: Brill, 1992)은 누가의 작품을 '변증적 역사 기술' (apologetic historiography)이라고 불렀다. 다른 한편 커즈(W.S. Kurz, *Reading Luke—Acts: Dynamics of Biblical Narrative*, Louisville: Westminster/ John Knox Press, 1993)와 로스너(B. S. Rosner, 'Acts and Biblical History,' in B. W. Winter/A. D. Clarke(eds.), *Acts in Its Ancient Setting*, BAFCS vol. Grand Rapids: Eerdmans, 1993, 65~82)는 누가 — 행전을 누가의 최초의 모델들이 구약성서의 역사서들이라는 '성서적 역사' (biblical history)의 범주로 분류하기를 선호한다.

7) 최근의 문학비평에 대해서는 한국신약학회에서 신약연구시리즈로 출판한 문학비평을 주로 적용하는 여러 학자들의 논문들을 참고하라. 김영봉, 오덕호(편), 「누가복음 새로 읽기: 문학적 읽기의 이론과 실제」, 서울: 한들출판사, 2000.

8) J. Jervell, *Luke and the People of God*, Minneapolis: Augsburg, 1972; *idem*(윤철원 역), 「사도행전 신학」, 서울: 한들출판사, 2000; D. L. Tiede, *Prophecy and History in Luke-Acts*, Philadelphia: Fortress, 1980; D. Juel, *Luke-Acts: The Promise of History*, Atlanta: John Knox, 1983.

9) J. Jervell(2000) 106.

10) 그래서 누가 문서의 예루살렘 중심성에 대한 주장은 여러 측면에서 분석되어야 한다. L. T. Johnson, *The Gospel of Luke*, Sacra Pagina 3, Collegeville: Liturgical Press, 1991, 14~5.

11) Cf. J. T. Sanders, *The Jews in Luke-Acts*, Philadelphia: Fortress, 1987; R.L. Brawley, *Luke-Acts and the Jews: Conflict, Apology, and Conciliation*, SBLMS 33, Atlanta: Scholars Press, 1987; J. B. Tyson, *Images of Judaism in Luke-Acts*, Columbia: Univ. of South Carolina, 1992; C. A. Evans/J. A. Sanders(eds.), *Luke and Scripture: The Function of Sacred Tradition in Luke-Acts*, Minneapolis: Fortress, 1993; D. P. Moessner(ed.), *Jesus and the Heritage of Israel: Luke's*

Narrative Claim upon Israel' s Legacy, Harrisburg: TPI, 1999.

12) R. L. Brawley, *Centering on God: Method and Message in Luke – Acts*, Louisville: Westminster/John Knox Press, 1990.

13) Nils A. Dahl, 'The Neglected Factor in New Testament Theology,' in Nils A. Dahl/Donald H. Juel(eds.), *Jesus the Christ*, Minneapolis: Fortress, 1991, 153~63.

14) 고린도교회의 분파에 대한 간단한 설명은 다음을 보라. J. D. G. Dunn, *1 Corinthians*, New Testament Guides, 1995, Sheffield: Sheffield Academic Press, 28~34.

15) 윤철원,「신약성서의 그레꼬-로마적 읽기」, 서울: 한들출판사, 2000, 30~2.

16) Cf. S. Bar-Efrat, *Narrative Art in the Bible*, Sheffield: Almond Press, 1989, 93.

17) Cf. F. S. Spencer, *Acts*, Readings: A New Biblical Commentary, Sheffield: Sheffield Academic Press, 1997, 31.

18) Cf. 윤철원, '사도행전을 중심으로 한 누가의 종말론 해석,' {기독교사상논단} 창간호, 서울: 대한기독교서회, 1999, 38~60.

19) F. S. Spencer(1997) 32.

20) 반전 모티브에 의한 누가 문서의 해석은 대단한 흥미를 유발하는 데, 이런 방법을 적용한 읽기는 다음을 참고하라. 윤철원,「누가복음서 다시 읽기: 내러티브의 구조와 세계」, 서울: 이레서원, 2001.

21) C. K. Barrett, *The Acts of the Apostles*, vol. I, ICC, Edinburgh: T & T Clark, 1994, 108.

22) R. C. Tannehill, *Luke*, Abingdon New Testament Commentaries, Nashville: Abingdon Press, 1996, 44~5.

23) F. S. Spencer(1997) 33.

24) 물론 사도행전 2장 4절에서 '그들이 다른 방언으로 말하기를 시작했다' (ἤρξαντο λαλεῖν ἐτέραις γλώσσαις)고 할 때 '다른 방언' 이 외국어를 의미하는지에 대해서는 또 다른 논의의 주제가 된다. 다음을 참고하라. C. K. Barrett(1994) 109, 116~7.

25) W. Bösen(황현숙 역),「예수시대의 갈릴래아」, 서울: 한국신학연구소, 1998,

407~13.

26) L. T. Johnson, *The Acts of the Apostles*, Sacra Pagina 5, Collegeville: Liturgical Press, 1992, 44.

27) 이 문제에 대해서 다음을 참고하라. C. K. Barrett(1994) 125.

28) B. Witherington III, *The Acts of the Apostles: A Socio-Rhetorical Commentary*, Grand Rapids: Eerdmans, 1998, 137.

29) Cf. J. M. Scott, 'Luke' s Geographical Horizon,' in D. W. J. Gill/C. Gempf(eds.), *The Book of Acts in Its Graeco-Roman Setting*, BAFCS vol. 2, Grand Rapids: Eerdmans, 1994, 483~544.

30) 구약성서에 있는 여러 문서들은 유다와 사마리아 사이의 갈등 관계를 해명하기 위한 것들이 있다. 슈미트(W. H. Schmidt)는 그 가운데서도 역대기 역사서들의 기록 목적을 "더 이상 정통 신앙을 가지고 있다고 여길 수 없는 사마리아인들, 즉 북왕국 이스라엘의 후손들(대하 13:5 이하; 19:2; 25:7; 30:6 이하; 스 4:1 이하; 또한 느 2:19~20 등)과의 분리가 이 작품의 중심 동기일까?" 조심스럽게 진단하고 있다. 이에 대해서는 W. H. Schmidt(차준희, 채홍식 공역),「구약성서 입문 I」, 서울: 대한기독교서회, 2000, 238~39를 보라.

31) Cf. J. A. Fitzmyer, *The Acts of the Apostles*, Anchor Bible Commentary 31, New York: Doubleday, 1998,

32) F. F. Bruce, *The Acts of the Apostles*, Grand Rapids: Eerdmans, 1990, 196.

33) F. S. Spencer(1997) 86.

34) F. S. Scott(1997) 87.

35) C. K. Barrett(1994) 398.

36) F. S. Spencer(1997) 87~8.

37) 사실 콘첼만(H. Conzelmann)의 제안을 따르는 정치적 호교론적인 입장은 정치적 해석임에는 분명하지만, 교회와 로마 제국 사이에서 힘의 균형을 유지한다고 해석하기보다는 제국의 입장으로 편향되는 즉 성서 이야기의 본래 의도와는 모순되는 방향으로 옮겨가는 것은 정치적 호교론의 입장이 다소 무리가 있다고 보인다.

38) 신약성서의 정치적 해석을 줄곧 시도하는 최근의 학자는 단연 매사추세츠

(Massachusetts) 대학교의 R. A. Horsley일 것이다. 그의 다음의 책들을 참고할 수 있다: *Hearing the Whole Story : the Politics of Plot in Mark's Gospel*, Louisville: WJK, 2001; idem(ed.), *Paul and Politics : Ekklesia, Israel, Imperium, Interpretation*, Harrisburg: TPI, 2000; *idem*(ed.), *Paul and Empire : Religion and Power in Roman Imperial Society*, Harrisburg: TPI, 1997.

39) Cf. Edward J. Woods, *The 'Finger of God' and Pneumatology in Luke-Acts*, JSNTSS 205, Sheffield: Sheffield Academic Press, 2001.

40) 이런 방식의 반 로마적 읽기에 대해서는 다음을 참고할 수 있다. 윤철원, 「신약성서의 그레꼬-로마적 읽기」, 서울: 한들출판사, 2000; 윤철원, 「누가복음서 다시 읽기: 내러티브의 세계와 구조」, 서울: 이레서원, 2001.

41) See H. Conzelmann, *The Theology of St. Luke*, London: SCM, 1961.

42) Cf. R. A. Horsley(ed.), *Paul and Politics : Ekklesia, Israel, Imperium, Interpretation*, Harrisburg: TPI, 2000, 93~102.

43) 사실 환대의 주제는 신약성서 읽기에 새로운 조명이 가능하게 한다. 고린도전서 9장에서 바울이 고린도인들로부터 사도권을 의심받는 이유 가운데 하나가 바로 고린도인들의 환대(즉 후원자로서 명예를 확보하기 위한 방편으로서)를 바울이 거부했기 때문이 아닌가 반문할 수 있을 것이다.

44) C. K. Barrett(1994) 559.

45) cf. H. A. Fischel, 'Martyr and Prophet,' *JQR* 37(1946~7) 265~80/363~86; 파레시아에 대해서는 윤철원, 「신약성서의 그레꼬-로마적 읽기」, 서울: 한들출판사, 2000, 51~75를 보라.

1) 복음서 읽기는 예수의 이야기라는 큰 주제를 형성하므로, 최근의 복음서 해석은 이러한 추세를 담아내는 것으로 이해된다. D. Rhoads/ J. Dewey/ D. Michie(양재훈 역), 「마가 이야기: 복음서 내러티브 개론」, 서울: 이레서원, 2003; J. D. Kingsbury, *Matthew as Story*, Minneapolis: Fortress, 1988; 윤철원, 「누가복음서 다시 읽기」, 서울: 이레서원, 2001; 김광수, 「마가 마태 누가의 예수 이야기」, 대전: 침례신학대학교 출판부, 2003; R.A. Culpepper(권종선 역), 「요한복음 해부: 서사비평으로 보는 제 4복음서」, 서울: 요단출판사, 2000.

2) Cf. E. S. Malbon/E.V. McKnight(eds.), *The New Literary Criticism and the New Testament*, JSNTSS 109, Sheffield: Sheffield Academic Press, 1994, 1~26.

3) M. A. Powell, *What is Narrative Criticism?* Minneapolis: Fortress, 1990(한글판: 이종록 역, 「서사 비평이란 무엇인가?」서울: 한국장로교 출판사, 1993); W. W. Klein/C.L. Bloomberg/R.L. Hubbard, Jr., *Introduction to Biblical Interpretation*, Nashville: Word, Inc., 1993(번역판: 류호영 역, 「성경 해석학 총론」, 서울: 생명의 말씀사, 1997).

4) Thomas Long(박영미 역), 성서의 문학유형과 설교, 서울: 대한기독교서회, 1995; 한기채, 「성서 이야기 윤리」, 서울: 대한기독교서회, 2003; Alice Morgan(고미영 역), 이야기 치료란 무엇인가? 서울: 청목출판사, 2003.

5) S. Chatman(한용환 역), 「이야기와 談論: 영화와 소설의 서사 구조」, 서울: 고려원, 1991, 17~53.

6) W. Iser, *The Implied Reader: Patterns of Communication in Prose Fiction from Bunyan to Beckett*, Baltimore: Johns Hopkins University Press, 1974, U. Eco, *The Role of the Reader: Explanation in the Semiotics of Texts*, AS, London:

Hutchinson, 1981을 참고할 수 있고, 보다 급진적인 견해는 다음을 보라. S. Fish, *Is There a Text in This Class? The Authority of Interpretive Communities*, Cambridge: Harvard University Press, 1980.

7) A. J. Mattill, 'Naherwartung, Fernerwartung and the Purpose of Luke – Acts, Weymouth Reconsidered,' *CBQ* 34(1972) 276~293.

8) B. S. Easton, *Early Christianity: The Purpose of Acts and Other Papers*, London: SPCK, 1955.

9) S. G. F. Brandon, *The Fall of Jerusalem and the Christian Church*, London: SPCK, 1951.

10) C. H. Talbert, *Luke and the Gnostics : An Examination of the Lucan Purpose*, Nashville: Abingdon, 1966.

11) W. C. van Unnik, 'The Book of Acts the Confirmation of the Gospel,' *NovT* 4(1960~61), 25~59.

12) F. F. Bruce, *The Acts of the Apostles*, Grand Rapids: Eerdmans, 1952.

13) H. Conzelmann, *The Theology of St. Luke*, London: SCM, 1960.

14) Cf. 윤철원, '코텍스트(Co – text)로 누가 – 행전 읽기: 사도행전 3장 1~10절을 중심으로,' 「신학과 선교」 27(2002), 219~2440.

15) L. T. Johnson, *The Gospel of Luke*, Sacra Pagina 3, Collegeville: Liturgical Press, 1991. 18~19.

16) 반복적으로 재현되는 이러한 기적은 문학적으로는 아이러니(irony)에 해당되는데, 사도 베드로와 요한(3장, 베드로의 경우는 12장에서도) 그리고 바울과 실라(16장)가 감옥에서 기적적으로 구출되는 사건과 사도 야고보를 처형한 헤롯 아그립바 1세가 벌레에 먹혀 죽임을 당하는 장면(12장)에서 두드러진다. 이와 같은 기적은 바울의 재판 과정과 그의 로마행에서도 나타난다.

17) 생명의 회복이라는 관점에서 누가 문서의 읽기는 다음을 참고하라. 윤철원, '누가문서의 생태학적 읽기,' 「신학과 선교」 28(2003) 107~130; *idem*, '사도행전의 생태학적 읽기,' 「한국 기독교 신학논총」 30(2003) 107~130.

18) 우리는 본문에서 히브리파와 헬라파와 관련된 언어와 역사적인 정보를 얻을 수 있는

방법을 알아낼 수 없다. 다만 추론하도록 방치되는 느낌만을 얻게 된다. 자세한 설명에 대해서는 다음을 참고할 것. C. C. Hill, *Hellenists and Hebrews : Reappraising Division within the Earliest Church*(Minneapolis: Fortress, 1992). 여기서 저자는 일률적으로 히브리파와 헬라파에 대해서 분류하는 오류를 지적하면서 초기 기독교의 복잡성을 설명한다.

19) F. S. Spencer, *Acts*, Sheffield: SheffieldAcademic Press, 1997, 65.

20) Cf. 윤철원, '사도행전의 성령에 대한 정치적 해석의 가능성,' in 조경철 엮음,「성서와 성령」, 박창건교수 은퇴기념 논문집」(서울:대한기독교서회, 2002), 118~122.

21) 사도회의에 대한 구체적인 논의들에 대해서는 위에서 제시된 주석서들을 비롯하여 여러 자료들을 참고할 수 있다. H. Conzelmann, *Acts of the Apostles*, Hermeneia, Philadelphia: Fortress, 1987, 121; F.S. Spencer, *Acts*, Sheffield: Sheffield Academic Press, 1997, 152~159; C.L. Blomberg, 'The Christian and the Law of Moses,' in I. H. Marshall/D. Peterson(eds.), *Witness to the Gospel : The Theology of Acts*, Grand Rapids: Eerdmans, 1998, 397~416.

22) Cf. C. H. Cosgrove, 'The Divine Δεi in Luke-Acts,' *NovT* 26(1984) 168~190; W. L. Liefeld, *Interpreting the Book of Acts*, Grand Rapids: Baker, 1995, 93~94.

23) G. W. Hansen, 'The Preaching and defence of Paul,' in I.H. Marshall/ D. Peterson(eds.), *Witness to the Gospel : The Theology of Acts*, Grand Rapids: Eerdmans, 1998, 300.

24) Cf. 박웅천,「세계를 향한 복음: 설교를 위한 사도행전 연구」, 서울: 한국성서학연구소, 1997, 80~87.

25) Cf. 윤철원, '사도행전의 성령에 대한 정치적 해석의 가능성,' in 조경철 엮음,「성서와 성령」 박창건 교수 은퇴 기념 논문집, 서울: 대한기독교서회, 2002, 107~129.

26) 윤철원,「신약성서의 그레꼬~로마적 읽기」, 서울: 한들출판사, 2000, 209~210.

27) J. C. Lentz, *Luke's Portrait of Paul*, SNTSMS 77, Cambridge: Cambridge University Press, 1993, 1.

28) C. W. Yoon, *Paul's Citizenship and Its Function in the Narratives of Acts*, Unpublished Ph. D. Thesis, Sheffield: Univ. of Sheffield, 1996.

29) E. Haenchen, 'The Book of Acts as Source Material for the History of Early Christianity,' in L. E. Keck/ J. L. Martyn(eds.), *Studies in Luke – Acts*, London: SPCK, 1966, 278; idem, *The Acts of the Apostles : A Commentary*, Philadelphia: Westminster Press, 1971.

30) W. Stegemann, 'Warōder Apostel Paūlus ein rumischer Bürger?' *ZNW* 78(1987) 200~229.

31) *Contra* R. F. Hock, 'Paul' s tentmaking and the problem of his social class,' *JBL* 97(1978) 555~64; *idem, The Social Context of Paul' s Ministry: Tentmaking and Apostleship*, Philadelphia: Fortress, 1980.

32) S. Applebaum, 'The Legal Status of the Jewish Communities in the Diaspora' , in S. Safrai & M. Stern(eds), *The Jewish People in the First Century. Historical Geography, Political History, Social Cultural and Religious Life and Institutions*, vol. 1, Assen: Van Gorcum & Comp., 1974, 459. 여기서 아플바움은 로마 군인들의 생활에 대해서 언급하면서 그들은 황제 숭배와 점(auguria)에 항상 개방되어 있으므로 유대인들과 로마 세력간에는 긴장이 있었다고 한다. 그래서 1세기의 팔레스틴에서는 유대인들이 군에 복무하는 것에 회의적이었다고 지적한다.

33) H. W. Tajra, *The Trial of Paul : A Juridical Exegesis of the Second Half of the Acts of the Apostles*, WUNT 2/35, Tübingen: J. C .B. Mohr, 1989, 14~21, 88; cf. G. Kenscherper, 'Der Apostel Paulus als römischer Bürger,' *Texte und Untersuchungen* 87(1964) 419.

34) B. Rapske, *The Book of Acts and Paul in Roman Custody*, BAFCS 3, Grand Rapids: Eerdmans, 1994, 89.

35) G. Kenscherper(1964) 411~440.

36) H. W. Tajra(1989) 88.

37) G. Lüdemann, *Early Christianity according to the Traditions in Acts*, London: SCM, 1989, 241.

38) Cicero, *Against Verres*, 2.5.66.

39) Cicero, *Against Verres*, 2.5.62; cf. Plutarch, *Caesar*, 29.2.

40) cf. Suetonius, *Galba*, 9.1.; Pliny, *Letters*, 2.11.; *BJ*. 2.14.9. M. Hengel, Crucifixion, Philadelphia; Fortress, 1977, 39.

41) G. Lüdemann(1989) 240.

42) cf. H. W. Tajra, *The Trial of St. Paul: A Juridicial Exegesis of the Second Half of the Acts of the Apostles*, WUNT 2/35, Tübingen: J. C. B. Mohr, 1989, 26.

43) 윤철원(2000) 88.

44) 윤철원(2000) 278.

45) G. Lüdemann(1989) 238~9.

46) Dio Cassius, *Roman History* 60. 17. 4~9. 디오 카시우스가 언급하듯이, 1세기에는 시민권의 구매가 가능했으며, 이 시민권을 획득했을 당시의 황제의 이름을 구매자가 취할 수 있었다. 행 23:26의 클라우디우스 루시아는 루시아의 시민권이 클라우디우스 황제 때(C.E. 41~54)임을 나타낸다.

47) cf. BAGD q. v.; cf. *Ant*. 12.30; *Letter of Aristeas* 24.

48) 윤철원(2000) 280.

49) cf. H. A. Fischel, 'Martyr and Prophet,' *JQR* 37(1947) 266.

Chapter 6

1) 1960~70년대 말까지의 누가의 종말론 연구의 동향은 김득중, 「누가의 신학」, 서울: 컨콜디아사, 1991, 201~11을 참고하라; M. A. Powell, *What are they saying about Acts?* New York: Paulist Press, 1991, 58~62; B. Witherington III, *The Acts of the Apostles: A Socio-Rhetorical Commentary*, Grand Rapids: Eerdmans, 1998, 184~6을 참고할 것.

2) D. C. Allison, Jr., "Eschatology," in J.B. Green, S. McKnight, I.H. Marshall(eds.), *Dictionary of Jesus and the Gospels*, Downers Grove, IL.: IVP, 1992, 206~209. 종말론은 마지막 일들 특히 역사의 완성과 역사와 직접적으로 관련된 사건들에 대한 교훈을 지시한다.

3) W. C. van Unnick, "Luke-Acts, a Storm Centre in Contemporary Scholarship," in *Studies in Luke-Acts*(ed. L. Keck and J.L. Martyn) Philadelphia: Fortress, 1966, 15~32.

4) J. A. Fitzmyer, *The Gospel according to Luke I-IX*, Garden City: Doubleday, 1981, 231.

5) H. Conzelmann, *Die Mitte Der Zeit*, Tübingen: J.C.B. Mohr, 1953 [*The Theology of St. Luke*, London: SCM, 1960.]

6) cf. B. Witherington III(1998) 184.

7) cf. H. Conzelmann(1960) 137~44. 이러한 재림 지연의 문제는 자연스럽게 교회가 현실의 정치 체제인 로마 제국과 어떤 관계를 유지하는 것이 유리한가에 대해서 질문하게 된다. 그래서 콘첼만의 논제는 정치적 호교론(political apologetic)으로 이해된다. 그러나 카시디는 콘첼만의 호교론을 비판하면서, 예수의 교훈이 로마 정부에 심각한 위협이 되었음을 제안한다. 그의 주장에 대해서는 다음을 보라. R.J. Cassidy,

Jesus, Politics, and Society, NY: Orbis Books, 1978. 그리고 *idem, Society and Politics in the Acts of the Apostles*, NY: Orbis Books, 1987)

8) H. Conzelmann, *Acts of the Apostles*, Philadelphia: Fortress, 1987, xiv. 여기서 그는 사도행전에서 파루시아의 지연 주제는 "가정하는 것처럼 그렇게 많이 발전되지는 않는다" 라고 생각한다.

9) 김득중(1991) 201~2.

10) A. J. Mattill, Jr., *Luke and the Last Things: A Perspective for the Understanding of Lukan Thought*, Dillsboro, NC: Western North Carolina Press, 1979.

11) A. J. Mattill, Jr.(1979) 41.

12) A. J. Mattill, Jr.(1979) 41~54; cf. M. Powell, *What Are They Saying About Acts?* Mahwah, NJ: Paulist Press, 1991, 59.

13) R. H. Hiers, "The Problem of the Delay of the Parousia in Luke-Acts," *NTS* 20(1974): 145~55.

14) R. H. Hiers(1974) 148, 155.

15) J. T. Carroll, *Response to the End of History: Eschatology and Situation in Luke-Acts*, SBLDS 92, Atlanta: scholars press, 1988.

16) J. T. Carroll(1988) 166.

17) cf. M. A. Powell, *What Are They Saying About Luke?* New York: Paulist Press, 1989, 103~21. 포웰은 누가의 목회적인 관심에 대해서 누가복음서보다는 사도행전에서 더 명백하게 다루어진다고 말한다.

18) H. Flender, *St. Luke: Theologian of Redemptive History*, Philadelphia: Fortress, 1967.

19) E. Franklin, *Christ the Lord: A Study in the Purpose and Theology of Luke-Acts*, London: SPCK, 1975.

20) E. Franklin, *Luke: Interpreter of Paul, Critic of Matthew*, JSNTSS 92, Sheffield: Sheffield Academic Press, 1994, 263; cf. E.P. Sander/M. Davies (이광훈 역), 「공관복음서 연구」, 서울: 대한기독교서회, 1999, 433.

21) R. Maddox, *The Purpose of Luke-Acts*, Edinburgh: T&T Clark, 1982, 132~37.

22) R. Maddox(1982) 136~37.

23) cf. R. F. O' Toole, *The Unity of Luke' s Theology: An Analysis of Luke-Acts*, Good News Studies 9, Wilmington, Delaware: Michael Glazier, 1984(한서: 유철 역, 루가신학의 통일성: 루가복음과 사도행전의 분석, 서울: 카톨릭출판사, 1991); C.M. Tuckett, *Luke*, New Testament Guides, Sheffield: Sheffield Academic Press, 1996, 44~7.

24) cf. J. T. Carroll(1988) 22~24. Bartsch의 책은 Carroll에서 재인용: H. Bartsch, *Wachtet aber zu jeder Zeit! Entwurf einer Auslegung des Lukasevangeliums*, Hamburg-Bergstedt: Herbert Reich-Evangelischer Verlag, 1963.

25) cf. I. H. Marshall, *Luke : Historian and Theologian*, Grand Rapids: Zondervan, 1970, 77~187(한서: 이한수 역, 「누가행전」, 서울: 엠마오, 1993,). 우리는 콘첼만의 구원사 신학에 대한 반론으로 구원 신학을 주장하는 마샬의 견해를 참고하여 누가 신학의 핵심 주제를 구원이라고 말할 수 있다. 마샬은 누가의 목적이, 콘첼만의 주장처럼, 구원사 도식을 가지고 기독교의 역사를 재구성하는 것이 아니라 구원의 소식을 독자들에게 증언하는 것이 원래의 목적임을 강조한다.

26) R. Maddox(1982) 129.

27) S. G. Wilson, "Lukan Eschatology," *NTS* 15(1969~70), 330~47.

28) S. G. Wilson(1969~70), 345~46; *idem, The Gentiles and the Gentile Mission in Luke-Acts*, SNTSMS 23, Cambridge: Cambridge University Press, 1973, 59~87.

29) cf. J. T. Carroll(1988) 13.

30) E. E Ellis, *Eschatology in Luke*, Philadelphia: Fortress Press, 1972.

31) E. E. Ellis(1972) 19~20.

32) J. Jervell, *The Theology of the Acts of the Apostles*, New Testament Theology, Cambridge: Cambridge University Press, 1996, 100~15.

33) J. B. Green, *The Theology of the Gospel of Luke*, New Testament Theology, Cambridge: Cambridge University Press, 1995, 94~101.

34) J. Nolland, "Salvation–History and Eschatology", in I. H. Marshall/ D. Peterson (eds.), *Witness to the Gospel: The Theology of Acts*, Grand Rapids: Eerdmans,

1998, 68~70.

35) cf. C. M. Tuckett(1996) 36. 우리는 둘 사이의 차이를 고려할 수 있다. 예수는 그가 사역하는 기간에는 함께 하지만, 교회 시대에는 부재하다. 예수의 승천으로 인해서 그 자리를 성령이 대체한다. 그럼에도 불구하고 성령은 부활한 그리스도의 영이기도 하다(행16:7).

36) cf. M. A. Powell(1989) 103~21.

37) cf. 권고(παραίνεσις)에 대해서는 다음을 참고바람. D .E. Aune, *The New Testament in Its Literary Environment*, Cambridge: James Clarke & Co, 1987,191, 194~97.

38) cf. R. Maddox, *The Purpose of Luke-Acts*, Edinburgh: T & T Clark, 1982, 137; J. T. Squires, *The Plan of God in Luke-Acts*, SNTSMS 76, Cambridge: Cambridge University Press, 1993, 2.

39) J. Jervell(1996) 106.

40) cf. J. Jervell(1996) 107; D.C. Allison, Jr.(1992) 209.

41) 우리는 파루시아(παρουσία)라는 단어를 사도행전에서 찾을 수 없다. 다만 신약성서에는 24회 나오는데, 누가 문서에서는 말할 것도 없고, 복음서에서 단 4회(마 24:3, 27, 37, 39) 나오고, 나머지는 모두 서신 문학에서 쓰인다(고전 15:23, 16:17; 고후 7:6, 7, 10:10; 빌 1:26, 2:12; 살전 2:19, 3:13, 4:15, 5:23; 살후 2:1, 8, 9, 약 5:7, 8; 벧후 1:16, 3:4, 12; 요일 2:28). 파루시아의 어의(語義)에 대해서는 *LSJ*와 H. Koester, "Imperial Ideology and Paul' s Eschatology in 1 Thessalonians", in *Paul and Empire: Religion and Power in Roman Imperial Society*, R.A. Horsley(ed.), Harrisburg, Penn.: TPI, 1997, 158을 보라. 여기서 쾨스터는 파루시아의 정치적 의미로서 종말론의 반-로마 제국적인 기능을 제안한다.

42) 행 1:11, οὗτος ὁ Ἰησοῦς οὗτος ὁ Ἰησοῦς(ἐλεύσεται의 미래형) ὃν τρόπον ἐθεάσασθε πορευόμενον εἰς τὸν οὐρανόν. 우리는 또한 눅 21:27과 36에서도 예수의 파루시아에 대하여 분명히 동의할 수 있다.

43) 우리는 물을 마시고 회복되는 것을 삿 15:19, 삼하 16:14, 2 마카비 4:46에서 읽는다. 또한 출 23:12에서는 노예와 동물들이 안식일에 쉬는 것을 의미한다.

44) cf. F.F. Bruce, *The Acts of the Apostles: Greek Text with Introduction and Commentary*, Grand Rapids: Eerdmans, 1990, 143.

45) 외경 위경 편집부(편), 「외경 위경 전서, 하권」, 서울: 기독교 문화사, 1993, 1746. "그것은 온 땅이 너의 폭력으로부터 해방되어 생기를 되찾고 땅을 만드신 분의 심판과 자비를 대망하기 위해서이다."

46) J. B. Polhill, *Acts: An Exegetical and Theological Exposition of Holy Scripture*, NAC vol 26, Nashville: Broadman Press, 1992, 134.

47) F. F. Bruce(1990), 144.

48) cf. F. F. Bruce, (1990), 121.

49) R. Maddox(1982) 137.

50) cf. R. Maddox(1982) 144.

51) cf. B. Witherington III(1998) 143; L. T. Johnson, *The Acts of the Apostles*, SACRA PAGINA 5, Collegeville, Minn.: Liturgical Press, 1992, 49

52) C. K. Barrett, *The Acts of the Apostles*, ICC, vol. 1, Edinburgh: T & T Clark, 1994, 136.

53) R. Maddox(1982, 123)와 J. Jervell(1996, 109)은 하나님의 나라가 하나의 종말론적 용어임을 강조한다. 그 예들은 눅 9:2, 10:9, 11, 12:32, 13:29, 14:15, 18:24, 25, 29, 22:16, 29f. 행 1:6, 14:22 등이 여기에 해당하며, 그 나라에 대한 여러 진술에서 시간에 대한 것들은 분명하지 않지만, 그것의 종말론적 특성은 분명하다.

54) cf. J. Nolland(1998) 68~70.

55) J. Nolland(1998) 65.

56) J. Nolland(1998) 68.

57) J. Nolland(1998) 68. 하나님의 나라에 대한 분명한 표현은 다음의 경우에서 드러난

다: 행 1:3; 8:12; 14:22; 19:8; 20:25; 28:23, 31

58) 본 논문의 성격상 여기서 우리는 누가 문서의 기본적인 질문-저자, 장르, 누가 문서의 원 독자의 사회적 정황 등--에 대해서는 논외로 한다. 이러한 다양한 관심에 대해서는 다음을 참고할 수 있다. cf. P. F. Esler, *Community and Gospel in Luke-Acts: The Social and Political Motivations of Lucan Theology*, SNTSMS 57, Cambridge: Cambridge University Press, 1987; H. Moxnes, "The Social Context of Luke's Community," in J. D. Kingsbury(ed.), *Gospel Interpretation*, Harrisburg: TPI, 1997, 166~77; 윤철원, "바울 선교에 등장하는 상류 계층," in 한국신약학회(편), 「신약성서의 경제윤리」, 서울: 한들 출판사, 1998, 207~31.

59) P. F. Esler(1987) 71~109.

60) 대표적인 학자로 단연 저벨을 꼽을 수 있다. J. Jervell, *Luke and the People of God: A New Look at Luke-Acts*, Minneapolis: Augsburg Publishing House, 1971; *idem*, "Retrospect and Prospect in Luke-Acts Interpretation," *SBLSP* 30(1991) 383~404; *idem, The Theology of the Acts of the Apostles*, Cambridge: Cambridge University Press, 1996에서 저벨은 누가의 친-유대교적인 입장을 극도로 옹호하고 있다; P.F. Esler(1987) 24~33.

61) cf. C. M Tuckett(1996) 43~4.

62) J. Jervell(1996) 109.

63) J. T. Carroll(1988); J. Jervell(1996) 109.

64) cf. C. K. Barrett(1994) 137; J. B. Polhill(1992) 109; B. Witherington III(1998) 110.

65) cf. 1QH4:31~34, 7:6, 1QS4:2~6.

66) cf. J. B. Polhill(1992) 84.

67) 시편의 저자가 예언자라는 사실은 누가에게 자명해 보인다. cf. 눅 20:41~42, 24:44; 행1:16, 20, 4:25, 13:33~36.

68) cf. 4QFlor1:7~13. 4QpPs.37. 여기서 이 구절은 메시아적으로 해석된다. 이 부분에 대해서는 C. K. Barrett(1994) 147을 참고바람.

69) C. K. Barrett(1994) 147.

70) C. K. Barrett(1994) 147.

71) cf. J. B. Green(1995) 29~31.

72) 우리의 논의는 여기서 철저하게 약속을 성취하는 하나님의 주도적인 역사 통치에 대한 관심으로 제한한다. 왜냐하면 유대교 문제는 결코 간단하지 않은 주된 토론의 주제이기 때문이다. 예수의 사건들과 초대 교회가 성서의 예언을 성취한 것이라면, 왜 유대인들은 긍정적으로 그것을 대하지 않는가? 이처럼 누가 문서의 유대교 문제는 연구자들이 다루기 힘든 과제이다. 누가의 입장이 친-유대교/ 반-유대교 아니면 두 입장을 포괄하는가? 이 문제에 대해서는 다음을 보라. C. M. Tuckett(1996) 50~71; J. D. G. Dunn, "The Question of Anti-semitism in the New Testament Writings of the Period," in *Jews and Christians: The Parting of the Ways A. D. 70 to 135*, Tübingen: J. C. B. Mohr, 1992, 177~211; J.B. Tyson, *Images of Judaism in Luke-Acts*, Columbia, SC: University of South Carolina Press, 1992.

73) cf. E. Franklin(1994) 263.

74) cf. 4 에스라서 11:46(이 부분은 다섯 번째 환상으로, 독수리 환상이다. 여기서는 사자가 숲 속에서 나와 독수리의 악함을 비난한다. 사자는 다윗의 자손에게 일어날 기름부음을 받은 자로 해석된다. 그는 지극히 높은 분이 마지막 때까지 간직했던 분이다. cf. 마틴 맥나마라 (채은하 역), 「신구약 중간 시대의 문헌 이해」, 서울: 이화여자대학교 출판부, 1995, 85), 2 바룩서 73:1~74:1, 히브리서 3:11, 4:9, 11.

75) J. Jervell(1996) 113.

76) 우리는 본질상 반-유대교를 주장하지 않는다. 누가 역시 유대교를 근원적으로 부정하거나 반대하지 않는다. 다만 메시아로서 예수를 믿지 않고 거부하는 유대교에 대한 반대라는 것은 명백하다. 특히 복음서에 대한 반-유대적 연구에 대해서는 최근의 논의를 참고바람. W. R. Farmer(ed.), *Anti-Judaism and the Gospels*, Harrisburg: TPI, 1999.

1) Cf. J. B. Tyson, *Images of Judaism in Luke–Acts*, Columbia: University of South Carolina Press, 1992; C. A. Evans/ D. A. Hagner(eds), *Anti–Semitism and Early Christianity: Issues of Polemic and Faith*, Minneapolis: Fortress, 1993; T. Seland, *Establishment Violence in Philo & Luke: A Study of Non–Confirmity to the Torah & Jewish Vigilante Reactions, Biblical Interpretation Series*, vol. 15, Leiden: Brill, 1995; R. P. Thompson/T. E. Phillips(eds.), *Literary Studies in Luke–Acts: Essays in Honour of Joseph Tyson*, Macon: Mercer University Press, 1998; J. B. Tyson, Luke, Judaism, and the Scholars: Critical Approaches to Luke–Acts, Columbia: University of South Carolina Press, 1999.

2) Cf. 윤철원, 「신약성서의 그레꼬 – 로마적 읽기」, 서울: 한들출판사, 2000, 235~264.

3) W. Klassen, 'Anti–Judaism in Early Christianity: the State of the Question,' in P. Richardson(ed.), *Anti–Judaism in Early Christianity*, Vol. 1. Paul and the Gospels, Waterloo: Wilfrid Laurier Univ. Press, 1986. 클라쎈은 아래와 같이 연구 상황을 설명한다. "The Interpreter' s Dictionary of the Bible(1962)의 네 권의 책에 빠져 있으며, 이처럼 상당히 많이 빠진 부분을 수정하려고 시도한 다섯 번째의 부록(1976)에도 빠져 있다. Die Religion in Geschichte und Gegenwart(1957)라는 6권짜리 전문 서적의 제 3판에서는 이 주제를 한 페이지 반의 분량으로 다루고 있다. 반면에 Schaff–Herzog Encyclopedia는 이 논제를 다루기 위해서 책의 절반 분량을 투자했다. 대조적으로, 최근 출판된 Theologische Realenzyklop ädie(1978)은 로마 카톨릭 학자들의 한 모임에서 편찬한 것으로 이 주제의 역사를 다루기 위해서 각각 다른 6명의 저자가 쓴 55쪽 분량의 글이 수록되어 있다."

4) J. T. Sanders, 'Can Anything Bad Come out of Nazareth, or Did Luke Think That

History Moved in a Line or in a Circle?' in R. P. Thompson/ T. E. Phillips(eds.), *Literary Studies in Luke–Acts : Essays in Honour of Joseph Tyson*, Macon: Mercer University Press, 1998, 309.

5) R. R. Reuther(장춘식 역), 「신앙과 형제 살인: 반 유대주의의 신학적 뿌리」, 서울: 대한기독교서회, 2001.

6) R. R. Reuther(2001) 14.

7) S. Sandmel, *Anti–Semitism in the New Testament*, Philadelphia: Fortress, 1978, 163.

8) 첫째는 마태복음서 27장 25절("백성이 다 대답하여 가로되 그 피를 우리와 우리 자손에게 돌릴지어다 하거늘")인데, 이것은 예수의 죽음이 있은 수세기 후에도 유대인들을 그리스도를 살해한 범법자들로 지목하도록 만들었고, 둘째는 요한복음서 8장 44절("너희는 너희 아비 마귀에게서 났으니 너희 아비의 욕심을 너희도 행하고자 하느니라")인데, 이것도 유대인들을 악한 세력과 동일시하는 본문이고 이로 인해 유대인들을 파멸의 대상으로 믿도록 만들었다.

9) See D. R. A. Hare, 'The Rejection of the Jews in the Synoptics and Acts,' in A.T. Davies(ed.), *Anti–Semitism and the Foundations of Christianity*, New York: Paulist Press, 1979, 27~47. 이러한 문제들을 인식하면서 헤어는 세부적인 구분을 제시했다. 그는 세 개로 반 유대교를 구분한다. 첫째는 예언자적 반 유대교이다. 이것은 당시의 종교적 관행에 대한 예언자적이고 분파적인 비판으로 구분된다. 둘째, 유대 기독교적인 반 유대교이다. 예수를 메시아로 받아들이지 못한 동족들에 대한 유대 그리스도인들의 비판이다. 셋째로 이방적 반 유대교이다. 이것은 기독교 운동의 이방적인 특징을 강조하면서 하나님이 옛 이스라엘을 버렸다는 입장이다. 이러한 구분은 적어도 다양한 것들을 한 바구니에다 넣어버리는 위험을 피할 수 있기 때문에 유용한 것이다. 그렇지만 문제를 만족스럽게 해결해주지 못한다. 제사장이나 백성들에 대한 예언자적인 비판이 어떻게 '반 유대교' 의 사례로 묘사될 수 있단 말인가? 그리고 바나바처럼 한 이방인이 유대교를 포기한 것은 분명히 '반 유대교' 의 사례로 간주될 수 있겠지만, 유대인들이 자신들의 종교와 선조들의 유산을 지키고자 한 것에 대한 비판이 제기될 때 이 용어는 여전히 의문점으로 남아 있다.

10) 마 5회, 막 6회, 눅 5회, 요 71회, 행 79회, 바울서신 26회, 롬 11회, 고전 8회, 총 194회.

11) 물론 요한복음서에서는 예수를 대적하는 자들이 단순히 '유대인들'로 묘사된다. 예를 들면, 5장 16절에서 유대인들은 예수를 핍박하는 자들이고 5:18에서는 유대인들이 예수를 죽이려고 한다고 적고 있다. 이런 부정적인 묘사는 7:1; 8:48, 52; 9:22; 10:31, 33; 11:8; 19:7에서도 발견된다.

12) 예를 들어, 필로는 번번이 '유대인들의 국가' 또는 모세를 '유대인들에게 율법을 준 사람'으로 말한다. 그러나 *In Flaccum*과 *De Legatione ad Gaium*에서 그는 특별한 정황으로부터 구분되는 유대인들 즉, 어떤 지역이나 도시에 속한 유대인들을 언급하기 위하여 οἱ Ἰουδαίοι를 사용한다. 요세푸스는「유대전쟁사」에서 안티오쿠스, 폼페이, 헤롯과 빌라도에 대적하고 로마에 대한 반란을 조성하는 '유대인들'을 말한다. 그러나 그는 필로와 마찬가지로 알렉산드리아나 다메섹과 같은 특정 도시에 살았던 '유대인들'을 말하기도 하면서 아무런 혼란 없이 유대인들에 대한 특별한 언급으로부터 일반적인 언급을 번갈아 가면서 사용한다(BJ 2.532).

13) 누가와 요세푸스와의 관련성을 위해서는 다음을 참고할 것. S. Mason(유태엽 역),「요세푸스와 신약성서」, 서울: 대한기독교서회, 2002.

14) J. Ashton, 'The Identity and Function of the Ἰουδαίοι in the Fourth Gospel,' *NovT* 27(1985) 40~75. *Ant*. 11.173에서 요세푸스는 "οἱ Ἰουδαίοι가 바벨론에서 돌아온 유대인들을 가리키는 명칭"이었다고 말한다. 이것은 정확한 의미에서 '유대인들'은 유대 지역(지리적 명칭)에 남아있었던 사람들이 아니라, 바벨론 포로기 동안에도 신앙을 지켰고 포로기 이후에 회복되고 소생한 백성의 조상이 되기 위하여 약속의 땅으로 돌아간 이들을 가리키는 것이다(종교적 명칭).

15) Cf. 이것과 관련된 또 다른 중요한 요소는 마카비 시대에 유대인들의 종교와 전통과 율법에 신실하다는 방식을 표현하기 위한 Ἰουδαϊσμός라는 용어의 등장이다(2마카비 2:21; 8:1; 14:38). 이것은 '유대교'라는 용어로 번역되는데, 그 의미는 헬라화 정책과 시리아인들의 영향력 그리고 그들과 결탁한 배교자들과의 구분을 나타내기 위해 사용됐다. 구별과 충성을 나타내는 이 용어에 대한 동일한 의미가 바울 자신이 바리새인으로서 살아온 삶의 방식을 묘사한 갈라디아서 1장 13~14절에서도 발견된다.

그리고 로마서 2장 17~29절에 나온 것처럼, 바로 그 옛 정의의 엄격함에 대하여 자신의 새로운 신앙이 문제를 제기했다.

16) *Sir* 17:17; *Jub* 33:20; *PssSol* 14:5.

17) *TDNT* 3. 359~65.

18) 더 명확한 것은 다마스커스 문서(CD)에서의 용법인데, 거기서 '이스라엘'은 분명히 선호하는 명칭이고(3:19~'안전한 이스라엘의 집') 이 분파는 스스로를 '유대 땅을 벗어나고 더 이상 유대의 집과 사귀지 않을 것'이라고 말한다(4:2~3, 11).

19) 바울은 로마서 2~3장에서 Ἰουδαίος가 사용하는데, 거기서 '유대인'은 '헬라인'을 대조한다. 반면에 로마서 9~11장에서는 이스라엘이 우세한데, 거기서 바울은 내부인으로서 말한다(9:1~3; 11:1). 이 두 명칭과 정확한 의미는 로마서 2장 28~9절과 9장 6절에서도 다시 한번 논쟁이 되지만 거기서 바울은 자신의 대화자를 Ἰουδαίος로 언급하고(롬 2:17) 자기 자신을 이스라엘(Ἰσραηλ)로 분류한다(11:1).

20) J. T. Sanders, *The Jews in Luke–Acts*, Philadelphia: Fortress, 1987.

21) J. T. Sander(1987) xv–xviii. 오버벡(Overbeck)은 사도행전이 '민족적 반 유대교'라고 비판했고, 하르낙(Harnack)은 사도행전을 '반 셈족주의가 발전하는 초기 기독교의 첫 단계'라고 명명했다. 반 셈족주의에 대한 게이저(Gager)의 정의를 이어가면서 샌더스는 사도행전을 '반 셈족주의적'이라고 말하는 데 아무런 장애를 갖지 않는다.

22) S. Sandmel(1978)73, 100.

23) N. A. Beck, *Mature Christianity: The Recognition and Repudiation of the Anti-Jewish Polemic of the New Testament*, London: Associated University Presses, 1985, 270.

24) 샌더스의 입장에 가장 비판적인 입장은 다음을 참고하라. J. Jervell(윤철원 역), 「사도행전 신학」, 서울: 한들출판사, 2000.

25) J. T. Sanders(1987) 41.

26) J. T. Sanders(1987) 77.

27) Cf. 윤철원, 「신약성서의 그레꼬-로마적 읽기」, 서울: 한들출판사, 2000, 265~316.

28) J. T. Sanders(1987) 80.

29) J. T. Sanders(1998) 297~312. 여기서 샌더스는 그의 반 유대적 읽기에 대한 메르켈(H. Merkel)의 비판에 대해서 다시 한번 조목조목 답변하고 있다.

30) 그리스의 고린도에 가면 이 부분이 앞 뒤 부분이 파손된 상태(.... ΓωΓΗ ΕΒΡ ....)로 보존되어 있다.

31) Cf. J. Jervell(윤철원 역), 「사도행전 신학」, 서울: 한들출판사, 2000, 74.

32) 13:45, 50-'안디옥의 유대인들' ; 14:4-'이고니온의 유대인들' ; 17:5-'데살로니가의 유대인들' ; 18:12, 14-'고린도의 유대인들' ; 18:28-'에베소의 유대인들' ; 24:9와 26:2~바울을 고소하게 되는 '유대인들'.

33) J. D. G. Dunn, 'The Question of Anti-semitism in the New Testament Writings of the Period', in J. D. G. Dunn(ed.), *Jews and Christians: The Parting of the Ways A. D. 70 to 135*, Tübingen: J. C. B. Mohr, 1992, 191.

34) Cf. J. D. G. Dunn(1992) 193.

35) R. L. Brawley, 'The God of Promises and the Jews in Luke-Acts' in R.P. Thompson/ T. E. Phillips(eds.), *Literary Studies in Luke-Acts: Essays in Honour of Joseph Tyson*, Macon: Mercer University Press, 1998, 279. 브롤리는 유대교에 대한 반대 입장이 누가 문서가 구별하는 것을 하나의 이미지로 경화시킬 위험성을 지적한다.

36) J. T. Sanders(1987) 89.

37) J. T. Sanders(1987) 85~87.

38) J. A. Darr, 'Irenic of Ironic? Another Look at Gamaliel before the Sanhedrin(Acts 5:33~42)' in R. P. Thompson/ T. E. Phillips(eds.), *Literary Studies in Luke-Acts: Essays in Honour of Joseph Tyson*, Macon: Mercer University Press, 1998, 121~139, 특히 135~137을 참고할 것.

39) J. T. Sander(1987) 32.

40) J. D. G. Dunn(1992) 194.

41) J. D. G. Dunn(1992) 194.

42) 필자의 홈페이지(www.grnt.org)에 있는 자료실의 논문 코너에 올린 '사도행전 읽기의 즐거움(4)'을 참고할 수 있다.

43) 사도회의에 대한 구체적인 논의들에 대해서는 위에서 제시된 주석서들을 비롯하여 여러 자료들을 참고할 수 있다. H. Conzelmann, *Acts of the Apostles*, Hermeneia, Philadelphia: Fortress, 1987, 121; F. Scott Spencer, *Acts*, Sheffield: Sheffield Academic Press, 1997, 152~159; C. L. Blomberg, 'The Christian and the Law of Moses,' in I. H. Marshall/ D. Peterson(eds.), *Witness to the Gospel: The Theology of Acts*, Grand Rapids: Eerdmans, 1998, 397~416; 유상현, 「바울의 제1차 선교여행」, 서울: 대한기독교서회, 2002, 187~256; 한스 콘첼만/안드레아스 린네만(박두환 역), 「신약성서 어떻게 읽을 것인가」, 서울: 한국신학연구소, 2000, 775~781.

44) Cf. C. H. Cosgrove, 'The Divine Δεi in Luke–Acts,' *NovT* 26(1984) 168~190; W. L. Liefeld, *Interpreting the Book of Acts*, Grand Rapids: Baker, 1995, 93~94.

45) G. W. Hansen, 'The Preaching and defence of Paul,' in I.H. Marshall/D. Peterson(eds.), *Witness to the Gospel: The Theology of Acts*, Grand Rapids: Eerdmans, 1998, 300.

46) Cf. 박응천, 「세계를 향한 복음: 설교를 위한 사도행전 연구」, 서울: 한국성서학연구소, 1997, 80~87.

47) Cf. 윤철원, '사도행전의 성령에 대한 정치적 해석의 가능성,' in 조경철 엮음, 「성서와 성령」 박창건 교수 은퇴 기념 논문집, 서울: 대한기독교서회, 2002, 107~129.

1) J. Gnilka(정한교 역), 「나자렛 예수」, 왜관: 분도출판사, 2002, 157. 그닐카는 예수에 관한 수많은 책에서 이 문제를 제쳐놓는다고 지적한다.; 선교학자 순더마이어(Theo Sundermeier)도 기독교의 성장 둔화세의 원인을 치유 사역의 격감에서 발견한다. 한국선교신학회(편), '구원과 치유,' in 「선교와 디아코니아」, 선교신학 5집, 서울: 한들출판사, 2002, 303~321; 한국 학자에 의한 연구도 미진한 편이나, 최근 발표된 치유 기적에 관한 전문적인 연구는 다음을 참고하라. 석원식, '의학적 실재 세계를 통해서 본 간질병 걸린 소년 치유 기사(막 9:14~29),' 「신약논단」 10권 1호(2003), 한국신약학회, 37~57.

2) Cf. M. T. Kelsey(배상길 역), 「치유와 기독교」, 서울: 대한기독교출판사, 1986, 7. 저자는 치유를 가리켜서 하나님의 아프터서비스(after service)라고 부른다.

3) 여기 사용된 기름은 당연히 올리브유를 지칭한다. 이사야서 1:6에서 기름은 상처를 싸매는데 사용된다.

4) Cf. J. Wilkinson, *The Bible and Healing: A Medical and Theological Commentary*, Grand Rapids: Eerdmans, 1998, 105~120. 저자는 총 여섯 가지의 방법을 나열한다. 말씀, 손을 대는 행위, 말씀과 행위, 침의 사용, 거리를 유지하면서 손을 대거나 말씀을 하거나 장애인을 바라보지도 않고 고침, 축귀 등.

5) 사도행전에서의 치유와 관련된 사항은 다음을 참고할 수 있다. J. Wilkinson(1998) 155~1178. 그러나 저자의 논지는 성서신학적인 접근이나 이해보다는 의학적인 측면이 많기 때문에 본 논의와는 직접적인 연관성이 부족하다.

6) 사도행전의 여러 곳에서 예수의 이름은 사도들이 사역할 때 중요한 능력의 근원이 된다. 행 4:10, 12, 17~18, 30; 5:28, 40~41; 8:12; 9:16, 21, 27, 28; 15:26; 16:18; 19:13, 17; 21:13; 22:16; 26:9.

7) F. S. Spencer, *Acts*, Sheffield: Sheffield Academic Press, 1997, 45.

8) 윤철원, 「신약성서의 그레꼬-로마적 읽기」, 서울: 한들출판사, 2000, 203~205. 항해 내러티브의 특징에 대한 설명을 참고할 수 있다.

9) Cf. R. P. Martin, *James*, WBC 48, Waco: Word Books, 1988, cv. 루터는 다음과 같은 세 가지이 이유로 야고보서의 가치를 폄하했다. 1. 복음적인 내용을 포함하지 않음. 2. 사도적 권위를 가지고 있지 않음. 3. 예수의 고난이나 부활 그리고 그리스도의 이름이 두 번(1:1; 2:1) 언급되지만 그에 대해서는 아무 것도 가르치지 않고, 선행을 통해서 의롭게 됨을 가르치기 때문이다.

10) R. A. Campbell, *The Elders: Seniority within Earliest Christianity*, Edinburgh: T & T Clark, 1994, 206.

11) Cf. R. P Martin, (1988), 206.

12) S. Laws, *The Epistle of James*, Black' s New Testament Commentaries, London: A&C Black, 1980, 227.

13) Cf. R. P. Martin(1988) 208~209. 마틴은 기름을 바르는 행위가 갖는 의학적이고 실천적인 목적과 더불어 상징적이고 종교적인 이유를 제시한다.

14) J. Gnilka(2002) 157.

15) Cf. 명예와 수치에 대한 해설은 다음을 보라. 윤철원, 「신약성서의 그레꼬-로마적 읽기」, 서울: 한들출판사, 2000, 76~104; W. A. Meeks, *The Moral World of the First Christians*, Philadelphia: Westminster Press, 1986, 37, 52.

16) J. J. Pilch/ B. J. Malina(eds.), *Handbook of Biblical Social Values*, Peabody: Hendrickson, 1993, 102.

17) R. A. Burridge, *Four Gospels, One Jesus? A Symbolic Reading*, London: SPCK, 1994, 38. 마가복음서의 문학적 특성은 학자들에게 제대로 평가받지 못했다. 그러나 저자는 마가복음서의 저자가 갖는 긴박감이나 샌드위치 기법 등의 독특성에 대해서 관심을 가질 것을 제안한다.

18) 여기서 '만지다' 라는 단어는 ἅπτομαι의 부정 과거 가정법 동사로 그의 눈에 침을 뱉는 행위는 단순한 의사소통의 과정이라기보다는 더 풍성한 의미를 전달한다.

19) R. A. Guelich, *Mark* 1:8:26, WBC 34A, Waco: Word Books, Publishers, 1989,

432. 그래서 우리는 본문의 문학적인 의도를 발견해야 한다.

20) 회복되다(ἀποκαθίστημι)를 의미하는 단어가 한글 개역성서에서 '나아서' 로 옳게 번역되어 있다.

21) 즉 만물을 밝히 보는 것은 베드로의 그리스도 고백에서 드러난다. 세례 요한, 엘리야, 예언자 중의 하나로 보는 것과 주를 그리스도로 고백하는 것 사이의 관계에서 드러난다.

22) E. P. Sanders/ M. Davies(이광훈 역), 「공관복음서 연구」, 서울: 대한기독교서회, 1999, 243.

23) Cf. J. Gnilka(2002) 170~171. 예수는 고향 사람들 앞에서 이적을 유보했는데(막 6:1~6), 이유인 즉 나사렛에서는 전혀 믿음을 만나지 못했기 때문이다; 석원식(2003) 52.

24) G. Stanton(김동건 역), 「복음서와 예수」, 서울: 대한기독교서회, 1996, 260.

25) J. Gnilka(2002) 173. 예수의 치유가 믿음을 내포한다는 것은 그 이해에 이르는 길을 가리켜준다. 믿음은 치유가 일어날 가능성에만 한정될 수 없다. 예수에 대한 신뢰는 구체적으로 받는 도움 너머로 뻗어나가서 예수를 구원을 가져다주는 분, 구제할 능력이 있는 분이라고 알아보게 된다.

26) J. Gnilka(2002) 173.

27) 신약성서에서 치유하는 행위와 관련된 단어들을 살펴보는 것이 우리의 논의에 큰 도움이 될 것이다. 여기서 특이한 점은 치유가 단순히 육체의 질병을 고치는 것을 의미하기도 하지만, 인간의 영적인 문제를 다루고 있다는 것이다. Cf. J. Wilkinson(1998) 77. 참고로 치유와 관련된 동사의 종류를 분류하면 다음과 같다.

	마 태	마 가	누 가	요 한	총 계
θεραπεύω	16	6	14	1	37
ἰάομαι	4	1	12	3	20
σῴζω	3	6	4	0	13
αποκαθίστημι	1	2	1	0	4
διασώζω	1	0	1	0	2

28) 이런 방식의 치유 행위나 이해는 우리 주변에서 벌어지는 이단들이나 무분별하게 치유를 강조하는 행태를 통해서 익히 알려져 있다. 즉 영적인 치유를 강조하지만 결과는 금전적인 이득을 챙기는 전혀 다른 곳에 있는 경우가 허다하다.

29) Cf. J. J. Pilch, '치유,' in J. J. Pilch/ B. J. Malina(ed., 이달 역), 「성서 언어의 사회적 의미」, 서울: 한국장로교출판사, 1998, 166~171. 적절한 인간의 온전한 상태로 회복시키는 것 혹은 치유는 명예를 회복시키며 삶의 의미를 회복시키는 것이기 때문에, 인간의 온전한 상태가 결여된 것은 수치스러운 상황을 나타낸다고 지적하면서 사회적 의미를 함축한다고 말한다.

30) Cf. F. S. Spencer, *What Did Jesus Do? Gospel Profiles of Jesus' Personal Conduct*, Harrisburg: TPI, 2003, 51~88.

31) Cf. W. Kasper(박상래 역), 「예수 그리스도」, 왜관: 분도출판사, 1977, 151. 카스퍼는 기적 전승에 대한 역사-비판적 연구실적을 세 가지로 정리하는데, 둘째 지적은 우리의 이해를 위해서 적절하다.: '랍비 및 헬레니즘 계통에서 전하는 기적사화는 모조리 역사적인 근거가 전혀 없는 사기요 거짓이라고 거부하면서도, 신약성서의 기적 보도만은 예외 없이 역사적인 것으로 인정할 수는 없을 것이다.' 그래서 신약성서에서 치유의 통전성과 전체성이 중요하게 평가되는 것이다.

32) W. Kasper(1977) 166.

33) W. Kasper(1977) 166. 카스퍼는 질문을 유발하는 사건들이 바로 신학적 의미에서의 기적, 즉 하나님의 업적이라는 것과 이 사실은 증명될 성질의 것이 아니라고 지적하면서, 하나님은 인간을 압도하지 않는 자유로운 응답을 원하는 분이기 때문에 기적은 결코 신앙을 위한 일의적인 증명일 수 없다고 한다.

34) J. J. Pilch(1998) 170~171.

35) J. J. Pilch(1998) 170. 필치는 제사장들이 예수의 판단을 확증해주기를 거부했을 것이며, 틀림없이 긴 토론이 이어졌을 것이라고 말한다.

36) F. S. Spencer(2003) 114.

37) L. T. Johnson, *The Gospel of Luke*, Sacra Pagina 3, Collegeville: Liturgical Press, 1991, 95~96.

38) J. Marcus, *Mark* 1-8, AB 27, New York: Doubleday, 2000, 210; cf. D.J. Harrington, *The Gospel of Matthew*, Sacra Pagina 1, Collegeville: Liturgical Press, 1991, 117.

39) L. T. Johnson(1991) 231~232.

40) 그레꼬-로마 세계의 치유에 대해서는 다음의 내용을 참고할 것. B. Witherington Ⅲ, 'Salvation and Health in Christian Antiquity: The Soteriology of Luke-Acts in Its First-Century Setting', *The Acts of the Apostles*, Grand Rapids: Eerdmans, 1998, 821~43.

41) 윤철원, 「신약성서의 그레꼬-로마적 읽기」, 서울: 한들출판사, 2000. 이와 같은 관점에서 사도행전 읽기를 시도했다.

42) Tacitus, *Agricola* 46. 타키투스가 그의 장인인 아그리콜라에게 '위대한 영혼들은 육체와 함께 소멸되지 않습니다. 당신의 정신은 영원히 살 것입니다' 라고 말한다. 그러나 이 말의 의미는 곧 이어지는 '우리가 사랑했고 숭배한 것은 결코 죽지 않을 것입니다' 라는 말에서 영생이나 불멸을 뜻하는 것이 아님이 증명된다.

43) R. MacMullen, *Paganism in the Roman Empire*, New Haven: Yale University Press, 1981, 53.

44) Apuleius, *Metamorphoses* 11.21.6.

45) W. Burkett, *Ancient Mystery Cults*, Cambridge, MA.: Harvard University Press, 1987, 18.

46) B. Witherington Ⅲ(1998) 825.

47) *De legibus* 2.36.

48) J. Stambaugh/ D/ Balch(윤철원 역), 「초기 기독교의 사회 세계」, 서울: 한국신학연구소, 2000, 183.

49) W. Burkett(1987) 25ff.

50) J. Stambaugh/ D/ Balch(2000) 189; R. Duthoy, *The Taurobolium: Its Evolution and Terminology*, Leiden: E. J. Brill, 1969, 103~108.

51) 오르픽(Orphic) 제의는 오르페우스(Orpheus)를 시조로 하는 Dionysus를 숭배하는 신비 제의이고, 오르페우스는 그리스 신화에서 무생물까지도 감동시켰다는 하프의 명수이다.

52) *Contra* J. Stambaugh/D. L. Balch(2000) 183.

53) Apuleius, *Metamorphoses* 11.6.5.

54) cf. Aristotle, *Politics* 1342a, 14f.

저자 윤철원은

서울신학대학교와 연세대학교 연합신학대학원을 마치고 동부전선 최전방에서 육군군목(軍牧)으로 만 3년간 사역했다(1987-1990). 전역한 후 충무교회에서 청년대학부 담당 교육목사로 지도했고(2년), 영국 셰필드대학교(Univ. of Sheffield) 대학원으로 유학을 떠났다(1992). 학위과정을 거치면서 헬레니즘과 그레꼬-로마세계의 배경 그리고 신문학비평을 주로 연구했으며, 바울의 로마시민권에 관한 논문을 작성하여 성서학전공 철학박사학위(Ph.D.)를 취득하였고(1996) 유학기간에 셰필드한인교회를 개척하여 만 4년 동안 담임목사로 봉직했다.

귀국 후에는 한국신약학회의 회계(1999-2001)와 총무(2001-2003)로 참여했고, 성서연구와 현장목회의 접목을 시도하기 위해 그레꼬-로마세계와 신약성서연구소(www.grnt.org)를 설립하여 운영하고 있다. 모교 서울신학대학교의 교수로 임용된 후에는 평생교육원장, 학생처장, 산학협력단장, 개교 100주년 기념사업추진단장, 기획처장, 신학전문대학원장 등을 역임했다.

또한 안식년을 이용하여 인도네시아 말랑(Malang)소재 누산타라 신학대학(Nusantara Bible Seminary)에서 방문교수로 가르쳤으며(2008), 현장사역에 대한 세밀한 점검이 신학연구에 풍부한 영양소를 제공한다는 신념 아래, 충무교회 협동목사와 4개 신학대학교 교수들이 함께 목회하는 새바람커뮤니티교회의 대표목사로 목회활동에 참여하고 있다. 또한 대한성서공회의 번역위원으로 활동하고 있으며, 개역개정판 성서번역자문위원도 맡고 있다.

현재는 서울신학대학교 신학전문대학원 신약학교수로 신약성서개론, 신약성서신학, 신약배경사, 신약성서해석학 등의 과목을 강의하며 성결교회 성서연구원 부원장으로 섬기고 있다.